苏霍姆林斯基
教育经典

CTO COBETOB
УЧИТЕЛЮ

给教师的
建议

[苏] **苏霍姆林斯基** 著

周蕖　王义高　刘启娴

董友　张德广　译

申强　校

长江出版传媒

长江文艺出版社

图书在版编目（CIP）数据

给教师的建议 / (苏)苏霍姆林斯基著；周蕖等译
. -- 武汉：长江文艺出版社，2021.4(2023.12 重印)
（大教育书系）
ISBN 978-7-5702-0983-5

Ⅰ. ①给… Ⅱ. ①苏… ②周… Ⅲ. ①中小学－教学
理论 Ⅳ. ①G632

中国版本图书馆 CIP 数据核字(2021)第 026172 号

责任编辑：秦文苑　　　　　　　　　　责任校对：毛季慧
装帧设计：柒拾叁号　　　　　　　　　责任印制：邱　莉　王光兴

出版：长江出版传媒 ｜ 长江文艺出版社
地址：武汉市雄楚大街 268 号　　　　邮编：430070
发行：长江文艺出版社
http://www.cjlap.com
印刷：武汉中科兴业印务有限公司

开本：720 毫米×970 毫米　　　1/16　　印张：20.5　　　插页：1 页
版次：2021 年 4 月第 1 版　　　　2023 年 12 月第 3 次印刷
字数：253 千字

定价：42.00 元

代前言

苏霍姆林斯基教育思想在中国的传播及其现实意义

　　苏霍姆林斯基是乌克兰著名的教育家，虽然在苏联早已闻名于世，但是在中国，直到改革开放以后才被介绍进来。最先介绍他的事迹和教育思想的是北京师范大学外国教育研究所，即现在的国际与比较教育研究所。1981年该所连续翻译出版了苏霍姆林斯基的《要相信孩子》《把整颗心献给孩子》《给教师的一百条建议》，后来又翻译出版了《帕夫雷什中学》。几乎与此同时，华东师范大学外国教育研究所的杜殿坤教授翻译出版了《给教师的建议》一书。苏霍姆林斯基的教育思想一经在中国传播就受到教育界的广泛重视，一时间在中小学校教师中掀起了学习苏霍姆林斯基教育思想的热潮。25年来虽然国外各种教育思想像潮水般地涌入中国，但中国中小学教师仍然念念不忘苏霍姆林斯基。这是因为苏霍姆林斯基的教育思想具有普适性、先进性、丰富性，是符合教育的普遍规律、符合儿童的成长规律的。他懂得儿童的心，能用自己的满腔热情灌浇儿童的心灵。他的事迹，只要是教师，看了无不为之感动。

　　苏霍姆林斯基教育思想的核心是人道主义。相信人，相信每一个孩子是他的教育信条。1960 年他写了一本书，就叫《要相信人》，中国翻译过来的时候，因为当时正在批判人本主义、人道主义，因此把它译为《要相信孩子》。其实他的原意是不仅要相信孩子，而且要相信人。他教育学生要关心人。他说："我认为，对人漠不关心是最不能容忍、最危险的一种缺点。"他又说："我们内心中应当对人，对他身上的良好开端具有无限的信心。"这有点像我国古代孟子的心善说，认为每个人生下来是善的。至于社会上还有坏人，那是因为没有受到良好的教育，再加上恶劣的环境的影响。教师应该相信纯洁无瑕的学生，这种信念是我们每个教育工作者都应该具备的。我国现在社会正处在转型时期，社会上各种思潮影响到青少年的思想，因此现在青少年的思想有点混乱，出现了不少问题。但是我们仍然坚信每一个孩子的天性是很纯洁的，都是要求上进的，都是可以教育的。只有有了这种信念，才能做好教育工作。我们把这种信念概括为"没有爱就没有教育"。爱学生这是教师最高的职业道德。这种爱不同于父母对孩子的爱，它是一种对教育事业的爱，对人民的爱，对民族的爱，是无私的爱，不求回报的爱。只有具有这种感情才能相信每一个孩子，才能把他们培养成才。

苏霍姆林斯基认为每个人身上都具有某些好的素质，教师要善于挖掘这些素质。他说："每一个儿童身上都蕴藏着某些尚未萌芽的素质。这些素质就像火花，要点燃它，就需要火星……教育最最重要的任务之一，就是不要让任何一颗心灵里的火药未被点燃，而要使一切天赋和才能都最充分地发挥出来。"我认为，任何学校，每一个教师都应该把这种思想作为自己的教育理念，作为自己教育行为的准则。

教师要相信学生，首先要让学生自己相信自己。为了建立孩子的自信心和自尊心，老师要特别注意自己的一言一行，不说损害学生自尊心的话，慎重地对待给学生的评价。

我国教育现实中绝大多数教师都是热爱学生的，但是也有一些教师对学生不那么热爱，有些教师只爱一部分学习好的、听话的学生。从而让有些学生受到伤害。如果我们把苏霍姆林斯基作为一面镜子拿来对照一下，我们就会发现有许多值得改进的地方。

我认为，教师热爱孩子要建立在信任和理解的基础上。教师要理解孩子的需要，理解孩子的想法，同时让孩子理解自己。教师对孩子的要求要让孩子理解，而不是强迫命令。这就需要教师和学生沟通，从而建立起互相信任、互相理解的关系。有了这样的师生关系，教育也就很容易了。

苏霍姆林斯基设计的教育目标是要培养人的和谐全面发展。什么叫和谐发展。他说："所谓和谐的教育，就是如何把人的活动的两种职能配合起来，使两者得到平衡：一种职能就是认识和理解客观世界，另一种职能就是人的自我表现，自己的内在本质的表现，自己的世界观、观点、信念、性格在积极的劳动中和创造中，以及在集体成员的相互关系中表现和显示。"又说："和谐的教育就是发现蕴藏在每个人内心的财富。……就是使每个人在他的天赋所及的一切领域中最充分地表现自己。人的充分表现，这就是社会的幸福，也是个人的幸福。"他的话语中充满了以人为本，以学生为本的精神。他说，每个教师都应该想一想，我们要把学生培养成什么样的人。我们培养的就是和谐的全面发展的人。在人的和谐发展中，苏霍姆林斯基特别强调要培养学生的精神生活。他认为，我们要培养的人，不只是有知识、有职业、会工作的庸庸碌碌的人，而是要培养大写的人，就是有高尚的精神生活，有理想、有性格、关心别人、关心集体的人。他说，我们时刻不能忘记："有一样东西是任何教学大纲和教科书，任何教学方法和教学方式都没有做出规定的，这就是儿童的幸福和精神生活。"他说："我认为教育的理想就在于使所有的儿童都成为幸福的人，使他们的心灵由于劳动的幸福而充满快乐。"要做到这一点，就需要把学校各方面的工作结合起来。

苏霍姆林斯基的和谐全面发展教育思想很值得我们今天来学习。我国十多年来一直在推进素质教育。所谓素质教育就是把提高每一个孩子的素质作为教育的目标。素质包括身体心理素质、思想道德素养、科学文化素养，具有创新精神和实践能力。各种素质中最具统率作用的是人的世界观、价值观等核心观念，也就是苏霍姆林斯基所说的精神生活。培养全面发展、和谐发展的人，就是要培养他们具有高尚的精神生活。要培养学生的精神生活，教师首先要有高尚的精神生活。我们有些老师起早贪黑，辛辛苦苦备课教学，但是脑子里想的是学生的学习成绩，眼睛盯着的是学生的分数，很少思考和关心学生的精神生活。这样的工作虽然辛苦，却缺乏方向，孩子将来能否成为有丰富的精神世界和创新能力的人，却要打个问号。

苏霍姆林斯基认为，学校里智育起着重要作用。但是，智育不等于简单地传递知识。学生获得知识是为了增长智慧、增长才干，以便于以后能创造性地工作，造福于人类，同时成为一个精神充实、文明幸福的人。苏霍姆林斯基说："对我这个教育者来说，一件必须的、复杂的、极其困难的工作，就是使年轻人深信：知识对你来说之所以必不可少，并不单单是为了你将来的职业，并不单单是为了你毕业以后考上大学，而首先是为了你能享受一个劳动者的丰富的精神生活；不管你是当教师还是当拖拉机手，你必须是一个文明的人，是你的子女的明智的和精神上无比丰富的教育者。"他认为，知识既是目的，又是手段。知识不是为了"储存"，而是为了"流通"。教师不只是让学生记住知识，而且要注意发展学生的精神世界。他意味深长地说："不要让上课、评分，成为人的精神生活的唯一的、吞没一切的活动领域。"我觉得这句话好像是直接针对我国当前的教育现实讲的。

这些话对我们也有很大的启发意义。我们现在的教育受到的升学压力越来越重。升学是重要的，是每个家长都期望的。但是如果从我国民族的长远利益来考虑，升学就不是唯一的，更重要的是要把我们的下一代培养成全面发展的，有高尚精神境界的，有创造能力的人才。这不仅对国家、对社会来说很重要，就是对每个人的发展、每个人将来的幸福生活也是至关重要的。教育的任务就是要促使学生和谐全面的发展，将来不仅能为社会作贡献，而且自己能够过上文明幸福的生活。因此，我们的老师不能只顾眼前考试的成绩，让上课和评分吞没一切。

培养学生的精神世界是道德教育的主要内容。他说："形象地说，道德是照亮全面发展的一切方面的光源，而同时又是人的个性的一个个别的特殊的方面。"他强调道德教育要从童年抓起。童年时代由谁来引路，周围世界中哪些东西进入了他的头脑和心灵，这些都决定着他今后将成为一个什么样的人。对祖国、对劳动、对长者、对同志的关系都应从孩子开始观察，开始认识，开始评价周围世界的时候就开始培养。

道德教育需要有自己的独立大纲，需要学校和老师精心设计。同时德育也离不开智育，要防止教学与教育脱节：即在传授那些本来可以培养高尚的心灵的知识时，不去触动学生的思想，不使知识转化为学生的信念。也就是说，道德教育要渗透到教学中。

结合当前我国新的课程改革，这个观点也是很有意义的。新课标强调三维目标，即知识与技能、过程与方法、情感态度与价值观。这三维目标是有机结合的。这和苏霍姆林斯基的观点不谋而合。

苏霍姆林斯基非常重视学生的个性的发展。他认为，学生都是具体的，没有抽象的学生。学生的禀赋、才能、爱好和特长是各不相同的，要让它们充分发展，就要提供良好的条件。他说，为什么经常在一年级就出现成绩不好，落后的学生呢？这就是因为在智力劳动领域中没有对孩子个别对待。他说："教学和教育的艺术和技艺就在于揭开每个儿童的力量和可能性。"他重视研究每一个学生。他在帕夫雷什中学担任校长 23 年，一直坚持不脱离教学，不脱离学生。他担任一门课的教师同时还兼任班主任，从一年级一直教到十年级学生毕业。23 年中，经过他长期直接观察的学生达 3700 多人。他了解每一个学生的个性，注意培养他们的个性。他提出学校要达到三项具体要求：一是让每个学生都有一门特别喜爱的学科，鼓励他"超纲"；二是让每个学生都有一样入迷的课外制作活动；三是让每个学生都有他自己最爱读的书。他说："如果一个学生到十二三岁在这三方面还没有明显的倾向，教师就应当为他感到焦虑，必须设法在精神上对他施以强有力的影响，以防止他在集体中变成一个默默无闻，毫无长处的'灰溜溜的'人。"所以他非常重视培养学生的学习兴趣。

什么叫个性？就是一个人不类同于别人的思维品质、智能结构和人格品貌。个性的核心是创造性，创造就不是类同的。个性的发展首先源于兴趣。我曾经总结一条，就是"没有兴趣就没有学习"。学习是从兴趣开始的。教育要从小培养学生的学习兴趣，有了兴趣，他就会把学习当作快乐的事，就会以苦为乐，刻苦钻研。社会上任何一个成功者都是对自己的事业充满兴趣，同时执著追求，刻苦钻研。每一位诺贝尔奖获得者是这样，比尔·盖茨更是这样。因此，学校不是只给学生死的知识，更重要的是要培养学生对某门学科的兴趣，并使之成为他的爱好。这样的学生将来才能成为有个性，有创造能力的人才。所以苏霍姆林斯基说的，如果孩子在十二三岁还没有什么感兴趣的学科，还没有什么爱好，老师就应该为他感到焦虑，这句话有着深刻的含义，值得我们细细品味。

苏霍姆林斯基也非常重视美育、体育、劳动教育，把它们作为和谐发展的重要组成部分，它们之间是互相联系的，而最重要的都是为了培养学生丰富的精神世界，为了学生的幸福的生活。

以上我只是作了简要的介绍，我们可以看到，苏霍姆林斯基的教育思想具有丰富性、全面性、深刻性。所谓丰富性，表现在苏霍姆林斯基不仅在理论上论述了教育的规律、原则，而且身体力行，亲身实践，有着丰富的活生生的案例。他的理论不是苍白的，而是有血有肉，五彩缤纷的。所谓全面性，他几乎论述到了教育的各个方面：德育、智育、体育、美育、劳动教育都在他的视野之内，都有精辟的论述。所谓深刻性，就是他提出的每一个教育命题都有着深刻的哲理。他讲德智体美劳各育的任务不是孤立的，而是统一的，统一在培养学生的精神生活，和谐发展。他把人的价值放在教育的第一位。因此，我们学习苏霍姆林斯基的教育思想就不能就事论事，应该理解他的教育思想的精神实质，学习他的教育思想的精神。近些年来我国教育界引进了许多西方教育思想，大多是教学的技术层面的。例如建构主义理论、多元智能理论等，都是论述如何使学生在智力方面得到发展，如何主动地获取知识，却很少涉及学生的和谐全面的发展，尤其很少涉及学生精神世界的培养。因此我觉得今天我们有必要重新审视苏霍姆林斯基的教育思想的深刻意义。今天，我们提倡素质教育，就是要让学生和谐全面地发展。培养学生的高尚品质是核心，培养学生的创新精神和实践能力为重点。苏霍姆林斯基的教育思想不就非常切合我们的实际吗？我们要学习苏霍姆林斯基的教育思想，推广他的办学经验，明确教育目标，把提高学生素质，培养学生的精神生活放在重要位置。教育是一门科学，需要认真研究它的规律，遵循教育规律施教，就能事半功倍，取得较好的成绩。教育又是一门艺术，需要每个教师去创造，教师要根据学生不同的素材去创造出一个个具有鲜活个性的人才。

苏霍姆林斯基既是一名教育科学家，又是一名教育艺术家。他所创造的美丽的作品永远是我们的楷模。

北京师范大学比较教育研究中心

顾明远

目 录 | CONTENTS

下 篇

上

篇

教师创造性的最重要特征之一，是他工作的对象——儿童——经常在变化，永远是新的，今天同昨天就不一样。我们的工作是培养人，这就使我们担负着一种无可比拟的特殊责任。

1. 什么是从事教师工作的才能,它是怎样形成的

　　教师创造性的最重要特征之一,是他工作的对象——
儿童——经常在变化,永远是新的,今天同昨天就不一样。

　　正如任何一种有专长、有目标、有计划的系统性工作一样,教育人是一种职业,一种专长。这是一种特殊的、不可和其他任何工作相提并论的职业。它具有一系列特点:

　　(1)我们是和生活中最复杂、最珍贵的无价之宝,也就是人在打交道。他的生活、健康、智慧、性格、意志、公民表现和精神面貌,他在生活中的地位和作用,他的幸福,都决定于我们,决定于我们的能力、水平、工作艺术和智慧。

　　(2)教育工作的最后结果如何,不是今天或明天就能看到,而要经过很长时间才见分晓的。你所做的、所说的和使儿童养成的一切,要过五年、十年才能显示出来。

　　(3)许多人和生活现象都在影响儿童,对他起作用的有母亲、父亲、同学、所谓"街头伙伴"、读过的书和看过的电影(这些你是不知道的),以及和善于有力地影响年轻心灵的人进行的意外会见等。对儿童的影响可能是积极的,也可能是消极的。有的家庭里有一种沉重压抑的气氛,会对人的一生

打下不可磨灭的烙印。亲爱的同行们，学校的使命，我们最重要的任务，是为人而斗争，克服消极的影响，使积极的影响发挥作用。为此，必须使教师的个性对学生的个性施加最鲜明、有效和有益的影响。德·伊·皮萨列夫写道："人的本性是如此丰富、有力而富有弹性，它能处在最坏的环境中保持自己的鲜艳和美丽。"[1]但是，只有当儿童有一个聪明、能干、有智慧的教育者时，他的本性才能得到充分的显示。

（4）我们工作的对象是正在形成中的、个性的、最细腻的精神生活领域，即智慧、感情、意志、信念、自我意识。这些领域只能用同样的东西，即智慧、感情、意志、信念、自我意识去施加影响。我们作用于学生精神世界的最重要的工具是教师的话语、周围世界的美和艺术的美，以及创造最能鲜明地表达感情的环境，也就是人际关系上的全部情绪领域。

（5）教师创造性的最重要特征之一，是他工作的对象——儿童——经常在变化，永远是新的，今天同昨天就不一样。我们的工作是培养人，这就使我们担负着一种无可比拟的特殊责任。

以上这些就是教育工作的特点，这方面的才能是什么？需要哪些客观条件？如何培养、确定、发展和磨练这种才能？

任何人都有一种根深蒂固、改变不了的精神需要，这就是要与人们交往。在交往中，他能找到生活的乐趣和充实自己的生活。但是，在有些人身上，由于各种原因，这种需要发展得很差，而在另一些人身上，它却似乎成了性格中压倒其他特点的特征。有些人，如人们所说的，"天性"孤僻、不爱交际、沉默寡言、更多地愿意独处或与少数朋友交往（当然，"天性"在这里毫无关系，起决定性作用的是教育，特别是幼年时期的教育）。如果和人多的集体交往使你头痛，如果你感到工作时独自一人或两三个朋友一起比和一大批人在一起好，那就不要选择教师工作作为自己的职业。

教师的职业是一门研究人的学问，要长期不断地深入人的复杂的精神世界。在人的身上经常能发现新的东西，对新的东西感到惊奇，能看到形成过程中的人——这种出色的特点就是滋养教育工作才能的基础。我深信，这是在童年和少年时期形成的，是在家庭和学校中形成的。它形成于父母和教师这些长者的关怀，他们用热爱人、尊敬人的精神教育儿童。

你既然产生了想当教师的愿望，那就请你检查和考验自己一下。你在九年级或十年级学习时，请求共青团委员会任命你当少先队辅导员或十月儿童小组的教导员。于是，你面前就来了 40 个小家伙。你一眼看去，他们甚至从外部特征上似乎彼此都很相像。但是在第三、第四、第五天，到森林、田野去过几次以后，你就会深信，每个儿童就是一个完整的世界，没有重复，各有特色。如果这个世界显示在你面前，如果你感觉到每个儿童都有个性，如果每个儿童的喜悦和苦恼都敲打着你的心，引起你的思考、关怀和担心，那你就勇敢地选择崇高的教师工作为职业吧，你在其中能找到创造的喜悦。因为我们工作中的创造性（我以后还要谈到它），首先是要认识人、了解人，对人的多面性和无穷尽性感到惊奇。

如果这 40 个学生使你感到一模一样、单调乏味，如果你要很费力才能记住他们的面貌和名字，如果儿童的每一双小眼睛对你不意味着某种深具个性的东西，如果从花园深处某个地方传来儿童响亮的声音，你不知道是谁在喊叫，喊声说明什么（而且过一星期，一个月你也不知道），那么，俗话说，"三思而行"，你得再三考虑，然后再决定是否当一名教师。因为，没有一条教育规律，没有一条真理是可以对一切儿童绝对同样适用的。因为，实践教育学已达到熟练水平，并提高到艺术高度的知识和能力。因为，培养人，首先要了解其心灵，看到并感觉到其个人的世界。

伟大的思想家阿拜·库南巴耶夫说过："如果我手中有权，谁要说人是改不了的，我就割下他的舌头。"[2] 这句话深深印在我的心里。每当我思考教育的才能，或是和年轻教师谈到他们的喜悦和苦恼、成就和失败时，这些火焰般的字句就在我面前发光。如果你想把自己的一生贡献给崇高的教师工作，那么，我们心中就应对人、对其身上的良好本质具有无限的信心。这不是对某个抽象的人的信心（这种人在自然界是没有的）；而是对社会主义社会中发育成长着的我们苏维埃儿童的信心。

教育才能的基础，是深信有可能成功地教育每个儿童。我不相信有不可救药的儿童、少年和男女青年。要知道，我们面前的这个人才刚刚开始生活在世界上，我们可以使这个幼小的人身上所具有美好的、善良的、人性的东西不受压制、伤害和扼杀。因此，每个决心献身于教育的人，应容忍儿童的弱点。如果对这些弱点仔细地观察和思索，不仅用脑子，而且用心灵去认识它们，就会发现这些弱点是无关重要的，不应对它们生气、愤怒和加以惩罚。不要理解成我在宣传全面的容忍、抽象的容忍，号召教师忍耐地"背着十字架"。这里说的完全是另一回事，说的是母亲、父亲和教师这类长者要有一种英明的能力，能够理解和感觉到儿童产生过错的最细微的动机和原因。要理解和感觉到的正是这样一点，即这是儿童的过错，不要把儿童和自己混为一谈，不要对他提出那些对成人提的要求，但是自己也不要孩子气，不要降到孩子的水平，同时还要理解儿童行为的复杂性和儿童集体关系的复杂性。

如果儿童的每一次淘气都引起你的苦恼和心悸，如果你认为他们已经闹到了极点，应当采取一些特别的"消防"措施，那你就该再三斟酌是否当一名教师，如果你和儿童会发生无休止的冲突，那就当不成教师。要有能力熄灭冲突，首先要懂得，你是在和儿童打交道。这种能力来自滋养教育才能的一条深根，即理解和感觉到，儿童是一个经常在变化着的人。

还有一个特征，没有它，依我看就不可能有教育才能。我想把这个特征称为心灵与理智的和谐。除了教师和医生的职业外，未必有其他的职业需要如此多的热忱。你的学生可能不止40个。如果你在高年级教课，那你将会有100、150个学生。应把自己的心分给每个人，在自己的心中应有每个人的欢乐和苦恼。同情心、对人由衷的关怀同教育才能是血肉相连的。教师不能是一个冷漠无情的人。如果只抱冷漠无情的理性态度，对发生的一切都进行非常仔细的斟酌，唯恐各种可能的规定遵守得欠准确，就会引起儿童对教师的戒备和不信任态度。过于重理性，而轻情感的教师，儿童不仅不喜欢，而且在他面前绝不会吐露自己的心思。

在任何情况下都要按照最初的内心冲动所要求的那样做——这种冲动总是最崇高的。但同时，教师还应当会用理智控制自己的内心冲动，不要屈服于自发的情绪。在对学生的错误、冒失，一句话，不正确的行为需作处理时，这一点尤为重要。

教师的艺术和水平，表现在是否善于把热忱和智慧结合起来。

有时需要采取暂缓的解决办法，使感情"稳定"。每当我有必要和学生谈论反映其复杂矛盾的内心活动的行为时，我经常把这种谈话推迟几天。我敬爱的同行们，请相信我，这样做会使你语言的情感，你对待学生的理智和心灵的情感更加充沛，因为在这种情况下，感情似乎由于你的英明见解而高尚起来。而你的见解、你的话就进入学生的心灵深处，因为它们热情洋溢，似乎充满了你内心的焦急不安。善于激起自己和学生，特别是和少年进行知心交谈的情绪，是每个教师都应当为自己建立的教育方法宝库中特别重要的一种能力。要在自己身上培养、形成这种能力，使它完善、"精炼"，变得更加敏锐、有效。

要培养这种能力，必须深入儿童的心灵，仔细研究他们的心思集中在什么上，他们是怎样看待世界的，他们周围的人对他们有什么影响。

我亲爱的同行们！为了成为一个真正的教育者，就要经受这类热诚的锻炼，也就是说，要在很长的时期内用心灵来认识学生的心思集中在什么上，他想些什么，高兴什么和担忧什么。这是我们教育事业中的一种最细腻的东西。如果你牢固地掌握了它，你就会成为真正的能手。

2. 谈谈教师的健康和充实的精神生活问题

——有关工作乐趣的几句话

教师要保护心脏和神经。我们应当工作到 60 岁还很健康、朝气勃勃。很难想象有什么比一个教师感到自己脑力足、设想多而体力不支使他更悲哀的事了。

我记得一次隆重的晚会，欢送一位教师退休。邀请我参加这个晚会的女教师还相当年轻，她从 20 岁开始工作，到退休也不过 45 岁。为什么阿娜斯塔西娅·格里哥里耶夫娜要退休呢？大家都不理解。奇怪的是，这位女教师连多工作一天都不愿意，恰好当她在学校工作满 25 年的那天离开工作。阿娜斯塔西娅·格里哥里耶夫娜本人对我们这些当时还年轻的教师做了告别讲话，消除了我们所有的疑问。她说："亲爱的朋友们，我离开是因为学校工作不是我喜爱的事业。我在这个工作中得不到满足，它没有给我任何乐趣。这是不幸，是我生活中的悲剧。我每天都盼望着课快些结束，喧哗声快些消失，可以一人独处。你们感到惊讶，一个 45 岁的妇女就离开了工作，而她的健康还很好。不，我的健康不好，已经受了内伤。受内伤是因为，工作没有给我乐趣。我的心脏病很重。劝告你们，年轻人，自己检验一下，如果工作没有给你们乐趣，那就离开学校，在生活中正确地判断自己，找一个心爱的职业。否则，工作会使你们感到痛苦。"

亲爱的朋友们！让我们思考一下这个悲伤的故事。健康、情绪、充实的精神生活、创造性劳动的乐趣、从心爱的事业中得到满足，都是紧密联系、互相制约的。在这里，占首位的是健康和精神力量的和谐。教师多么需要健康，要是无法医治的疾病不知不觉地来临，他生活中会出现多大的悲剧啊！因为，往往有这样的事，教师年龄才 45～47 岁，却已经衰颓了。刚刚进入教育智慧的顶峰，掌握了教育者的技艺和艺术的奥秘，形成了自己的教育信念，而力量已经没有了。一个从 16 岁起就开始干教育工作，有 25 年工龄的教师写信给我说："我多么害怕到 45 岁就成为'主席团名誉成员''婚礼上的将军'①。怎样工作才能使健康不受损伤？因为首先是为了工作，为了创造而需要健康，没有工作，我无法想象幸福。"

我和 45～50 岁的 400 名教师进行过谈话。谈到健康问题时，许多人诉苦说："心脏衰弱了""心脏时常犯毛病"。心脏和神经出毛病、心脏衰弱——正是这方面的疾病不知不觉地袭击教师，不仅限制他们的创造性劳动，而且常常使他们完全停止工作，不得不提前"退休"。教师要保护心脏和神经。我们应当工作到 60 岁还很健康、朝气勃勃。很难想象有什么比一个教师感到自己脑力足、设想多而体力不支使他更悲哀的事了。

但是怎样保护心脏和神经呢？不是躲避所有能引起个人情绪的事，不是使自己养成冷漠无情的态度，这里首先要考虑我们工作的特殊职业条件。

我们的工作是用心脏和神经的工作，确实是每日每时都在消耗大量的精神力量。我们的劳动处于经常变化的局面中，有时令人十分激动，有时情绪压抑。因此，善于掌握自己，克制自己，是一种最必要的能力。它既关系到教师的工作成就，也关系到他的健康。不会正确地抑制每日每时的激动，不会掌握局面，是最折磨教师的心脏，消耗教师神经系统的事。

但如何培养具备这种能力呢？首先要了解自己的健康，了解自己神经系

---

① 意思是用来装饰场面的。——译者

统和心脏的特点。人的神经系统，按本质来说，具有很大的灵活性，教师应把这种灵活性引导到控制情绪的艺术高度。我培养自己这种能力的办法是，不容许一些消极现象萌芽，如忧郁、夸大别人的毛病、极力渲染儿童"不正常"的意图和行为（这一点很难用语言来表达，却是我们的修养和教育工作方法的大缺点），习惯于对儿童提出只能对成人提出的要求，使小学生不是成为好发议论者，就是成为以冷淡态度对待道理和教训的人。我经常力求不使自己激动，不加剧激动，而是让它缓和下来。怎样才能做到这一点呢？如何避免经常强制地按捺住自己呢？最根本的办法是：第一，把整个集体（包括教师本人在内）的精力放到一种需要大家精神一致、集体创造、人人聚精会神、相互交流知识财富的工作上。经验使我信服，正是这种集体活动仿佛能使教师为了抑制激动，把为了不让怒气发泄出来而常常不得不压紧的弹簧松弛下来。如果不使这种弹簧松弛，如果像俗话说的，压住心头怒火，那就会苦恼、生气，就会出现极度不安和心神不定地提防发生情绪问题的危险。这种危险每次之所以发生在我们的工作中，不是由于感情得到充分放纵，就是相反，由于感情被熄灭和受压抑。

我和同学们到森林里去。我们的集体中有一个很小的同学，活泼淘气，像水银一样好动，他是翘鼻子、有雀斑、蓝眼睛的尤拉。学生们正集合在草地上听我的指示：上哪儿去，在森林中怎么才能不丢失、不迷路。这时候，尤拉却跑到密林深处，藏在一个山沟里，高喊"嗷呜"来招呼人，他这样做有不好的意图，是想搅乱我们的森林旅行。但是，我对自己说，不能对儿童的想法说得太过分。因为，尤拉还不过是一个小孩，二年级学生，他不可能想得那么远。于是，我不着急，不生气，不激动，并借此安排一个很有趣的游戏。我说，同学们来吧，不要作声，要躲过尤拉。我们不去找他，让他来找我们。我们走动得非常轻，连脚下的草也不发出声音。我们偷偷地钻到一个我知道的林中穴洞里去，在那儿躲起来。同学们非常高兴地观察着这个隐蔽所。尤拉高喊了几声后就沉默了。他已经到了一个地方，模仿着黄鹂的歌声，走近了我们坐过的草地。他又高喊了，从他的声音里我听出他惊慌了。后来，他走到草地上，不再高喊和模仿鸟唱歌，而是惊慌地叫我们："你们在哪里？回答我！"

不是强迫自己压制住激动，而是要寻找一种活动，使你能完全从另一个角度来看待令人激动、气愤、又不得不把起抑制作用的弹簧压紧的事情。使令人不愉快的、感到气愤的事情成为可笑的事情吧！这样，你就成了集体思想和情感的全面主宰者。

消除激动和气愤，放松抑制的弹簧的第二个方法是幽默。如果你具有幽默感，那么，最紧张的，有时能引起很长时间气愤的局面就可以得到缓和。学生们之所以热爱和尊敬快乐、不泄气、不悲观失望的教师，是因为他们自己是快乐的、具有幽默感的人。他们会从每一举动中、每一生活现象中看出很小一点可笑的事。善于无恶意地、怀着好心地嘲笑反面的东西，用笑话支持和鼓励正面的东西，是一个好教师和好的学生集体的重要特征。

如果教师缺乏幽默感，就会筑起一道师生互不理解的高墙：教师不理解儿童，儿童也不理解教师。意识到儿童不理解你，就会使你生气，教师生起这种气来，就往往无法摆脱。亲爱的同行们，相信我，侵蚀学校生气勃勃的机体、毒害学生集体生活的冲突，多半正是这种互不理解引起的。

教师工作的特点，是高度脑力紧张时期与比较平静的时期相互交替。多年的实践有力地表明，教师的心脏和神经需要长时期停止耗费，也就是说，停止消耗神经和精神的力量。这种力量必须得到补充。这种补充的必要条件，是合理使用休息时间。正确的休息，特别是在夏天和冬天，能发展并增强神经系统的补偿能力，有助于养成沉着、平稳和使感情爆发服从于理智控制的能力。许多在学校工作了三四十年以上的有经验的教师叙述说，使他们养成沉着和自制力的因素中，特别有效的一个因素是和自然界的长时间接触，在这种接触中，能使体力的紧张与思想、观察相结合。

同时，要善于在日常工作中爱惜神经力量，这是保证心脏和精神健康十分重要的条件。

3. 怎样在日常活动过程中防止神经衰弱

我亲爱的同行，整体来说，儿童世界是美好的，如果你了解它，在其中感到如鱼在水中一样，那它会给你带来良好的感受和心情，要比不好的多得多。

我们的工作是在儿童世界中进行的，这是时刻也不能忘记的一点。而儿童世界是一个无可比拟的特殊世界。应了解这个世界，仅这样还不够。还应习惯于儿童世界，也可以说，每个教师身上应闪耀着小小的儿童火花，永不熄灭。

什么是儿童世界？我在这里仅仅给教师提一些实际的建议，并不企图对儿童的一切特征下科学的和心理学上的定义。我想说，儿童首先是用情感来认识周围世界的。儿童世界，首先是儿童用心灵对周围所见事物和自己所做事情的认识。内心生活明朗、生气勃勃、含义丰富，感情和情绪容易表露——这就是作为我们教育工作对象和工作环境的儿童时代。

儿童的内心生活时时刻刻给我们带来满意和不满、高兴和苦恼、忧愁和欢乐、疑惑和诧异、宽慰和愤怒。在儿童世界给我们带来的极广阔的情感领域内，有愉快的和不快的、高兴的和伤心的曲调。善于认识这种和谐的乐声，是教育工作中精神饱满、心情愉快和取得成功的最重要条件。如果和儿童交往给教师带来的只是伤心、愤怒、生气之类的情绪，这不仅在教师心灵上深深地留下了不愉快的感受，而且也破坏了他们内部器官的工作。不善于看到和感觉到儿童世界及其复杂情绪的和谐性的教师，常常会有种种神经失调的现象，其中最令人讨厌，甚至往往可怕的一种是神经衰弱。

唐波夫州的恩·丽奇娅写道："我每天仅有 3 节课，但回家时已筋疲力尽，不仅没有力气备课或阅读，甚至没有力气思索。这是怎么回事？在学校工作的时间里，我就像拉紧了的弦。学生们淘气，使人不得安宁。我觉得，每个男生都一心想干使我不愉快的事。我看见费佳在课堂上捅了一下瓦尼亚的腰部，瓦尼亚就对费佳还手，用尺子打了他的头……这些事情，别的教师说是小事，但我却无法平静地看待这一切。我全身发热，心几乎要从胸口跳出来，手脚麻木。我想平静地对学生提意见，但声音发颤。学生注意到这一点。我感到他们在笑，还故意搞些新名堂使我不高兴。我该怎么办？"

这已是神经失调了，其原因就是不理解儿童世界。我亲爱的同行，整体来说，儿童世界是美好的，如果你了解它，在其中感到如鱼在水中一样，那它会给你带来良好的感受和心情，要比不好的多得多。要学会用心灵去倾听、理解和感受被称为儿童世界的这种音乐，首先是其中光明愉快的曲调。不要只当儿童世界音乐的听众、欣赏者，还要当它的创作者——作曲家。要在儿童世界的音乐中创造光明愉快的曲调，因为这种音乐关系到你的健康、你的精神力量、你的内心状况。你的钢琴、你写儿童世界音乐的乐谱和指挥乐曲的指挥棒，是一件很简单而又很复杂的东西，它就是乐观主义。请记住，在儿童、少年和男女青年中间没有存心作恶的歹徒，即使有时出现这种人——一千、一万人中有个把，那么，邪恶既然创造了他们，医治他们就要靠善良、人性以及乐观主义，这个有魔力的小提琴和有魔力的指挥棒。

儿童身上没有任何东西是需要教师严酷对待的。如果儿童心灵中出现了毛病，那首先要靠善良来驱走它。这不是提倡不对抗邪恶，而是对儿童世界的现实看法。我痛恨对儿童抱嘀嘀咕咕的疑心态度，痛恨形式主义的清规戒律。这不是在宣传马虎对待和"自由教育"，而是坚信，对儿童和善、亲切、热爱，并不是抽象的，而是人性的、现实的，充满了对人信任的和善、亲切和热爱——这是一股强大的力量，能在人身上创造一切美好的东西，使他成为一个理想的人。我不相信，一个受到正确教育的儿童会成为流氓、寄生虫、厚颜无耻的人、好说谎和腐化的人。

乐观主义，相信人是教育者和受教育者的创造力、神经力量和健康永不枯竭的源泉。不要让不信任人、怀疑人的种子在自己的心中发芽生长。不信任人，不管它在开始时多么微不足道，却能发展成我想称之为不友善态度的可怕癌症（因为是在谈论身体和精神的健康问题）。不友善是心灵的一种危险疾病，既影响心脏，也影响神经。它遮住了教师的眼睛，使他看不到人身上的优点。不友善是一副玄妙的眼镜，它的镜片使优点缩小到极微小的程度，因而看不见，使缺点扩大到丑陋不堪的地步，以至掩盖了人性最细微的特征。年轻的朋友，告诉你，教师健康上的毛病，始于他容许不友善态度发展起来，用与乐观主义地信任人毫无共同之处的意图和举动来培植这种态度。不友善是愤恨之母，而愤恨，形象地说，是一种尖锐的刺，经常扎到心脏最敏感的角落，使心灵疲惫，使神经衰弱。

要比怕火还厉害地怕最微小的幸灾乐祸，比如（但愿永远不发生这种事），你"训斥"了一个学生，"触痛"了他，在日志上记下了他的不体面行为，你的思想深处微微地活动着一个高兴的念头，好像对学生说：你父亲是个要求严格的人，看了我的记载，会收拾你……你看了一下那孩子的忧愁的眼睛，自己毫无惶恐，仍然很安详。亲爱的朋友，请记住，正是从这个时候开始了你的巨大不幸：你的心灵深处滋生了幸灾乐祸。它起初似乎是一只软弱无害的小兽，而事实上像一条毒蛇。幸灾乐祸又产生出不能容忍，幸灾乐祸的心变得又聋又哑，抓不住儿童内心细微的活动。幸灾乐祸的人，把一般的儿童淘气现象看作是邪恶和存心不良。对儿童的恶作剧和淘气不能容忍，就会使教师成为冷淡的好说教者和只重理性的监视者，而受到儿童憎恶。他们对付他吹毛求疵的办法是逗他发脾气，"得罪他"。如果已经开始出现这种情况，那么，教师的心就会由于时时刻刻都不得不压制自己的愤恨而逐渐衰竭。我的朋友，你应该怕这种情况如怕大不幸一样。如果你避免不了这一点，你就会成为肝火旺盛、容易激动和情绪忧郁的人，工作对你来说将是受罪，你会百病丛生。

关怀别人、合理的善良，是儿童集体生活应有的气氛，是师生相互关系应有的主要品质。关怀——这是多么美好的词，同时又是多么深刻、复杂、多方面的、有人性的态度。如果关怀是相互的，那就是说，一个人可以把自己心灵深处的一切敞开让别人知道。

我已无数次说过，并且到死也要说，教师和儿童的相互关怀，是联结心灵的极细红线，依靠它们（请注意，这在我们教育工作中是极为重要的），一个人可以不通过语言就理解别人，能感觉到别人内心最细微的活动。多年的学校工作经历使我坚信，如果我关怀儿童，并培养他们的这种态度，他们就爱惜我的心和我的神经，在我心情沉重甚至很难说话时能理解我。学生觉察到我有情绪，感觉到我心情很沉重，他们甚至说话也轻声轻气，避免吵闹，力图使我在课堂上和课间休息时都能尽量得到安宁。我亲爱的同行，这种心连心的感觉，善于看到别人的内心，是使你保持健康的永不枯竭的源泉。但在这里，我们进入了学校生活的一个十分特别的领域，关于这个领域谈论得还很少，要大为谈论而且要理智地谈论。我指的是对人关怀的实质——这是情感教育的一个极重要方面。

4. 要善意待人

教师的善意待人，首先表现在善于不让该学生成为坏孩子，防止他走上错误的道路。像父母一样地愿学生好，就要阻止邪恶进入他们的心灵，把邪恶关在他们的心灵外。

这条建议，一般来说，属于教育修养的初步常识，具体地说，是教育修养的情感问题。要善意待人，就是说对待学生犹如对待自己的儿子一样。学生学习成绩不好，落后；他难于像同班生那样学习；儿童或少年犯了流氓行为——所有这些都是糟糕的事。如果是你的儿子遇到了这种糟糕事，你会怎么办？不见得会提出开除、减品行分数之类的处理办法。当然，理智会提醒聪明的父母，这些办法也是需要的，但你的心里首先会提出最必要的办法去挽救儿子，因为只用惩罚是不能挽救人的。你心里会要求采取一种能在儿子心里建立道德的纯洁和美的办法，使他成为一个真正的人。这种心愿也就是善意待人。教师的善意待人，首先表现在善于不让该学生成为坏孩子，防止他走上错误的道路。像父母一样地愿学生好，就要阻止邪恶进入他们的心灵，把邪恶关在他们的心灵外。如果你心里对每个学生都抱有这种焦虑不安的关切，如果每个学生对你来说不是班级记事簿上的一行字和一个号码，而是一个活生生的人，一个有个性的人，一个独特的人的世界，那你就可以相信，要是学生遇上了糟糕的事，你内心会提醒你该怎么办。这种内心的命令就是见诸行动的善意待人。

说"要善意待人"很容易，但善意待人这种品质是需要培养的。只有当这种内心状态是相互的，也就是说，当教师愿学生好、学生愿教师好时，才能把它培养起来。这是学校生活的最微妙的和谐。相互以善相待，是在富于情感修养的气氛中培养起来的。我总是认为，一个最重要的教育任务，是要教学生用心灵认识世界，用心灵了解人——不仅是亲友，而且是生活道路上遇到的任何同胞——的处境。把小学生教得会感觉出他所遇到的人内心沉重、有某种悲痛，是一种最细致的教育本领。我想谈谈自己的经验，以说明教师如何培养自己具有这种本领，如何培育学生的情感修养，以及如何使这种修养成为彼此以善相待的基础。

春天，校旁的田野里有一些女庄员在甜菜种植场工作。每天早上，一轮红日刚从地平线出现，妇女们就一个接一个下地了。我的一年级生也是这个时候来到学校的花园里。我们在自己的"美丽角"里迎接日出。这个角落是蔚蓝色天空下的一个绿荫教室——一个很大的绿荫窝棚，浓密的葡萄叶子遮住炎热的太阳。女庄员们从我们旁边两三米远的地方走过去。我们看得见她们，看得清她们的脸庞和眼睛，如果我们屏息静坐，还听得见她们的呼吸声。她们却看不见我们。我教导同学们说：看看妇女们的眼神，学会感觉和了解她们每人内心的状态——是晴朗的平静还是乌云般的苦恼。我们每天看到这些姑娘和妇女。我们已经看惯了一个有着蓝眼睛和淡褐色粗辫子的年轻妇女，她是两个孩子的母亲，总是唱着这个或那个歌儿去上工。她常常在小丘上停住脚步，看看蔚蓝色的天空，听听云雀的歌唱，脸上现出微笑。我对孩子们说："她热爱生活，她是幸福的。"我们大家在看到别人幸福时，自己也感到很高兴。另一个妇女每天拐到狭窄的田间小道上时，总要折几枝野花，我们从她的眼睛里看出，她在想光明、愉快的事。有两个姑娘走近草地上缓缓淌出泉水的地方，拿泉水当镜子照，整理发型，欣赏自己的美丽。我说，同学们，你们看，她们的眼神充满了喜悦、向往。那个黑眼睛的妇女不仅摘了不少野花，而且在树墩上坐下，编成了一个小小的花环——当然，这种花环只能编给小姑娘戴。我说，亲爱的同学们，你们细看她的眼神，会感觉出爱的温暖。但是在这里，同学们，你们注意地看，有一个白发妇女走来了。你们看看她的眼神，多么悲伤、忧愁。她的目光中含有多少痛苦和烦恼啊！她现在停下了，看看太阳，看看淹没在一片绿色花园里的村庄，沉重地叹着气。你们看，她不走田间小路，而是走通向村子中心的大路。她在路边掐下野花，拿着花走向和法西斯作战时在这里牺牲的战士纪念碑。看，她在墓前献了花，哭起来了。

同学们，你们面对着人类在世界上最伟大的悲痛——母亲的悲痛。她现在又一次走过我们的"美丽角"，你们留心细看，再一次瞧瞧她的眼神。

同学们屏息坐着。没有一片树叶或一根小草颤动，周围的一切都是静悄悄的。我们面对着这个母亲悲伤的眼神，我们听见了她再次回头看战士纪念碑之后的沉重叹息。

同学们不需要任何话语和解释就明白了，这个母亲的儿子在战争中牺牲了。我讲述了她的巨大悲痛：她的两个儿子和丈夫都牺牲了。

随后，一堂接一堂上愈来愈新的课，教儿童用心灵认识人。我们到田野里去，坐在乡间土路旁，时时有人从我们身边走过。

看看一个人的脸色和眼神，儿童就感觉出了他的内心世界。头一个人对现实生活感到高兴。第二个人在向往某种令人激动的宝贵东西。第三个人只不过是表现出疲乏和漠不关心的神情，不，这个人心里也不怎么好受……第四个人忧心忡忡。可能是为些日常生活琐事操心，也可能是为某件大事担忧。现在来的老爷爷，则有着某种悲痛。同学们一惊，警觉起来。他们在人们的眼神中还从未见到过这种悲痛。同学们说："他很痛苦……准是遇到了很大的不幸……需要问问，怎么帮助他……"

他们走近老爷爷身旁问道："能帮助您什么吗？"老爷爷把温暖的手放在小季娜长着浅色头发的脑袋上，沉重地叹着气说："亲爱的孩子们，你们帮不了我什么……我的妻子刚刚死在医院里……我现在去叫汽车……我们在一起度过了四十七个年头……你们帮不了什么忙，但我还是感到轻松了一点，你们真是好人……"

儿童的情感"修养"，就是这样培育起来的。这是一个非常细致而长久的过程，要求教师很懂得分寸、细心、会思考问题，并深知每个儿童的内心世界。

能用心灵感觉出别人情绪的儿童，就会变得以善待人。不过，还有很重要的一点是，他们对教师的善意很敏感，能感觉得出来，并以好心还好心。这种情况在教育工作中的重要性，是怎么估计也不会过分的。应把儿童的心灵培养得能接受用爱抚、善良和热忱进行的教育。你大概听到过教师们的牢骚话（可能你自己也说过这种想法）："有什么办法呀？学生不懂得好话……我对他爱抚、一片赤诚，而他，没有情义，讥笑我的好心。"遗憾得很，是有这种事情发生。这种铁石心肠的根源，是缺乏情感教育，是幼年时期没学会用心灵认识人。

如果你把学生教得会用心灵了解人，那你的善意就能创造出奇迹。教师的善意为了什么？首先为了儿童的脑力劳动。希望儿童的脑力劳动更棒，这意味着要了解他的优点和弱点，懂得脑力劳动的细微特征。你的善意，作为一种强大的教育手段，会一直起作用，直到你的学生想成为一个好人，直到他个人产生自尊心并不断发展。我们都知道，在教育工作上，各种现象和事实是极紧密相连的：学生的学习成绩影响他的精神状态，其精神状态影响教师精神生活的充实和身体健康。如果学生力图成为一个好学生，想很好地掌握知识，就已是你工作乐趣的一半了。

学生的个人自尊心决定于他的学习成绩，而学习成绩则决定于教师的善意，当然，也决定于学生的心灵肯接受教师的善意到什么程度。尊敬的同行们，请记住，学生的学习成绩、个人的自尊心，是你创造性劳动乐趣的火花。只要这火花在发光，你就会感到自己精神生活的充实和创造活动的乐趣。

　　但是，又产生了一个问题：如何使学生的学习经常取得好成绩？如何培养他的个人自尊心？如何用一股巨大的精神力量——当一个好学生的愿望鼓舞他？我现在就谈谈另一条建议，这条建议可以用几个字简短地表达如下。

5. 请记住，没有也不可能有抽象的学生

仔细考虑每个学生将做些什么。为所有的学生挑选他
们都能做好的作业。如果学生在掌握知识的道路上没迈出
哪怕是小小的一步，那对他来说，这是一堂无益的课。无
效的劳动，大概是学生和教师都面临的最大的潜在危险。

为什么一年级就常有成绩不好、落后的学生，而到二三年级有时还会遇
到不可救药的落后生，教师对他已经不抱希望了？这是因为在学校生活的最
重要领域，即脑力劳动领域，对幼小学生没有个别对待。

可以假设，要求所有刚当上学生的 7 岁孩子都完成同一种体力劳动，比
如提水。一个孩子提了 5 桶水就已筋疲力尽了，而另一个孩子可以提 20 桶。
要求弱小的孩子提 20 桶水，会使他过于劳累而受内伤。他到明天就什么事都
不能做了，甚至进了医院。同样，儿童从事脑力劳动的力量也是不一样的。
一个学生对事物领会、理解并记住得很快，能持久和牢固地保持；而另一个
学生的脑力劳动则完全是按另一种方式进行的：教材领会得很慢，知识记忆
得不持久、不牢固，但在以后，正是这个学生比那个当初学习好的学生在学
业上和智力发展上取得了更大的成绩（这是常有的事）。没有抽象的学生可以
对之机械地搬用一切教育和教学的规律。没有什么统一的先决条件能使全体
学生都获得好的学习成绩。好的学习成绩这个概念本身是相对的：对一个学

生来说 5 分是成绩好的标志，而对另一个学生来说 3 分就是很大的成功。会正确地判断每个学生当前在哪方面有才能，今后他的智力怎样发展，是教育才智中极为重要的部分。

保持和培养每个学生的自尊心，取决于教师如何看待学生的个人学习成绩。不能要求学生做他做不到的事。任何一门课程的教学大纲，只不过是一定水平和一定范围的知识，而不是活生生的儿童。不同的学生，是以不同的方式达到这种水平和掌握这个范围的知识的。一个学生在一年级就已经能完全独立地阅读并解答习题，另一个学生要到学习的第二年末甚至第三年才能做到这一点。应善于判断用什么途径、要多久和克服什么困难，学生才能达到大纲规定的水平，如何在每个学生的脑力劳动中具体地实施大纲。

教育和教学的艺术和技艺，是发挥每个学生的力量和可能性，使他们感到在脑力劳动中取得成绩的喜悦。这就是说，在学习方面应予个别对待，不仅在脑力劳动的内容（习题的性质）上如此，在时间上也是如此。有经验的教师在一节课上给一些学生两三道甚至四道题，而给另一些学生仅仅一道题。一个学生的题较复杂，而另一个学生的题则较简单。一个学生在语文方面要完成创造性的书面作业，如写作文，另一个学生则仅学习文学作品的课文。

用这种方法能使全体学生都能前进，只是有些人快些，有些人慢些。儿童从作业的得分中看到了自己的劳动和努力，学习给他带来精神上的满足和获得知识的喜悦。同时，师生间的相互关怀与相互信任结合起来了。学生不把教师只看成是严格的检验员，把分数只看做棍棒。他会坦率地对教师说：这件事我没做好，我不会做。他的良心很敏感，他不能采用抄袭的办法，他想建立自己的尊严。

学习成绩，形象地说，如同一条小路，通向儿童的心灵深处，那里燃烧着想当一个好学生的愿望的火花。要保护这小路和这火花。

我有一个朋友，出色的数学教师茨·格·特卡钦柯（基洛沃格勒州波格丹诺夫中学）。他这样讲述他的备课情况："我仔细考虑每个学生将做些什么。

我为所有的学生挑选他们都能做好的作业。如果学生在掌握知识的道路上没迈出哪怕是小小的一步，那对他来说，这是一堂无益的课。无效的劳动，大概是学生和教师都面临的最大的潜在危险。"

请看看帕夫雷什中学的教师阿·格·阿里申柯和姆·阿·雷萨克的数学课。在解题时（解题占 90% 的时间），他们的班似乎分成了几个组。第一组是成绩最好的学生，他们不需要任何帮助就能轻而易举地解答任何习题。这个组里还有一两个学生会口算，不需要用笔记下来；教师还没说完条件，学生已经举起手了。对这个组，除大纲规定的习题外，教师还选择超出大纲范围的材料。要给这些学生的头脑以力所能及的、但不是轻而易举而是需要经过努力才能完成的作业。有时还要给一种他们不能独立地解答的习题，不过，教师的帮助也仅是稍加指点或暗示。

第二组是勤奋努力的学生，对他们来说，出色地完成任务需要经过紧张的脑力劳动、探求和克服困难。关于这些学生教师是这样描述的：以勤劳和埋头苦干取胜，获得成绩是因为他们勤奋和顽强。

第三组学生可以不需要帮助能自己解决中等难度的习题，但复杂的习题有时不会做。帮助这些学生学习需要有高超的教学技艺。

第四组学生理解和做习题都很缓慢。他们在一堂课上比第二、第三组学生可能少做一半或三分之二的习题，但对他们无论如何不能催促。

第五组是个别学生，他们不能解答中等难度的习题。教师要专门为他们选一些能使他们取得哪怕成绩不大的习题。

这些学生小组不是固定不变的。能使学生因取得成绩而感到喜悦的脑力劳动，其结果总是使才能得到发展。

在能使每个受教育者都得到进步的教师的课堂上，请仔细观察一下学生进行脑力劳动的情况。这里笼罩着前面谈过的那种相互关怀的气氛，笼罩着智力的灵感。每个人都力求靠自己的努力来达到目的。你可以在学生的眼神里看到时而精神高度集中，时而迸发出喜悦的火花（找到了正确的路子），时而沉思默想（从哪个方面解题）。教师在这种气氛中工作是极大的享受。亲爱的同行们，请相信我，在这样的一节课上，不管教师的工作多么紧张，他总可以有喘息的时间，而没有这一点是很难一连上四五节课的。

有几年，我在五、六、七年级教数学，这些课与文学课和历史课交替进行，对我来说，的确是真正的休息。能使每个学生都由于有成绩而体验到个人喜悦的课，不会使教师感到苦恼和疲劳：他没有紧张地等待着出现不愉快事情的心情，他不用留神注视那些活泼的、不安静的、由于无事可做而不时用淘气来"招待"教师的孩子，因为在这些课上，他们的精力被引入了正轨。如果教师能把淘气鬼和闹将"套住"，让他们从事力所能及的、可以指望取得成绩的脑力劳动，那他们会多么勤奋和集中精力地工作啊！紧张的劳动显示出他们积极的心灵。他们变得认不出来了：全部注意力都集中在如何更好地完成作业上。

某些教师诉苦说，学生在课堂上淘气，做别的事等。这种话总是使我苦恼和疑惑。亲爱的同志们，如果你们认真地考虑了如何促使每个学生都致力于学习，就不可能有这种事。

我们部分地涉及了工作中存在的一个尖锐问题，即如何能使劳动不给我们带来疲惫，以及神经和心脏的无穷尽的紧张。这种紧张是由于经常不断地忽而出现"特别事件"，忽而出现"天真的淘气"而引起的。这些虽然都是小小的、几乎难以觉察的事情，但如果数量很多，就会使人既不能正常工作，也不能正常生活。

6. 从哪儿找时间，一昼夜只有24小时

这种准备究竟是什么呢？这就是阅读。要天天看书，终生以书籍为友。这是一天也不断流的潺潺小溪，它充实着思想江河。

这两句话引自克拉斯诺亚尔斯克城的一个女教师的来信。是的，没有时间。这是教育工作的灾难。它不仅打击着学校工作，也打击着教师的家庭生活。教师同其他人一样，需要有时间照顾家庭和教育自己的孩子。我有非常准确的材料说明，许多中学毕业生害怕上师范学院是认为从事这种职业的人没有空闲时间，别看有很长的假期。

我还有很有趣的统计材料：向其孩子上了高等学校的500名教师提出了这样一个问题："你们的孩子在哪些高等学校、哪些系学习？"只有14人回答："在师范学院"或"在综合大学学习，准备当教师"。然后又问："为什么你们的孩子不想当教师？"486人回答说："因为他们看到了我们的工作多么不容易，没有一分钟的空闲时间。"

那么，教师究竟能不能工作得使自己有空闲时间呢？这个极难解决的问题甚至往往用这种方式表达出来。事实上，形成了这种情况：语文、数学教师每天除在学校工作3～4小时外，还要备课和批改作业不少于5～6小时，再加上课外活动不少于两小时。

如何解决时间问题？这是学校生活中的全盘问题中的一个问题。它和学生智力发展时的问题一样，确实是由学校的全部活动所决定的。

主要问题在于教育工作的作风和性质本身。一个在学校工作了 33 年的历史教师，上了一堂题为《年轻苏维埃人的道德理想》的观摩课。区训练班的学员和区教育处视导员出席了这堂课。这堂课上得非常出色。原来教师们和视导员打算在上课的过程中做一些笔记，以便课后提意见，但他们都忘记做笔记，他们和学生一样，屏息坐着，听得入了迷。

课后一位邻校的教师说："是啊，你把心交给了学生，你的每一句话都具有巨大的思想威力。请问，你花了多少时间来准备这堂课？可能不止 1 小时吧！"

那位教师回答说："这节课我准备了一辈子，而且，一般地说，每堂课我都准备了一辈子。但是，直接针对这个课题的准备，也可以说是教研室里的准备，则仅花了约 15 分钟。"

这个回答稍稍打开了一扇小窗户，从而显示出了教育技艺的一个奥秘。像这个历史教师一样的教师，据我所知，仅在我的区里就约有 30 个。他们不抱怨缺少空闲时间，每个人都会说，每一堂课都准备了一辈子。

这种准备究竟是什么呢？这就是阅读。要天天看书，终生以书籍为友。这是一天也不断流的潺潺小溪，它充实着思想江河。阅读不是为了明天上课，而是出自本性的需要，出自对知识的渴求。如果你想有更多的空闲时间，想使备课不成为单调乏味地坐着看教科书，那就请读科学作品，要使你所教的那门科学原理课的教科书成为你看来是最浅显的课本。要使教科书成为你的科学知识海洋中的一滴水，而你教给学生的只是这门知识的基本原理。到这个时候，备课就无须花几小时了。

优秀教师教育技艺的提高，正是由于这种经常性的阅读不断地补充了他们的知识海洋。如果在从事教育工作初期，教师所掌握的知识与应教给学生的基本知识的比例是 10∶1，那么，到了 15～20 年工龄时，这个比例应成为

20∶1，30∶1，50∶1，而这一切全靠阅读。在教师的知识海洋中，教科书一年比一年成为愈来愈小的一滴。问题不仅在于教师的理论知识有数量上的增加。数量转变为质量：衬托着教科书的背景愈宽广，使教科书发出像细小光线在明亮的光流中一样，那么，作为教育技艺基础的业务品质就表现愈明显，这就是在课堂上叙述教材（讲述、讲演）时分配注意力的能力。例如，教师在解释三角函数，但他所想的主要不是函数，而是学生：他观察每个学生怎样学习，哪个学生遇到什么理解、思维和记忆上的困难。他不仅教课，而且在教课的过程中培养学生的智力。

教师的时间问题与教育过程的其他一系列因素和各个方面紧密相连。这些因素和方面，好比是把水供给河流的小溪，而河流就是教育工作和创造的时间。怎样使这些小溪经常生气勃勃、潺潺流水——关于这一点，我想提出几点建议。

7. 教师的时间和各教学阶段的相互依存性

中、高年级的顺利学习，也决定于学生在低年级时学会快速和自觉地书写到了什么程度，以及这种能力后来是怎样发展的。如同阅读一样，书写也是儿童用来掌握知识的一种工具。

这个建议主要是针对小学教师的。尊敬的同行们，尊敬的小学教师们！你们怎样工作，关系到中、高年级教师的时间预算。如果注意观察第二阶段（四至八年级）、第三阶段（九至十年级）的教学过程，就可以得出结论：在这里无情吞掉教师时间的是无止境和无效果的"赶尾巴"：教师还没有来得及讲新教材，就已发现部分学生并没有掌握旧教材，只好与其说考虑如何沿着认识的道路向前推进，不如说考虑如何消除部分学生已经滞后的现象（有时这部分学生如此之多，以至教师几乎不得不给全班一起补课）。这就要花费教师在学校和在家里的大量时间。

为什么会发生这种情况，即教学过程怎么会受到这种似乎是不可避免的工作（消除许多学生的滞后现象）的牵累？

我想建议低年级教师：

亲爱的同行们！请记住，所有中、高年级教师的时间预算决定于你们，你们是教学和教育中首创精神的缔造者。在小学面临的许多任务中，首要任务是教会儿童学习。你们一个主要关注，是在儿童掌握的理论知识量和实际能力、技巧之间确定正确的比例关系。

请记住，中、高年级后进生主要是不会学习、不会掌握知识的结果。当然，你们应致力于使儿童的一般发展具有很高的水平，但是……首先要教会儿童很好地读和写。不会迅速地、自觉地、富有表达力地阅读和领会所读的东西，不会迅速地和正确无误地书写，就谈不上日后在中、高年级能顺利地学习——无须教师无止境地"催赶"落后。要教会所有低年级的学生阅读，使他们学会边读边想和边想边读。阅读的能力应当达到自动化程度，使他们通过视觉和意识领会含义比发出声音早得多。前者提早得越多，阅读时思索的能力就越敏感，而这是顺利学习和整个智力发展的极为重要的条件。我坚信，中、高年级的顺利学习首先取决于自觉阅读的能力，即边读边想和边想边读的能力。因此，低年级教师应仔细地研究每个学生的这种能力如何得到发展。30年的经验使我相信，学生的智力发展取决于是否会很好地阅读。会边读边想的学生，比起那些不会快速阅读的人来，处理任何事情都要快些、顺利些。这种快速阅读的能力并不像初看起来那么简单。会边读边想的人的脑力劳动中，没有死读书习气。他阅读教科书或其他书籍，和不会边读边想的学生是完全不同的。他读过书以后，能想象出完整的事物及其组成部分，它们的相互依存性和相互制约性。

会边读边想和边想边读的学生不可能落后，而如果没有落后生，教师工作起来就容易了。实践证明，如果阅读对学生来说已成为知识世界的最重要窗口，那就不需要用许多时间来补课了。这样，教师就有可能和一个个学生进行个别谈话，这种谈话不是长时间的课业，而是有关如何独立地掌握知识、防止不及格和落后的指导及建议。

如果学生不知道他在哪方面落后，需要什么帮助，教师就约他进行个别谈话。

中、高年级的顺利学习，也决定于学生在低年级时学会快速和自觉地书写到了什么程度，以及这种能力后来是怎样发展的。如同阅读一样，书写也是儿童用来掌握知识的一种工具。学习的成绩和合理地使用时间，取决于运用这个工具的程度。我建议低年级教师，要把儿童在念完四年级时能快速地、半自动地书写作为目的。只有在这种条件下，学生才能顺利地学习，教师不必经常去消除部分学生落后的现象了。应努力使儿童学会边写边想，使书写字母、音节和词不成为他注意的中心。要提出更具体的目的：你给学生讲什么时，让他们一面听和思考你所讲的，同时只简要地写成自己的思想。在三年级就应教会学生这样做了。如果你能做到这一点，你就可以放心，你的学生永远也不会落后和不及格；他们学会获取知识了，就等于爱护中、高年级教师的时间和健康。

8. 让学生记住基本知识

不妨设想，一幢要建造的漂亮楼房，地基却奠立在很不结实的水泥上，灰浆总是脱落，砖石不断下掉；人们每天忙于修补未完工的地方，经常处于房子要倒塌的威胁之下。四至十年级的许多语文和数学教师，就处于这种境地：他们在建造房子，而地基却在瓦解。

我从事学校工作 30 年，发现了一个依我看是重要的秘密——一条独特的教育规律：中、高年级出现落后和成绩不好的现象，主要是由于学生在低年级学习时没把作为知识基础的基本真理牢牢地保存在记忆中终生不忘。不妨设想，一幢要建造的漂亮楼房，地基却奠立在很不结实的水泥上，灰浆总是脱落，砖石不断下掉；人们每天忙于修补未完工的地方，经常处于房子要倒塌的威胁之下。四至十年级的许多语文和数学教师，就处于这种境地：他们在建造房子，而地基却在瓦解。

小学教师们！你们最重要的任务，是打好牢固的知识基础。要使它十分牢固，以便后来工作的教师完全不需要考虑基础问题。你们从一年级开始工作时，要把四年级的教学大纲拿来，首先要拿语文和数学的教学大纲，还要拿五年级的数学教学大纲。此外，也要拿历史、自然、地理的课外读物和这些课在四年级的教学大纲。把所有这些材料加以对照和比较，并考虑一下，为使学生能在四年级和五年级顺利地学习，三年级的学生需要知道什么。

首先要注意最基本的识字问题。俄语中有 2000 至 2500 个单词，好比是识字和知识的骨架。经验说明，儿童如果在小学牢固地记住了这些单词，他就会成为一个识字的人。但问题不仅在于识字。在小学学会的识字，是中、高年级掌握知识的工具。

我在低年级教学生时，经常带上一张主要词汇表，它可以说是一种最基本的识字教学大纲。我把 2500 个单词分配为每个工作日让学生学 3 个单词。学生把这些单词写在练习本上，并记住不忘。这项工作每天只需要用几分钟时间。童年时代的记忆力是非常灵活锐敏的，如果会掌握它，不使它负担过重，它就会成为你的第一名助手。学生在头几年记住的东西是永远忘不了的。在这种情况下"掌握记忆的办法"如下：在工作日开始的时候（第一节课前），我在黑板上写出 3 个今天的单词，例如，草原、热、沙沙响。学生进入教室后，立刻把这些单词写在 3 年中一直使用的生字本上。他们要思考这些单词的含义，并在旁边再写出几个同一词根的单词。这些事只费时三四分钟。学生对此就逐渐习惯了。

随后的学习带有游戏的性质，鲜明地表现出含有自我教育和自我检查的成分。我对学生们说："在回家的路上，想想我们今天写下了哪 3 个单词，它们是怎么写的。回想一下这些单词的字形。明天早晨醒来后，立刻再想起这些单词的写法，把它们默写在练习本上。"（这是一个普通练习本，就好像是第二个生字本。）如果这种游戏从一年级就开始，如果教师相信这样做会取得成效，如果他爱学生，如果在他一生中没有对学生所做的事情感到一点厌烦，就没有一个学生会不喜欢这种游戏的。

上课时，堂堂课都进行各种各样的练习，使已记住的单词经常得到复习和使用。我认为，非常重要的一种练习是记住 400 个修辞短语，我坚信，它们可以说是一种最基本的语言修养框架。在低年级学习期间，学生要记住由于日常用语影响而常犯典型错误的那些修辞短语。

　　我想再一次强调，教学过程中的游戏成分具有十分重大的意义。我有600个"童话"单词，就是在儿童童话中经常重复使用的单词。我和同学们在小学四年学习期间画出了几十幅童话，他们在这些童话下面写了说明，所用的词包括在这600个单词中。这是巩固最低限度词汇的一种非常有效的方式。

　　在低年级学习期间，学生在数学方面要记住一些基本的运算，这些运算由于常用，就成了十分熟练的数学概括，以至每次用时不必花脑筋去想。这不仅是指乘法表，也包括最经常使用的1000以内的加减乘除。这也是数量大小的最典型的测量和变化。我的出发点是，中、高年级学生的智慧不应担负很重的单词作业，以便尽可能多地把脑力用于创造性的工作。

　　当然，整个学习要以自觉地掌握材料为基础。但不能不考虑到，会有不是一切都能解释清楚的情况发生。我力求把有意注意和记忆同无意注意和记忆结合起来。

9. "两个教学大纲"，发展学生的思维

学生只有用脑子思考时，才能学得巩固。要考虑如何使课堂上正在学的或快要学的东西，成为思维、分析和观察的对象。

教师的时间不够，首先是因为学生的学习有困难。我多年来考虑了如何减轻学生的负担问题。实际能力，作为获取知识的基础，仅仅是问题的开始。怎样记住知识不忘，则是问题的继续。我建议每个教师：要分析知识的内容，把其中学生应牢记不忘的部分明确地挑出来。非常重要的是，教师要会正确地判断教学大纲中的"重点"知识，并要有运用知识的能力，思维和智力的发展，取决于"重点"知识是否巩固。这种"重点"知识，就是反映事物特性的重要结论、概括、公式、规则、定律和规律。有经验的教师所教的学生，用专门的笔记本来记下需要牢记不忘的材料。

需要记住的材料愈复杂，需要记牢的概括、结论和规则愈多，学习过程中的"智力底子"就会愈厚实。换句话说，为了牢固地记住公式、规则、结论和其他的概括，学生应该阅读和思考许多无须记住的材料。阅读应和学习紧密联系。如果阅读加深了对事实、现象和事物的认识，而这些事实、现象和事物是保存在记忆中的概括的基础，那么，这种阅读就能帮助记忆。这种阅读也可以称为建立学习和记住材料所必需的智力底子。学生仅仅由于对材

料感兴趣，由于想认识、思考和了解而阅读得愈多，他就愈容易记住必须牢记不忘的材料。

考虑到这个非常重要的规律，我在实际工作中经常想到两个教学大纲：第一个是必须学会并记住的材料，第二个是课外阅读以及其他知识来源。

物理是最难记住的一门课，特别是在六至八年级更是如此。这个阶段的教学大纲包含了许多概念。这门课我教过 6 年，总是力求使课外阅读配合每个新学到的概念。某个时候所学习的概念愈复杂，学生读的书就应当愈有趣，愈有吸引力。在学习电流定律时，我凑集了一套专门的小丛书，供学生个人课外阅读用。这套丛书包括 55 本有关自然现象的小书，主要是介绍物质具有多种多样的电性能的。

我努力使学生思想活跃，爱动脑筋。他们的确是纷纷向我提出问题：什么？怎么？为什么？在所有提出的问题中，约 80% 是以为什么开始的。许多事情学生不明白。他们对周围世界不明白的事情愈多，想知道的愿望就表现得愈明显，接受知识的敏感性就愈强。学生对我向他们讲的一切，简直是"一听就明白"。我给学生们讲过电流是自由电子流这个关于电流的第一个科学概念后发现，他们提出的许多问题正是有关这个复杂的物理现象的。回答这些问题，好比是在世界图景的空白处放下砖块，而世界图景则是学生根据阅读和早先获得的其他知识在想象中已形成了的。

我在高年级教过 3 年生物课。这门课有很多理论概念，很难理解，当然，更难记住不忘。学生学习生命、生命物质、遗传、新陈代谢、有机体等第一批科学概念时，我从科学和科学普及杂志、书籍和小册子中为他们挑选了专门的材料。"第二个教学大纲"包括阅读这种小册子、书籍和文章，看过这些材料后就会对一系列复杂的科学问题产生兴趣，因而也对新书产生兴趣。学了生物学的男女青年对周围自然界的现象，包括对新陈代谢这种形式极为多样的现象很感兴趣。问题愈多，学生们的知识就愈深。他们的回答如果要评分的话，没有一个是低于 4 分的。

　　我建议所有的教师，要为记住和牢记不忘教学大纲的材料打好智力底子。学生只有用脑子思考时，才能学得巩固。要考虑如何使课堂上正在学的或快要学的东西，成为思维、分析和观察的对象。

10. 关于做"困难"学生的工作

对孩子们来说，把学习仅限于必须记牢的材料是特别有害的，会使他们迟钝、僵化，养成读死书的习惯。我试验过许多减轻这些学生脑力劳动的方法，得出结论认为，最有效的方法是扩大阅读范围。

大概不会有教师不同意，我们教育工作中最"硬的核桃"之一，是对"困难"学生做工作。他们比一般学生在理解和记住教材上要多花三五倍时间，第二天就忘了所学的东西。因此，在学习教材后不是隔三四个月，而是隔两三周就要让他们做防止遗忘的练习。

30多年的教育工作经验使我深信，正是上面提到的"第二个教学大纲"，对这些学生能起特别重要的作用。对他们来说，把学习仅限于必须记牢的材料是特别有害的，会使他们迟钝、僵化，养成读死书的习惯。我试验过许多减轻这些学生脑力劳动的方法，得出结论认为，最有效的方法是扩大阅读范围。是的，这些学生需要尽量多读些东西。我在三至四年级和五至八年级工作时，经常关心为每个"困难"儿童挑选一些用最鲜明、有趣和吸引人的方式阐明概念、结论和科学特点的书籍和文章，供他们阅读。应当让这些学生对周围世界的事物和现象尽量多产生疑问，带着这些疑问来找我，这是对他们进行智力教育很重要的条件。

在"困难"学生所读的和在周围世界所看到的东西中，应不时出现某种会使他们感到惊奇和诧异的东西。我对"困难"学生做教育工作时，一直遵循这个要求，这也是我对所有教师的建议。大脑半球皮质的神经细胞萎缩、怠惰和虚弱，可以用惊奇、诧异来治愈，正如肌肉的萎缩可以用体操治愈一样。学生面前出现某种使他们感到惊奇、诧异的东西时，很难说清楚他们头脑中发生了什么变化。但是，无数次观察得出的结论认为，在惊奇、诧异时，有一种强刺激在起作用，仿佛唤醒了大脑，迫使它加紧工作。

我永远也不会忘记小费佳。我从三年级到七年级教过他5年。他的绊脚石是算术题和乘法表。我确信，这个学生只不过是来不及记住习题的条件，作为条件的基础的事物和现象，来不及在他的意识中形成概念：他心里刚想转入下一步，却忘了上一步。和费佳相似的学生在别的班也有，虽然总的来说不太多。我为这些学生专门编了一本习题集，约有200道题，主要取自国民教育学。每道题都是一个吸引人的故事。绝大多数题无须做算术运算，解这种题首先意味着要思索和动脑筋。下面就是我编的《散漫和粗心儿童习题集》中的两道题：

（1）三个牧羊人，由于夏天炎热而感到疲劳，躺在树下休息时睡着了。一个淘气的牧童用橡树上长的"墨果"把睡觉人的额头涂黑了。三人醒后都笑起来了。但是，每个人都以为其他两个人是在互相笑对方。突然，一个牧羊人不笑了，他已经猜到，他的额头也被涂黑了。他是怎么想的？

（2）在广阔的乌克兰草原上，古时候有两个相隔不远的村庄——真话村和谎话村。真话村的居民总是说真话，谎话村的居民总是说谎话。假设你们当中有谁突然能回到古时候去，来到了这两个村庄中的一个村庄，只要向头一个碰到的当地居民提出一个问题，就可以知道是到了什么村庄。那么，应当提什么问题呢？

开始，我们仅仅读习题，这些习题是有关鸟类、动物、昆虫和植物的一些有趣的小故事。过了不少时间，费佳才明白，这些故事就是习题。他想了想一道最简单的习题，在我的帮助下解了这道题。解法之简单使他感到惊奇。费佳问道："那就是说，这里的习题每一道都是可以解的？"于是，他整天整天不离开习题集了，每解一道题就感到像是取得了大胜利。他把解出的题抄在一个专用的练习本上，在文字旁边还画出了题中的鸟类、动物和植物。

我为费佳专门配备了一套小丛书，有近 100 本小书和小册子，他从三年级一直读到七年级。后来，我又建立了另一套小丛书，有近 200 册书，除费佳外，还有 3 个学生也使用了两年。一部分书和小册子同课堂上学习的内容有直接联系，另一部分则没有直接联系。我把阅读这些书看作是一种脑力锻炼。

到五年级，费佳的成绩就赶上来了，能和其他学生解同样的算术题。到六年级时，他突然对物理感兴趣，成了少年设计师小组的一个积极分子。创造性劳动引起他的兴趣愈大，他就阅读得愈多。以后，他在学习上还遇到过困难，特别是历史和文学课。他的每个困难都是通过阅读而得到减轻的。

念完七年级后，费佳进了中等专业学校，成了一个高度熟练的好专家——调整车床的技师。

我从来没有给费佳及其他这样的学生为了学会课堂上未掌握的东西而补过一次课。我教儿童阅读和思考。阅读似乎起了诱导作用，唤醒了思想。

请记住，愈是困难的学生，他在学习中遇到似乎不可克服的困难愈大，他就愈需要阅读。阅读能教他思考，思考会刺激智力觉醒。书籍和由书籍唤起的生动活泼的思想，是防止读死书的最有力手段。读死书是一件大坏事，能使智慧愚钝。学生思考得愈多，在周围世界中见到不懂的东西愈多，他接受知识的能力就愈强，而你，作为一名教师，工作起来也就愈容易。

11. 知识既是目的又是手段

如果语言不作为一种创造手段占据学生的心灵，如果他们只会熟背别人的思想，而不创造自己的思想并通过语言来表达这种思想，他们就会对语言冷淡、漠不关心、麻木不仁。

我坚信，学生在学习上遇到困难的一个原因，就是知识对他们来说往往成了滞销的货物，知识的积累似乎是"为了储存"，而"不进入流通过程"，得不到运用（运用首先是为了获取新的知识）。在教学和教育工作实践中，"知道"这一概念对许多教师来说，意味着会回答问题。这种观点促使教师片面地估价学生的脑力劳动和才能：谁善于把知识记住并能按教师的要求立即把它们"亮出来"，谁就算是有才能和有知识的。这在实践中会导致什么结果呢？结果是，知识似乎与学生的精神生活和智力兴趣不相干。掌握知识对学生来说，变成了累赘、讨厌的事情，希望尽快摆脱它。

首先应当改变对"知识""知道"这两个概念的本质看法。"知道"就是会运用知识。知识只有在成为精神生活的因素，能吸引住思想和激起兴趣时，才谈得上是知识。知识的积极作用和生命力，是使知识本身不断发展和加深的决定性条件。知识只有在不断发展和加深时，才能存在。只有在知识不断发展的条件下，才能实现一条规律：学生掌握的知识越多，学习就越省劲。

可惜实际情况往往相反：学生的学习一年比一年困难。

从这些道理中究竟可以得出什么实际的建议呢？

要努力使学生把获得知识不当成最终目的，而当成一种手段，使知识不变成静止的、僵死的学问，而经常起作用于学生的脑力劳动、集体的精神生活和学生的相互关系，起作用于生动和连续不断的精神财富交换过程，没有这一过程，智力、道德、情感和美感的真正发展是不可想象的。

为此，实际上应做些什么和怎么做呢？

在低年级，刚开始学习时，知识的最重要成分是语言，确切地说，是语言所表达的现实的周围世界，语言向学生揭示出他在上学前所完全不了解的新境界。学生通过语言认识世界，就是在知识的阶梯上迈出了最初的、在我看来是最宽阔的步子。十分重要的是，要使语言生存和活跃在学生的意识中，使它成为学生用来掌握知识的工具。如果你想使知识不变成僵死的、静止的学问，就要把语言变成一个最主要的创造性工具。

在有经验的教师的实际工作中，上述这种教学和教育方针的表现如下：在学生的脑力劳动中占首位的，不是熟背、死记别人的思想，而是学生自己进行思考，这种思考是一种生气勃勃的创造，借助语言认识周围世界的事物和现象，因而也是认识语言本身的细微差别。

我跟学生们一道来到秋日的果园。这是一个"晴朗初秋"的艳阳天，柔和的阳光晒暖着大地和静静的树林，果实累累的苹果树、梨树和樱桃树的枝桠显得绚烂多彩。我给学生们讲述金色的秋天，讲述自然界的各种生物，如树木，掉落在地上的种子，在我们这里过冬的鸟类、昆虫等，怎样在为度过漫长的寒冬作准备。我确信学生们对词和词组的丰富含义和感情色彩有了感受和体验后，便提议要他们叙说一下自己的所见所感。我亲眼看到，马上产生了描述周围自然界的惊人细腻而清晰的思想："一群白色的天鹅渐渐消失在蔚蓝色的天空……""啄木鸟嗑着树皮，嗑得树身嗒嗒作响……""一只鹳呆立在窠里，眺望着遥远、遥远的地方……""一只蝴蝶停落在菊花上，在晒太阳取暖……"孩子们不是复述我的话，而是说出自己的词语。思想活跃和丰富起来了，儿童正在培养思考能力，尝到了思索的无比快乐和认识的极大喜悦，觉得自己是思想家。

你是否见过（或从别的老师那里听说过），学生对教师的语言表示冷淡和漠不关心？你给他讲述一件很有趣的事情，可他没精打采地坐在那里，你的语言没有打动他的心。你有充分的理由担心：这种对语言冷漠和麻木不仁的态度是学习上的一大灾难；如果这个灾难扎下深根，人就会觉得好像与学习无缘。

为什么会出现这种灾难呢？它的根源何在？

如果语言不作为一种创造手段占据学生的心灵，如果他们只会熟背别人的思想，而不创造自己的思想并通过语言来表达这种思想，他们就会对语言冷淡、漠不关心、麻木不仁。不可忽视这种冷漠态度，不可忽视学生没精打采的神情！要教会他们积极热情地对待语言！

12. 关于获取知识

获取知识，意味着发现了真理，能回答问题。

关于学生脑力劳动的积极性问题，人们谈论得很多，也很频繁。但积极性可能有各种各样的。学生背熟了所读的书，或记住了教师所讲的内容，能迅速回答问题，是一种积极性，但这种积极性不一定能促进智力的发展。教师应努力发挥的是学生思维的积极性，使知识由于得到运用而得到发展。

进行教学，要靠已有的知识来获取新的知识——这在我看来，就是教师水平高的表现。我听课和分析课堂教学时，正是依照学生脑力劳动的这一特点来对教师的教学水平作结论的。

究竟怎样使学习成为动脑筋的活动，能获取知识呢？这里最重要的是什么？

获取知识，意味着发现了真理，能回答问题。要使学生看出和感到有不理解的东西，使他们面临着问题。如果你能做到这一点，就是成功了一半。

但要做到这一点并不简单。备课时要从这样一个角度考虑教材，即找到若干一下子看不出来的关键地方，而这里却有因果关系，从这种因果关系中能产生问题。因为问题能唤起求知欲望。

例如，我面前有"光合作用"一课的教材。应给学生们讲清楚，植物的绿色叶片里发生了什么变化。可以把这一切讲得在科学上有根有据，在理论上和教学法上头头是道，但完不成使学生达到一定的智力积极性的任务。我对教材琢磨了一番：有因果关系的关键在哪里？有了，最主要的关键就是变无机物为有机物。这是一幅奇异而神秘的图景：植物从土壤和空气里吸收无机物，在自己的复杂机体中又把它们变成有机物。这个制造有机物的过程到底是怎么回事呢？植物的机体像个复杂得不可思议的实验室，能在阳光下把矿物肥料这种无机物变成鲜美多汁的西红柿瓤，变成芳香扑鼻的玫瑰花，那里面究竟发生了什么变化？

我讲述时，注意引导学生意识到这个问题，使人人激动不安：怎么搞的——一切都发生在我的眼皮底下，可我没有思考过这个问题？

怎样引导学生提出问题呢？

为此，必须懂得什么该讲，什么留着不讲完。不讲完的东西，就好比是学生思维的"引爆管"。这里没有任何万灵药方。一切都依具体教材的内容和学生已有的实际知识为转移。在某个班里应不讲完某项内容，在另一个班里则应不讲完另一项内容（尽管教材一样）。

马上，学生的思想中就产生了问题。

接着，我力求从学生以前上生物课、从事劳动和看书所掌握的全部知识中抽出为回答问题所必要的知识。这种吸取已有的知识来回答问题的做法，就是获取新知识。这里不必把学生一个接一个叫起来回答问题，不必细听谁在说什么，以便从不完整的回答中凑成完整的答案。采取这种办法，能产生表面的积极性，但不经常是每个学生都有真正的思维积极性：有些学生在回想和回答，而有些学生只是听着。我是要使所有的学生都思考，都大动脑筋。因此，我最通常的做法是，一面引导学生产生疑问，一面自己讲解教材，而不把学生叫起来回答一些局部的（"细小的"）问题。

为使学生通过思考获取知识，教师应十分了解他们的知识状况。有的学生对学过的东西记得一清二楚，有的学生却忘掉了点什么。正是在这里，我应成为脑力劳动的指导者，使每个人听我讲解时，按自己的方式跟上来，从思想仓库提取保存的东西，如果这种仓库的某处是空白点，如果某个学生的思维线索中断了，我就要用补充说明来填补这个空白，要排除思维的脱节。但这要求有高明的艺术和技巧。我探索过用什么方式重复说明已学过的内容，以使最有才华的学生也能从这里发现一些新东西。在知识没有空白和脱节的场合，我采用简略说明的方式。这里没有表面的积极性，学生默不作声，不作问答，不互相补充但却在获取知识。我把这种获取知识的方式叫作学生自己思索，"查验"自己的知识仓库。

13. 怎样引导学生从了解事实到认识抽象真理

> 如果学生在小学就是在理解事实和现象的过程中掌握抽象真理的，他就具备脑力劳动的一个十分重要的特点，即善于了解许多相互联系的事物、事实、情况、现象和事件，换句话说，他善于思考因果、从属、时间等关系。

你当然遇到过一种现象，即学生把规则、定律、公式、结论记得（背得）烂熟，可是对自己的知识却不会使用，不会运用，甚至往往没有理解所背内容的实质。这种弊病特别表现在语法、算术、代数、几何、物理、化学的学习方面，这些科目的内容为整套概括性结论的体系，而掌握这些科目的知识又首先表现为善于把这种结论运用于实际工作中。

在这种情况下人们通常说：学生没有理解就死记硬背了。但为什么会死记硬背呢？为了防止这种弊病又该怎么办呢？

牢记（背熟）应建立在理解的基础上。要引导学生通过对大量事实、事物和现象的思考（认识）及理解来进行记忆。不可记忆那种还不理解、不懂得的东西。从思考事实、事物和现象到深刻理解抽象真理（规则、公式、定律、结论），必须通过实践性作业，这就是掌握知识。

有经验的教师，善于教学生在理解的过程中进行记忆，即在深入思考事实、事物和现象的过程中进行记忆。例如，学生遇到俄语硬音符号的拼写规则时，教师便通过对许多实例的分析，即对许多要求有硬音符号的词作分析，说明这些词的拼写法，以此引导学生记住拼写规则，养成自觉运用这一规则的能力。实际上，这一规则通过不断举出新例子来分析而得到了反复多次的理解。学生便逐渐确信，他们接触到了一条概括性的真理。这一真理对许多词都适用，便被理解为一条规则。这条规则因得到多次认识，就被记住了。

有经验的教师教课时，学生对规则和结论不是通过专门背熟而记住的，因为，不断地理解实例的同时，就把结论逐渐记住了。理解和熟记结合得越好，知识就学得越自觉，学生也就越会把知识运用于实践中。把知识运用于实践性作业的能力如何，一般说来，取决于学生怎样或用什么办法来记忆知识。如果学生的知识不是通过理解和分析事实和现象而记熟的，他就不会运用知识。

这是教学过程的一个十分重要的规律。多年的经验使我得出一个结论：如果学生在小学就是在理解事实和现象的过程中掌握抽象真理的，他就具备脑力劳动的一个十分重要的特点，即善于了解许多相互联系的事物、事实、情况、现象和事件，换句话说，他善于思考因果、从属、时间等关系。无数事实使我确信，学生思考算术题条件（特别是在四五年级时）的能力，取决于他们掌握抽象结论的能力。没有理解大量实例而仅背熟抽象结论的学生，不会思考习题，不善于认清数量之间的依存关系。相反，如果在学生的脑力劳动中对抽象真理的记忆，是建立在深入思考实例的基础之上的，如果他们不用背熟就能记住，他们便会把算术题看成不是数目字的某种组合，而是数量间的依存关系。他们在看习题条件和理解时，先抛开数目字，从总体上解题，而不做具体的算术运算。

无数事实和学生的例子使我确信，有些学生之所以在算术（以后则在代数）方面落后，是由于脑力劳动中存在一种难于发觉的缺点所造成的。我现在就要谈这种缺点。人们对于课程之间的联系，谈论得非常多。每个教师都清楚，应在自己的课程中寻找与其他课程的教材有关联的地方。但课程之间的联系不仅仅在于这一点。我坚信，最深刻的联系与其说是实际教材的内容，不如说是脑力劳动的性质。学生们建立在科学基础之上的脑力劳动，会带来一种结果：数学有助于学生们掌握历史，而历史则促进数学才能的发展。

　　大家都知道，许多低年级教师以及语言和文学教师的一个难点是，如何使学生自觉地掌握语法规则。相当一部分学生文字不通，是学校的一大灾难。我遇见过这样的事：学生初学俄语教材时对前缀 раз－、без－和 рас－、бес－的拼写法就未掌握牢，在这个规则上闹出许多错误。教师力争消除这种落后现象，时时让学生练习有关的规则。他教导学生说，你先好好复习规则然后再做练习。这项工作似乎应取得良好的结果，但事实并非如此：十年级的学生仍然出错，在作文试卷上写的是："разпветает""расбежался"①。问题究竟在哪儿呢？这种怪现象的原因何在？多年的经验得出的结论是：是否善于运用知识，取决于在掌握知识的过程中是否理解事实，这种依赖关系在学习语法时表现得最为明显。这里，对抽象真理和结论（如语法规则）的首次认识，具有决定性的意义。不能让学生在首次学习教材时闹出许多差错，同时却要求他背熟规则和正确地叙述规则——这个任务不像乍看起来那么简单。

　　因此，应专门谈谈教材的首次学习问题。

---

　　①　正确的写法应为：расцветает，разбежался。——译者

14. 教材的首次学习

学生的意识中模糊不清和含混肤浅的观念越少，他感到的落后压力就越小，他思想上对首次学习新材料就越有准备，课堂上的脑力劳动就会越有成效。

学生学习落后和成绩不佳的根源之一，是对教材的首次学习学得不够好。

对教材的首次学习指的是什么？这个术语用得合适不合适？依我看，是合适的。因为知识在不断发展，教材的学习也要长期进行，知识的每一次运用，同时也是知识的发展和加深。而首次学习，就是从不知向知，向理解事实、现象、品质、特征的实质迈出的第一大步。

例如，学生在许多课堂上都要跟简略的乘法公式打交道。经验令人确信，学生在学习公式的头一节课上对它理解得深与浅，关系到非常多的问题，其中首先关系到，是不是随时准备把它当成工具去获取知识，换句话说，关系到首次学习随后的新概念、新真理。还有一条重要的规律是：学生的意识中模糊不清和含混肤浅的观念越少，他感到的落后压力就越小，他思想上对首次学习新材料就越有准备，课堂上的脑力劳动就会越有成效。

学习教材的第一堂课，应成为特别的一课。就是说，这堂课必须进行得特别明确，学生的独立劳动效率在这堂课上特别重要。要力求在首次学习教材时，能看到每个学生的脑力劳动成绩。在首次学习教材时，察看"困难"

学生独立做作业是极为重要的，因为他们的思考力和理解力迟缓，为理解教材的实质需要较多的实例和时间（往往提供给他们理解的实例，也要和给一般学生的不同）。

有经验的教师总是力求在首次学习教材的课堂上，察看学生是怎样独立完成作业的。在这种课堂上，一定要让学生独立做作业，在做作业过程中理解实例并进而懂得概括性的真理（这里指的是自然学科的课堂教学及语法课）。

十分重要的是，要使学生在理解的过程中含有运用知识的成分。正是在这里需要做"困难"学生的工作。应走近他们每一个人，看到每个人的困难所在，只把专为他准备的作业给他做。有时在课堂上要弄清楚，必须给哪个学生布置单独的家庭作业；有经验的教师通常就在课堂上及时布置这种作业。成绩不良的学生脑力劳动的效率，首先依赖于首次学习教材时他在课堂上当场有逻辑和有条理地工作到何种程度；不可只让他听同学们的正确回答和抄写板书；一定要促使他自己动脑筋，耐心而有分寸地激励他在每堂课上多获得一点脑力劳动的成果。

我教语法时，总是努力使学生在首次学习教材的课堂上和紧接着这之后不在书面练习中出差错。可能这听起来有点不合情理，但这是真理：如果学生在课堂上做到了不出任何一个差错，他就把语法掌握住了。如果在课堂上不出错，在家庭练习中也不会出错（或很少出错）。语文教师工作困难的一个基本原因，是学生上课时就在书面作业中出错；教师的失策在于，他没有把力求不出错当作目标提出来。

怎样实际上使学生不出书面错误，从而奠定牢固的知识基础呢？这取决于许多因素，可能首先取决于学生的阅读速度。要使书写合乎语法和不出差错，学生就应学会浏览。还有其他的因素，如课堂教学的结构以及课堂教学的工作方式方法。我备语法课时，力求预先估计到在什么地方、在哪个词上学生可能出错，具体是谁可能出错。对任何一个"有疑问的"词，都要先解释清楚。

我建议，不可让学生在首次学习教材时肤浅地理解事实、现象和规律，不可让他们在首次学习语法规则时出差错，在首次学习数学定律时不正确地做例题、不正确地解习题等。

15. 理解新教材是课堂教学的一个阶段

> 了解，还不等于知道，了解了什么，还不是有了这方
> 面的知识。要有牢固的知识，必须进行理解。

每个老师大概都遇到过一种现象：昨天在课堂上所有学生对规则（定义、法则、公式）都十分了解，能很好地回答问题和举出例子；而今天，你瞧吧，班上足足有一半人对学过的东西感到有些模糊，有的人甚至忘了。原来，许多学生做家庭作业时遇到了很大的困难。这些困难在上课时却没有显露出来。

了解，还不等于知道，了解了什么，还不是有了这方面的知识。要有牢固的知识，必须进行理解。

理解意味着什么呢？这就是学生思考所学的内容，检验他对教材的了解是否完全正确，尝试把获得的知识运用于实践。

我来举例说明。学生在几何课上获得了关于三角函数的初步概念。教师对正弦和余弦的函数关系下了定义。教材并未引起困难，似乎全都懂了。但懂了，还不是牢固地掌握了。教师讲过新教材后，给学生若干思考新教材的时间。他们打开草稿本，画上直角三角形，记下教师讲解的全部内容，复习正弦和余弦的定义，自己举例说明其函数关系。在这里，知识的复习似乎跟知识的初步运用相结合了。结果却是，自我检查时，许多学生不会重讲一遍，无法复述讲解的内容。他确信自己忘了讲解中的某个环节，便去查教科书，

但这样做之前，他要尽力自己回想。

对最"差"和成绩不良的学生来说，专门理解新教材的阶段尤其必要。有经验的教师非常重视使成绩不良的学生把注意力集中于教材的要点上，这种要点实质上就是因果关系，也就是知识的基础。多年的经验令人确信，成绩不良的学生掌握知识不牢固的根源在于，他们没有看出或不懂得事实、现象、真理、法则的联结处，即因果、从属、时间等关系的发源"点"。正是应该把成绩不良的学生的注意力集中于这种发源"点"上。

以给学生讲解副动词短语为例。这种场合的难"点"在于：副动词似乎是次要的、第二位的谓语，附属于主要谓语——动词。我给学生一些理解教材的时间后，就让成绩不良的学生注意：他造带有副动词短语的句子时，应表现出同一对象在完成两个动作，一个是主导的、主要的动作，另一个是从属的、次要的动作。于是，学生一面考虑现实生活中的动作，一面造句。

不管课堂上学习的教材多么纯理论性，总可能有实际练习的机会以更好地掌握教材。在历史课和文学课上，理解新教材，通常是要学生找出刚刚讲过的教材中的因果关系和意思上的联系。例如，教师讲述了俄国农民1861年摆脱农奴制依附关系的历史。为了领会新教材（时间为5～7分钟），提出了一些问题：如果沙皇政府不解放农奴，俄国农业经济会沿着什么道路发展？1861年以前俄国工农业资本主义发展的相互关系如何？这种关系在农奴解放后的表现如何？1861年以后是什么继续阻碍了俄国资本主义的发展？俄国农业经济中的封建残余甚至在1861年改革后仍继续存在的原因是什么？这些问题写在一大张纸上，刚刚讲解完就把这张纸贴在黑板上。我坚信，一个最紧张而有趣的课堂教学阶段便开始了。学生回忆原先学过的各部分材料，在教科书（顺便说，教科书在人文学科的课堂教学上必须首先用来理解新教材）中"翻寻"。产生了学习过程中最需要的、在我看来是最有益的活动，即用不通读全部教材的办法来复习已学过的教材。这种复习最有成效，因为，它实质上是一种思考。

　　总之，不要害怕在每堂课上抽出尽量多的时间来掌握新教材！这将得到加倍的补偿。为理解知识而付出的脑力劳动越有成效，学生做家庭作业需要的时间就越少，下一节课用于检查家庭作业的时间也越少，而留下来供讲解新教材的时间也就越多。要懂得这个依从关系的实质，这样，你就能冲破一种困境——学习新教材的时间不够，是因为时间花在检查家庭作业上，而检查家庭作业需要很多时间，是因为教材学习得不够好。

16. 怎样使家庭作业的检查成为有效的脑力劳动

切莫把给学生评分作为检查知识的唯一目的。

我曾多年为家庭作业检查办法的不良状况感到不安，因为时间往往白白浪费了。结果造成了我们每个人都熟知的情景：被叫起的学生刚一开始回答，其他所有的学生便各人干起自己的事来，至多也只是预料会被叫到的学生才考虑如何回答问题。有个念头在我脑子里萦绕不止：怎样在检查作业时使所有学生都来思考提出的问题，使教师有可能对全班的学习加以检查。

草稿本帮助解决了这个问题。几何课开始了，全班准备检查家庭作业。教师给全班布置任务：推算圆面积的公式，编出一个圆面积的习题加以解答，简述全等三角形的特征。全体学生把任务记在草稿本上。草稿本这时代替了黑板，暂时不叫学生到黑板跟前去。教师细心查看每个学生的学习情况。如果他想弄清楚某个学生对推算出的公式理解深度如何，便叫这个学生说明在做什么、为了什么、怎么做的等问题。同时，不必把学生叫到黑板跟前去。这样，每个学生做题就跟在黑板上做一样。教师在学生完成作业的任何阶段，都可以随时让全班或部分学生把作业停下来。

这种工作方式的优越性首先在于，不要学生复述他掌握的知识就可进行检查。教师对学生的知识状况能得到大致的了解。同时，每个学生都是完全独立地在做作业。这里还有两点也很重要：第一，检查知识就是积极运用知识；第二，教师有机会细心注视困难学生做作业，并照顾他们个人的力量和可能性。

我们学校检查三至十年级的家庭作业时，全体学生都使用草稿本。否则，我们现在无法设想如何进行作业检查。经验令人确信，这种检查能使学生养成简明扼要地表达思想的习惯，防止死记硬背。努力死记硬背的人，永远不能简明扼要地回答问题，说出最主要的内容。我们的作业检查法，可教会学生边读、边记、边思考。

如果用新事实对结论做出新理解，用新理解来检查结论性知识（规则、公式、定律、结论），则这种检查的脑力劳动效率将大大提高。我们学校的低年级，一般不在上课开始时专门抽出时间检查学生的知识。检查跟知识的深化、发展和运用融合在一起。例如，教师想要检查学生对句子的主要成分和次要成分、主语与谓语及主要成分与次要成分的语法关系等定义掌握得怎样，便让学生打开草稿本，给他们布置一道实践性的作业：造6个句子，使道路一词在6个句子中分别以主格和其他各格的形式出现，并说明主要成分与次要成分的语法关系。为很快就能完成作业的学生再布置一项工作：造3个分别带有一个、两个、三个同类谓语的句子。学生在完成这种实践性作业时，既运用了知识，又加深了对知识的理解。

切莫把给学生评分作为检查知识的唯一目的。要使评分尽可能跟其他目的结合起来，首先是跟知识的进一步理解、发展和加深结合起来。不可走极端，如对每一个回答、每一份书面作业都评分，会带来不良后果的。至于为什么会这样，必须专门予以说明。

17. 评分应当有分量

评分是一种最微妙的教育工具。根据学生怎样看待教师所给的分数，可以准确无误地推断出他对待教师的态度如何，对教师信任和尊敬的程度如何。

不可把对知识评分当作一项独立的事情从教学过程中划出来。只有当师生关系建立在彼此信任和关怀的基础上时，评分才能成为促使脑力劳动积极起来的推动力。也可以说，评分是一种最微妙的教育工具。根据学生怎样看待教师所给的分数，可以准确无误地推断出他对待教师的态度如何，对教师信任和尊敬的程度如何。关于对学生知识的评分问题，我想提几点建议。

第一，宁愿评分的次数少些，但要使每次都评得更有分量、更有意义。我在漫长的教育生涯中，教过中学教学计划的几乎所有科目（仅制图为例外），从没有对学生在一堂课上的回答（即使是对两三个乃至更多问题的回答）评过分。我总是对学生在某一时期的学习予以评分，这种评分包括好几个项目在内，如叫答问题（可能是对几个问题的回答）、补充同学的叫答、书面作业（少量的）、课外阅读、实践性作业等。我定期研究学生的知识状况，学生也感到了这一点。到一定时候了，我就说："现在，我该对你评分了。"下一个研究知识状况的时期又开始后，学生就知道，什么都逃脱不了我的注意。有的读者可能会问：难道一切都记得住吗？可能有的人难于记住有关学生脑力劳动的一切，但我始终觉得这是最重要的事。如果忘记了值得注意的事，难道能做到边教学边教育，边教育边教学吗？

第二，如果学生由于某些条件和情况而没能掌握好知识，我从不给予不及格的分数。没有什么比意识到无前途、认为自己啥也不行更使学生受到压抑。灰心丧气和郁郁不乐这类感觉严重影响学生的整个脑力劳动，会使他的头脑好像处于麻木状态。只有愉快的乐观主义感觉，才是注满思想江河的潺潺溪流。苦闷和抑郁，会使管感情冲动和思想的感情色彩的大脑皮层下的神经中枢不再促使智慧去劳动，反而像是把智慧禁锢起来了。我总是努力使学生相信自己的力量。如果学生想学知识而做不到，就应帮助他向前迈出哪怕是微小的一步，这一步便是推动思维取得认知的愉快感的情感动力。

决不要急忙打不及格的分数。要记住，成绩带来的愉快是一股强大的情感力量，学生想当一名好学生的愿望就依靠这股力量。要使儿童的这股内在力量永不衰竭。倘若没有这股力量，任何教育绝招也是无济于事的。

第三，如果你发现学生的知识含混不清，发现他们对正在学习的事物和现象的观念有点不明确，就根本不要作任何评分。每堂课我都对学生的精神生活进行细致的研究，凭他的眼神就可以看出他对我提的问题是懂还是不懂。如果学生的眼神说明他对回答问题没做好准备，我根本不去评价他的知识状况，因为应当先使学生有知识。

第四，应当避免提出这样一类问题，即要求的答案只是十分准确地重复教师讲解过的东西或从书本上背熟了的东西。教学过程中有一件十分有趣的事情，我把它称为知识的转化，指的是思想不断深入知识，使学生每次再回到原先学过的东西上时，能从事实、现象和规律的某些新的方面、特点和特征加以考察和分析。知识的转化应作为复习的基础。关于这一点，想单独做一条建议提出。

18. 学习之母不应变成后娘

学生被迫在一天或几天之内做完几个星期或几个月所做过的事情。最后导致他们不可能进行正常的脑力劳动，弄得他们精疲力竭，伤了身体。

民间教育学断言，复习是学习之母。然而，实际情况往往是，这位慈善的母亲变成了狠毒的后娘。当这种情况发生时，学生被迫在一天或几天之内做完几个星期或几个月所做过的事情。例如，被迫复习 10 节课、20 节课或更多节课所学过的教材。大量的事实和结论压顶而来，使他脑子里乱成一团。因为这时他不仅要复习一门课程的材料，还要学习其他功课！于是，不可能进行正常的脑力劳动，弄得学生精疲力竭，伤了身体。

怎样正确组织复习才符合教学规律呢？首先，我建议考虑课程和具体教材的特点。这是因为，比如在九年级，复习几节物理和复习几节历史是大不一样的。

有经验的教师安排复习物理、代数、几何、化学这类课程的规则、定律、公式、结论时，以完成实践性作业为主，如做练习、做习题、画图形、绘图表等。在这里，教师应特别注意的是，要使学生为完成一项实践性作业，应懂得两项或更多的概括性结论。完成这种性质的作业时，产生了一个对于智力发展十分必要的认识转化过程——概括性结论通过相互的联系和相互依赖性而获得重新理解。学生则从他以前不知道的新侧面来考察事实、事物和现象。例如，数学教师为达到复习目的而布置许多习题，学生通过解题，在思想上既复习了几何图形的体积，又复习了三角函数。多年的经验令人确信，如果一个理论性结论跟另一个理论性结论有了关系、联系和"连接"，则在知识的转化上似乎会产生一个飞跃：两个结论都会得到更深的理解，学生能从这些理论性结论中发现他过去未发现的东西，一个结论的明确性似乎能使另一个结论变得更明确。

我建议在复习代数、几何、物理这类科目时，采用我们学校优秀教师在实际工作中所用的综合复习法。这种复习法可以是多种多样的。例如，布置给每个学生的作业是制作几何图形模型，借以复习一系列重要公式；或者学生根据教师的布置，制作能表明几个定理的几何图形示意图。

人文学科如历史、文学的复习，则性质不同。复习七八堂课所学的教材，便意味着要读四五十页书。这里当然不能用学习教材时的办法来复习。复习数量很大的材料时，似乎应当撇开材料，使主要的东西更明确，次要的东西不突出。如果学生复习时重读一遍全部教材，就会负担过重，而且主要的问题是，教材的主导思想会被忽略，其教育作用会降低。

应引导学生撇开教材，不看细节，而仔细了解主要内容。要用几堂课来复习历史和文学的题目和章节，要说明不通读时怎样复习。跟课堂上（和以后在家里）复习的材料"有牵连"的知识越广博，对材料的掌握也就越深刻。

要教导学生，特别是高年级学生，抛开次要材料，集中注意力于主要内容上。这种能力是世界观形成的基础之一。

还有一种复习方法。我教数学、物理、化学、生物时，总是遵循一个我认为很重要的要求：在每门课的笔记本专门留出的空白边上，用红铅笔记下应当永远记住的内容。学生翻阅课堂笔记时，可复习这些规则、公式、定律及其他结论（数学和物理每周复习一次，化学每两周复习一次，生物每 3 周复习一次）。

19. 怎样减轻批改作业之苦

经验表明，最合理的方法是定期抽查：教师有时收几个学生的作业本批改。只有测验时才全面批改所有学生的作业。

"批改作业本占去了全部业余时间。"这句话引自一位女教师的来信。成千上万个教师是会同意这封信的说法的。面对着一沓沓作业本要批改，不止一个教师会不寒而栗，这不仅是因为要耗费许多小时的劳动——令人苦恼的是，这是一种单调的非创造性劳动。

教师和国民教育工作者的意图，是力争最大限度地缩短批改作业本的时间，可"什么结果也没有达到"。为什么呢？因为学生作业本中存在大量错误。作业本的批改问题，是有赖于许多条件和前提才能解决的问题之一。这里不可能提出单独一条建议，说"你这么做"就行了。但如果全校和整个教师集体的工作遵守一定的条件，就能使花在批改作业上的时间比通常减少2/3。

全校首先要有高度的语言修养，应充满对语言十分敏感的气氛：说得不正确或写得不正确，不仅使老师，而且使学生都感到不和谐，就像音乐听力强的人感到音调不准一样。应向低年级的教师建议：要培养学生对语言的感情色彩的敏感性。要使学生感到听语言如同听音乐一样。形象地说，学生应当成为语言的音乐家，应当珍视语言的正确、纯洁、优美。要领学生观赏大自然，对他们表明颜色、声音、动作的细微差异，向他们说明人的劳动就是创造，并使这一切通过语言、通过说话的语气反映出来。

我们学校专门安排了若干节课，学习如霞光、傍晚、草原、田野、河流、潺潺、闪烁、轰鸣等词。我跟学生一道用这些词作文。词语深深进入了学生的精神生活，他们学习用词语说明最细腻的感情，表达对周围世界的印象。这是一门不易掌握的，甚至也许是最复杂的学校科学。而这门科学的基础是在小学奠定的。小学疏忽了的东西，是永远也弥补不了的。

要把学生从书本和思想引向活动，再从活动引向思想和语言。活动应转化为学生自己的思想，而自己的思想应用语言来表达。实际上，这是要使学生尽可能经常以自己的活动作为其思索、判断的对象。让学生叙述、议论、报道他们亲手所做和亲眼所见的事物。如果词语不与学生亲身所做、所见、所察、所思的事物发生联系，学生便会词不达意，语言混乱。应给学生布置作业——要他们进行叙述、总结、报告，使他现有的知识得到运用，就是说，要使语言成为创作的手段。

为什么学生会犯许多错误呢？为什么会书写得不合语法规则呢？据我看来，祸根在于技能与知识之间的比例失调。在绝大部分课程，特别是语法、规范阅读、数学这类课程的学习体系中，技能落后于知识。当必须为知识"服务"的技能低下、"薄弱"时，知识便成了力不从心的沉重负担。

减轻批改作业的负担，跟教学的一系列根本问题有关，下面举出减轻这种负担的几个前提条件：第一，在每堂语法课上抽出一定时间，让学生书写和记住可能犯语法错误的词语；第二，为家庭作业的完成做细致、周密的准备工作，以防出错；第三，应该说，有经验的语言、文学、数学、物理教师，都有自己批改作业的方法。经验表明，最合理的方法是定期抽查：教师有时收几个学生的作业本批改。只有测验时才全面批改所有学生的作业。

20. 学生学习课程的积极活动内容

如果你们希望学生成为善于思索的人，希望严整的、明确的、逻辑性强的思想能通过清楚的说明和解释表达出来，你们就要把学生吸引到思想充实的劳动中去，要通过劳动把知识体系的种种关系和相互联系体现出来。

有经验的教师在教课之前，便拟出学生在整个课程学习期间（在小学则是整个教学周期）的积极活动内容。其目的不仅是要养成学生生活和劳动所必需的实际技能，而且要使他们在课程学习的体系内开展积极的活动。这里指的首先是智育，是发展思维和语言。我说过，学生的语法修养以及词语在学生精神生活中的作用，同他们积极活动的性质有很大的关系。

怎样组织学生的积极活动，以促进其智力成长，发展其思维和语言能力，以及培养语法修养呢？

积极活动，犹如联结语言和思维的桥梁。我为小学教课作准备时，给全体学生拟定了一种积极活动，使事实、事物、现象、劳动过程之间的关系和相互联系通过这种活动明显地表现出来，因而获得清晰的理解。换句话说，我力求通过劳动引起学生思维，不仅仅是巩固学生在课堂上学得的知识，还包括学习课程时的活动，应不仅是以实例说明知识（这当然是必要的），还应成为新的道理、发现和规律的源泉。例如，每个学生在几年学习期间培植一棵小果树。这期间，他不断有新的"发现"，新的思想使他激动不已，他把这些思想表达出来。词语成了他表达自己思想的手段和工具，而思想是他通过劳动发现了事物之间的种种关系和相互联系所持的见解。这样，词语就加入了他会使用的语汇储备，并促进情感和思维的发展。

我通过许多学生的例子确信，谁要是被不断揭示新的关系和相互联系的有趣劳动所吸引，他的思想就不可能杂乱无章，语言也不可能因循守旧，因为他不仅劳动，而且还思索和判断因果关系，计划未来的工作。我一年比一年更相信，明确地表达出思想的积极活动能发展学生的语言，提高他们的一般修养。应当说，劳动只有从小学学习之初就开始进行并组织得合理，才能在学生的智力发展上发挥作用。

我们学校每个中、高年级教师备课时，都为学生想出一种积极的活动，以培养学生的智力，使学生掌握的概念和规律更加丰富。我坚信，没有人与自然的相互作用，智力发展是不可思议的，就像没有旋律不可能有音乐，没有词汇不可能有语言，没有书籍不可能有科学一样。在生物、物理、化学、数学等课程的学习体系中劳动与思维、活动与词语的统一，是学校作为思想的发源地赖以生存的基石之一。有经验的教师为讲授这些课程作准备时，总是仔细琢磨，怎样和通过什么劳动才能揭示在课程学习体系中思维所依据的种种关系和相互联系。例如，物理讲授体系中的基本关系和相互联系表现在诸如物质、能、运动、能量转换、物态变化、现象的相互作用等现象和概念之中。物理教师便寻找机会组织一种劳动，通过劳动把所有这些概念体现在具体关系中。例如，布置给一个学生的作业是，制作一种装置的原理模型，在这种装置中机械能可以转化为电能，电能可以转化为热能；另一个学生则制作另一个模型，在这个模型中机械作用可以导致物态的变化。这种劳动，不单纯是以实例来说明知识，而且可以说，其本身就是一种运转中的知识。

我向老师们建议：如果你们希望学生成为善于思索的人，希望严整的、明确的、逻辑性强的思想能通过清楚的说明和解释表达出来，你们就要把学生吸引到思想充实的劳动中去，要通过劳动把知识体系的种种关系和相互联系体现出来。你们要记住，劳动，不仅仅意味着实际技能和技巧，而且首先意味着智力的发展，意味着思维和语言的修养。

21. 教学生观察，教学生细看

　　低年级学生需要进行观察，如同植物需要阳光、空气和水一样。这里，观察是智能的极重要源泉。

　　应该说，有些学校不把观察当作一种积极的智力活动和发展智力的途径，而只当作证实某些题材和章节的手段。

　　教学工作的水平，在许多方面取决于观察在学生的智力发展上占什么地位。从观察中不仅可以吸取知识，而且知识在观察时活跃起来，由于观察，知识可以说是进入了流通领域，作为一种工具在劳动中获得运用。如果说，复习是学习之母，那么，观察就是知识的理解和记忆之母。观察力强的学生，绝不会成绩不良或文字不通。善于帮助学生利用已掌握的知识不断进行新的观察的教师，能达到这样一种效果：学生的知识越"老"，就越巩固。

　　低年级学生需要进行观察，如同植物需要阳光、空气和水一样。这里，观察是智能的极重要源泉。学生要理解和要记忆的东西越多，他们就越需要看到周围自然界和劳动中的种种关系和相互联系。

　　我教小学生时，总是教他们在平常的现象中看出不平常的东西，为回答为什么的问题而探寻和发现因果关系。

　　二月，冬季的严寒袭人。但遇上了一个艳阳天。我们来到一个白雪覆盖的、寂静的果园。我对学生们说："孩子们，仔细看看你们周围的一切。你们看得出春天就要到来的初步征兆吗？你们中间哪怕是最不细心的孩子也能发现两三个征兆。谁要是不仅看，而且想，便能发现 20 个征兆。谁要是会听大自然的音乐，便能听出春天已苏醒的旋律。你们看吧，听吧，想吧!"我看到，学生们是多么仔细地在观察盖满白雪的树枝和树皮，是怎样侧耳倾听大自然的音响。每一个小发现都给他们带来愉快。每个人都想发现某种新东西。以后，过了一周，我们来到果园，而且每过一周就来，反复来了几次，每次在好奇的儿童眼前都展现出某种新东西。在低年级经受过观察训练的学生，会明确地区分懂和不懂的东西，尤其可贵的是，会积极地对待词语。教师从受过观察训练的学生嘴里，常听到种种有头脑的、令人意想不到的"哲理"问题。

要教学生观察和细看周围世界的现象。在大自然的急剧转变时期，要领学生到大自然去；这时，大自然正在发生猛烈、急速的变化——生命在苏醒，生物的内在活力在更新，强大的生命冲动能量在聚积。

学龄早期的观察训练，是智力发展的必要条件。

22. 怎样通过阅读发展知识

不经常阅读科普和科学读物，就不可能对知识有兴趣。

在学龄中期和晚期阅读科普读物和科学书籍所起的作用，与学龄早期进行观察的作用相同。善于细看和观察的学生，就能养成对科学书籍的敏感态度。不经常阅读科普和科学读物，就不可能对知识有兴趣。如果学生不越出教科书的范围，就谈不上对知识有持久的兴趣。

科学正以空前的速度向前发展，但不可能经常把不断出现的新概念和规律写进中学教学大纲中。因此，阅读科学读物，就成了现代学校教学过程的一个极重要的组成部分。

要善于激发学生阅读科学读物的兴趣。为此，在叙述教学大纲规定的新教材时，应当用大纲以外知识的火花来阐明某些问题。有经验的生物、物理、化学、数学教师在讲课时，就像是把无边无际的知识世界之窗微微打开一点，留些东西不完全讲透。学生看到了超出教学大纲必修教材界限的可能性，畅游广袤无垠的知识海洋的前景使他们激动起来——这正是促使他们去阅读的动力，因为少年和青年男女都渴望获得知识。

在学校图书馆或教师私人藏书中，应当备有发展了教学大纲材料知识的书籍。这类书籍已出版很多，正在出版的也不少。阅读有关现代科学前沿的书籍，特别重要。阅读这类书籍有助于阐明学校的基础知识。

　　具有极其重大意义的是，通过阅读发展教学大纲最难部分的知识，而这部分与其他部分知识有关。有经验的教师，力求把科普读物的阅读安排在这种最难部分的学习之前，或同时进行，或紧接着学习之后。学生尚未学量子理论的基本概念，就喜欢读有关这个问题的书籍，尽管许多问题并不理解，也没有什么不得了。学生的问题越多，课堂上和学习新教材过程中的求知兴趣就越浓。课堂教材学习前的问题积累过程，一般说来，是个十分有意义的教学法问题。

23. 阅读是"困难"学生智力教育的重要手段

"困难"学生阅读的东西越多，他的思想就越清楚，他的智力就越积极。

这里指的是这样一些学生，他们对所学教材的领会、理解和记忆都很困难、很迟缓：一项内容还没有理解，另一项内容又该学习了；一项内容背熟了，另一项内容又忘记了。有的教师认为，要减轻这类学生的学习负担，必须最大限度地缩小他们脑力劳动的范围（如有时教师对学习困难的学生说：你只读教科书就行了，不要分散精力去读别的书）。这是一种完全错误的见解。学生的学习越困难，在脑力劳动中遇到的困难就越多，他就越需要多阅读：就像感光力弱的胶卷需要更长的感光时间一样，成绩差的学生的智力也需要更明亮和更长时间的科学知识之光来照耀。不是补习，不是没完没了的"督促"，而是阅读、阅读、再阅读，能在学习困难学生的脑力劳动中起决定性作用。

在基洛夫州波格丹诺夫中学的优秀数学教师，乌克兰共和国功勋教师伊·古·特卡钦科那里，没有成绩不佳的学生。他的创造性劳动有一个卓越的特点，就是合理地组织我们所说的这种能发展智力的阅读。在他任教的五至十年级每个年级里都有一些困难学生，要是没有一个极好的图书室，拥有不止 100 册书，以明晰而吸引人的形式叙述这位教师看来是世界上最有趣的科学即数学，那么，这些学生永远也不会成绩合格的。在开始学习方程式之前，学生们便阅读了几十页关于方程式的材料，其中首先是关于方程式构成民间益智游戏难题的有趣故事。

问题不仅在于，阅读可以使学生摆脱成绩不良的状况，而且在于，阅读可以发展学生的智力。"困难"学生阅读的东西越多，他的思想就越清楚，他的智力就越积极。

引导成绩不佳的学生对科普读物进行专门考虑过的、有规定和有组织的阅读，是教师要操心的一件大事。实质上，这是学校生活实践中称为对后进学生做个别工作的主要内容。

24. 技能和知识之间不可比例失调

不会快速而用心阅读的人，不可能学好知识。

技能和知识之间的比例失调表现在：学生还没具备应有的技能作为掌握知识的工具，教师却不断塞给他种种新知识，叫他：要掌握住，不可放过！这样的学生恰似一个没有牙齿的人，不得不囫囵吞枣，起初感到不舒服，以后就害起病来，什么也不能吃了……

上面我已谈到过，许多学生之所以掌握不了知识，是因为不会快速而用心地阅读，不会边读边想。这是一种最可悲的比例失调。会快速而用心阅读——既会朗读，也会默读，这不单纯是有文化的起码表现，而且是在课堂上和独立看书时，能真正进行逻辑思维的一个极重要的条件。

不会快速而用心阅读的人，不可能学好知识。快速而用心的阅读，是通过目视和心想去领会句子的一部分或不长的整个句子，眼光离得开书本，口头说得出记住了的东西，同时还进行思考——不仅思考所读的内容，而且思考跟所读材料有关的情景、形象、观念、事实和现象。

在小学阶段就应使阅读达到这种完善程度。否则，便做不到用心地掌握知识。不仅如此，不会快速阅读而努力掌握知识，还会使学生的智能钝化，造成思维的混乱、不连贯、不完整和简单化。你大概遇到过有些五六年级的学生，像俗话所讲的，一句完整的话都不会说。我逐字记下了这类学生的话，作了分析，发现这种话似乎是一些与上下文脱节的单词，相互没有任何联系。这样的学生根本不能把自己的有些概念用语言表达出来，因而说话含糊不清。对这类可悲事实的多年研究使我得出一个结论：智力上的含糊不清（我这样描述这个缺点），是由于不会快速而用心阅读、不会边读边想造成的。对许多词学生之所以不理解，都不过是由于他们来不及很好地阅读和领会这些词的含义，更无法在意识中把它们跟有关的概念联系起来。学生不会快速而用心阅读，就来不及思考。阅读时不思索、思考，儿童的智力就会迟钝。

怎样使阅读快速而用心，学生如何通过目视和思维能迅速领会含义相连的一整批词语？为了做到这一点，需要进行系统的练习。这里谈谈我教学生时，怎样检查阅读的快速程度和用心程度。一个学生正读着（初次）童话或故事，如关于原始人生活的故事。我在他眼前，即在黑板上挂一幅绘出原始人生活的鲜艳图画，有烧火、准备食物、捕鱼、儿童游戏、为衣着操劳等内容。如果学生（这里指的是三年级学生）朗读故事时，不能把眼光离开书本，在快读完时好好地看一下画，并记住故事中完全没有讲到的细节，便表明他不会阅读。阅读过程中什么也无法领会的学生，实质上是不会边读边想，而这恰恰不能称为用心的阅读。

在学习的某个阶段上，学生应当掌握快速书写的技能，能边写边想。如果缺乏这种技能，便会造成又一个比例失调。只有通过充分的练习，才能掌握这种书写速度。书写过程应达到自动化程度，学生无须考虑怎样把字母联结成词和写上什么字母。只要做充分的练习，在第四学年可以达到这一目标。但书写的自动化有赖于阅读，阅读差的学生书写总是出错。

为了养成快速而用心书写的技能（在学生阅读能力良好的条件下），可依照下面的方法进行练习。教师给学生讲述某种自然现象、事件、劳动过程；讲述中明确突出有逻辑联系的各部分，每部分都有主要内容及与之有关的细节。讲述时，学生按教师阐述材料的顺序把主要内容记录下来。缺乏边听边简略记录讲述（讲授、解释）内容的技能，掌握知识是不可能的。许多例子中学生落后的原因，正是由于他们缺乏这个最基本而又十分复杂的技能。

这一技能的作用，并不只是实际运用，它是智能发展的必要条件。不会边听、边写、边想（也像不会边读边想一样），发展知识是不可能的。

善于选择、综合和分析事实，是一种十分重要的技能，同知识是否掌握得好有很大关系。有经验的自然科学各科教师和语法教师，注意不使学生的思维受教师阐述（解释、讲授）时援引事实的限制，而使知识与技能之间产生比例失调。这种比例失调带来的后果是知识会毫无发展，停滞在学生脑子里成为僵死的负担，因为知识不发生转化，不以新的事实加以充实，不用来解释新的事实。这就发生了我想称之为知识僵化的情况。由于知识处于这种状况，便可能遇到一种乍一看来十分奇怪的现象。例如，学生背熟了 4 种物质状态的概念，但在生活中却不注意大量事实可用来从原先不知道的新侧面解释这种概念。于是，在知识测验时，学生遇到了物质从固体状态变为气体状态的事实，他面对这种生活中每一步都遇到的现象茫然失措，不能理解和解释其实质。

为了善于自觉地把知识结论运用于生活实际，必须独立地收集大量事实，对这些事实进行了解、综合、比较、分析。收集和处理事实——这本身就是知识的一种状态，即活动状态。这种状态指的是，从课堂上所获得的知识体系中自觉地选择所需要的规律、说明和定义。使知识处于这种状态多么重要啊！多年教学工作的经验使我确信，收集和处理事实，是一种特殊技能，它能使知识经常处于发展状态，而这种发展是十分独特的：学生不仅对他周围的事物，而且对自己的种种想法都进行分析。学生收集和处理事实时，便走上了自我培养智力的道路。

某门课程体系内的事实特征，在我看来，是一个十分重要的教学法问题，同时也是一个一般的教育问题。形象地说，事实犹如思维的翅膀所依托的空气；要以这样看待事实的观点分析教学大纲。要考虑选择哪一部分事实用于课堂讲授，留下哪一部分让学生去收集和处理。要为收集事实这一过程本身拟定方法上的指示。要教学生去思考事实。

25. 兴趣的奥秘何在

"接近"和"挖到"事物本性及其因果联系的实质这一过程的本身，就是主要的兴趣源泉。

每个教师都渴望使自己课堂上的学习令学生感兴趣。怎样把课上得令人感兴趣呢？是否每节课都能令人感兴趣？兴趣的源泉何在？

课上得令人感兴趣，意味着学生在学习和思考的同时，还感到兴奋和激动，对发现的真理不仅诧异，有时甚至惊讶，意识到和感觉到自己的智力，体会到创造的愉快，为人的智慧和意志的伟大而自豪。

认知本身是一种最令人惊讶、诧异和感到神奇的过程，能激起高昂而持久的兴趣。事物的本质、事物的种种关系和相互联系、运动和变化、人的思想、人所创造的一切，都含有无穷无尽的兴趣源泉。但在某些情况下，这个源泉像潺潺的小溪流入我们的眼帘，你走近一瞧，大自然奥秘的美妙图景便展示在你的面前；在另一些情况下，兴趣的源泉隐藏在深处，需费力才能找到它、掘出它，而且情况往往是："接近"和"挖到"事物本性及其因果联系的实质这一过程的本身，就是主要的兴趣源泉。

如果你只指望靠表面看得见的刺激来激发学生对学习、对课程的兴趣，那就永远培养不出学生对脑力劳动的真正热爱。要使学生亲自发现兴趣的源泉，使他们在这种发现中感到自己付出劳动并有进步，这本身就是一个最重要的兴趣源泉。没有积极的脑力劳动，学生的任何兴趣、任何注意力都是不可思议的。

求知兴趣的首要源泉和头一颗火星，包含在教师对课堂讲解的材料，对被分析的事实所采取的处理方法中。学生在思想上明白道理，来源于认识了事实和现象的接触点，认识了联结这些事实和现象的线索。我备课时经常尽力考虑和领会的，正是一些接触点和线索，在这里，由于种种念头互相联结，在认识周围世界的道理和规律方面就会揭示出某种新的、意外的东西。例如，下一节课将要学习植物的根部系统及其在生命过程中的作用。学生无数次见到过植物的根部，看来，教材中未必会有学生感兴趣的东西。但是，兴趣却在于认识隐蔽的、一下子看不出来的事物。我给学生讲述，纤细的根毛怎样从土壤中吸取植物所需要的物质。我把注意力放在事实的一个接触点、联结点上，即土壤中时时刻刻都在进行生命活动，这种生命活动在土壤的深处不论盛夏和严冬都永不停息；约10亿微生物好像都在为众多的根毛服务，没有这种复杂的生命活动，树木便无法活下来。我对学生说："孩子们，让我们仔细看看这种复杂的土壤生命活动，仔细想想，这种生命活动是怎样依靠周围环境的物质的。你们面前展示着生物和非生物的相互作用。"非生物怎样为生物提供建筑材料，我阐明开集中注意力于这一点，便是在学生面前揭示出某种新东西，能促使他们对大自然的奥秘感到惊异。少年学生越是被这种惊异感所吸引，他们就越想知道、理解、明了更多的东西。

兴趣的源泉还在于运用知识，在于体会到智慧能统率事实和现象，人的内心有一种根深蒂固的需求——总想感到自己是发现者、研究者、探寻者。在儿童的精神世界中，这种需求特别强烈。但如果不向这种需求提供养料，即不积极接触事实和现象，缺乏认知乐趣，这种需求就会逐渐消失，求知兴趣也与之一道消失。我认为，不断扶植和加深学生想成为发现者的愿望，并通过特殊的工作方法实现他们这一愿望，是十分重要的教育任务。在课堂上激起学生对土壤中不能直接观察到的过程产生兴趣后，我们便来到田野，以专门考察土壤的剖面情况。学生们惊异地观看小禾本植物的根有 2 米长。这对孩子们来说是一个真正的发现。但实际上，他们还只是刚踏上发现者和探寻者的道路。我把几种草地的草根和草原的草根指给孩子们看。这些草根连茎都没有，其中许多草根乍看起来像完全枯死了。我们把这些草根种在地里，它们终于复活，长出了芽，变成了青草。葡萄藤的根也生长发芽了。

　　这使学生们兴高采烈，他们的思维变得好钻研、不平静了。他们体验到作为人所具有的无可比拟的自豪感，并认为我们主宰着事实和现象，知识在我们的手中变成了力量。感到知识具有使人高尚起来的力量——很难找到比这种感觉更强烈的刺激来推动求知兴趣了。可见，使掌握知识的过程不折磨学生，不把他们弄得筋疲力尽，对一切抱冷漠态度，而使他们的全部生活充满愉快，是多么重要啊！自然，学生在直接进行研究并有所发现时，在了解了一些具体事实和现象时，便会产生最强烈的知识主宰者之感。不过，纯粹的思维活动，即智力对材料进行综合和系统整理的活动，会带来愉快感。

　　对于读过许多课外书籍的学生来说，课堂上所学的任何新概念、新现象，都装入了他得之于书籍的知识体系中，于是，课堂所讲的科学知识便具有特殊的吸引力：这种知识被视为必不可少的东西，有助于弄清楚"头脑中已有"的知识。

26. 要赢得学生的思想和心灵

使学生认为你所教的课程最有趣味，使尽可能多的学生如渴望幸福一样渴望在你向他们讲基础知识的这门科学领域里有所创造，你要把这件事看作是自己的光荣。

在有优秀的数学教师任教的学校里，数学便成为受人喜爱的、最有趣的课程，许多学生卓越的数学才能得到显露。如果一个有才华的生物学教师来到了学校，你瞧吧，经过两年，生物学就会成为学校里受人喜爱的课程，会涌现出上10个有才能的少年生物学家，他们非常热爱植物，醉心于在学校园地上进行试验和研究。

在有的学校，各门课程的讲授仿佛成了教师之间为赢得学生的思想和心灵而展开的善意竞赛。在这种学校里，智力生活显得朝气蓬勃。这种竞赛是教师集体从事创造性劳动的一个方面，表现为每个教师都力求激起学生对自己课程的兴趣，确立自己课程的吸引力。我们可以设想，一个刚开始读四年级的学生碰上了一个教师集体，他们全是有才华的人，至少是醉心于自己所教课程的人，都善于燃起对自己那门最有趣的科学的爱恋之火。在这种情况下，每个孩子的天赋一定会显露出来，形成爱好、能力、志向和才干。

这里，我们便进入了教学过程的一个最有趣的领域，这个领域在许多学校的实际工作中还是未经考察的处女地。学习的教育作用，我坚信，首先表现为每个学生，形象地说，在科学基础知识的和谐乐队中，都能找到自己喜爱的乐器和自己喜爱的旋律。没有对具体课程、具体科学知识部门的迷恋，就不会有智力充实和精神丰富的个人生活。

使学生认为你所教的课程最有趣味，使尽可能多的学生如渴望幸福一样渴望在你向他们讲基础知识的这门科学领域里有所创造，你要把这件事看作是自己的光荣。要赢得学生的思想和心灵，要跟自己的同事即其他课程的教师展开竞赛。比如说，你给200名八至十年级的学生讲授物理，他们全都是你的学生。但是在你脑子里还要有关于我的学生的另一种概念。应当有10个或更多的学生（也可能少些，如五六个人，情形有时也会如此，没有什么可指责的），会永远把自己的心灵献给物理研究，坚决把自己的生活跟技术和科技思想方面的劳动联系在一起。此外，你还应当有一二十个学生对物理的兴趣，如俗话所说的，还是刚刚"啄破壳钻出来"，其中有些人将来会爱上你的这门课程，也有些人会在其他知识领域的某个地方发现自己的金矿，因为，在生活理想的发展上没有什么东西比形成志向更复杂了。你教200个学生，把最基本的学校物理教程知识牢牢地传授给他们全体，这只是你工作的一个方面。但不可忘记，你还担负着教学创造活动的另一个方面，即关心喜爱物理这门科学的青年形成搞物理的才干——搞技术、机器、机械、科技知识的才干，因为课堂上所能了解到的，只是这门科学的初步知识。你在学校里应当有校中之校——青少年物理学家之校。

这一切到底怎样做呢？这里最重要的是什么？从何着手？

学校里当然会有物理专用室。不用说，你每天都会在那里工作一两个小时：或钻研书本，或"粗略地"试做将要做的实验，或用心思考仪器的图样或模型。我可以告诉你，我若处在你的位置会做些什么。我把瓦尼亚、科利亚、根卡、斯拉夫卡、佩特尔、萨沙等已爱上物理的青年叫到专用室。有些八年级生，甚至七年级生也会来这里，他们还没有爱上我教的这门课程，但我讲述反粒子和光子火箭时，他们睁着发亮的眼睛，想伸手去拿关于核物理的有趣的书。我的物理专用室有一个角落，我把它叫作"思维之角"。这里的墙上有法国名雕刻家罗丹创作的版画"思想家"，柜子里有少量藏书，是关于科技最新问题的图书和小册子。这些东西是诱导青少年超越教学大纲奔向未知的远方的星星之火。我的专用室里还有另外一个角落，叫作"难事之角"。这里有几幅设计思想不易懂、不寻常的模型图，用金属和塑料按设计做成这种模型，要克服相当大的智力困难。思想懒惰在这里是不容许的，智力焕发和敢想敢做在"难事之角"里不成为惊得目瞪口呆的旁观者，而成为创造者的主要条件。这里还有我的一个小型教学创造实验处——为上课作准备的备课角落。我在这里像耍魔术似的摆弄新教具。跟我一道工作的还有我的助手——帮助备课的高年级学生。

我为爱上了物理或尚未完全爱上，但闪烁着热烈兴奋目光的学生敞开了所有这些角落的大门。

我特别重视"向往之角"。科学知识的大篝火在这里点燃了立志献身的星星之火。这里使少年确信，思维是一种艰巨的劳动，这种劳动不轻松，极其复杂，有时使人精疲力竭，但又令人有希望得到无可比拟的愉快，即认知带来的愉快，以及因意识到我主宰着知识而产生智力自豪感。取得科学知识，是从"思维之角"开始的。这里既有刚出发去知识海洋里游泳的学生所需书籍，也有已坚决选定科学技术、实验室工作或工厂复杂机床劳动为专业的毕业生所需书籍。我十分注意使那些头发蓬乱的男孩一定来"思维之角"，他们在我讲课时目光里燃起了好奇之火，总是有一大堆为什么的问题要问。我知道了他们之中谁心里在向往什么时，便在书架上为他们每人摆上几本有关的小书。

许多聪明的、有天赋的儿童和少年只是在亲手参加创造性劳动时，才产生求知兴趣。[3]我一旦发现某个儿童或少年想伸手摸机器和机械的模型，摸仪器和各种设备，就一定带领他去经历"难事之角"。

有一些学生很长时间对什么都未表现出特殊兴趣。如果学校不展开教师之间赢得学生思想和心灵的竞争，学生中许多人就永远也显露不出对任何课程的兴趣。学校里对学习、对知识抱冷淡态度，对任何课程都不感兴趣的青少年越多，就越有可能是教师那里没有学生可对他们倾心地传授求知兴趣的火种。在学生对待知识的态度上最令人苦恼不快的，是漠不关心……学生在这门或那门课程上落后和成绩不良，并不可怕，可怕得多的倒是冷漠态度。

要唤醒漠不关心者的意识。不可能一个人对什么都不感兴趣。克服智力冷淡的最正确途径就是思维。只有通过思维才能唤起思维。每个教师对漠不关心知识和脑力劳动的学生，应当试用自己的一切智力手段。这里指的已不是竞争，而是把人从智力惰性中拯救出来。我们的教师集体中形成了一种规矩，即在心理学委员会开会要讨论对知识抱冷淡态度的学生问题。我们设法找出人与自然、人与知识起相互影响作用的领域，在这里，认知能使人精神焕发。最主要的是，要使人终于发现自己是知识的主宰者，感到自己掌握了真理和规律。通过认知使人焕发精神，意味着使思维同人的自尊感融成一体。达到这种精神状态的途径，是使知识发挥效力、起积极作用。我们认为，使学生在某件事情上显示自己的知识，在智力活动中表现自己，表现个人，便能唤醒抱冷淡态度的学生，把他们从智力惰性中拯救出来。

我在五至七年级教过几年数学。我在班上建立了两个数学小组，一个是最有才能和天赋的学生组，另一个是对知识抱漠不关心态度的学生组。关于怎样唤醒后一类学生的意识的故事，会是一篇关于赢得他们的思想和心灵的十分有趣的叙事小说。我力求使学生在小组里获得的知识影响人与人在集体中的关系，即树立个人的自尊感。一个人在没有感到自己是个有思想的人以前，不可能真正会自豪于自己是个有用的人。至于怎样使思想同公民应有的人的自豪感融成一体，必须专门做一条建议来谈。

有经验的教师，力求使学生对所喜爱的课程知道的东西比教学大纲的要求多一二十倍。感到有力量主宰所喜爱课程的知识，是促进一般智力发展的最强大的动力之一。如果学生有一门喜爱的课程，你就不必为他的其他各门课程不都是五分而担心。身为优等生，却没有一门喜爱的课程，倒应引起更多的担心。多年的经验使我确信，这样的学生是没有个性的人，不懂得脑力劳动的愉快。

27. 怎样使思想和公民尊严感融成一体

我坚信，达到这一目标的途径，是使知识和智力财富成为个性的自我表现。

这是我们教学工作一个十分微妙的问题。怎样使学生因学习得好而自豪，为自己的成绩和知识而感到公民的尊严。

我坚信，达到这一目标的途径，是使知识和智力财富成为个性的自我表现。应从低年级开始进行这方面的培养工作。我教低年级学生时，力求实现一项原则，即每个学生都应为集体的智力生活做出自己的贡献。应对自己的知识、思想、能力感到光荣、体面。仅仅让学生集体知道某个学生怎样学功课，听他怎样回答问题，是怎么也达不到上述目的的。我们让一年级的学生娃娃开始这么做：设立名为《朝霞》的集体创作汇集簿。我们师生形成了一种习惯：春季和夏季都起得很早，天一亮就起来，去果园或池塘边迎接日出。每个学生要完成创作一页（如愿意的话，也可以两三页）——画上自己所喜爱的景物，写上一句话、几个词，"但这些词要像优美的歌曲一样优美"，——我对孩子们这么说。自然，每个孩子都想画出和写出美好的东西。画得好和用词美，是他们每人认为光荣的事。我现在还收藏着这个创作簿。二年级时，我们在冬天的黄昏编故事和童话。每个人不是讲自己生活中发生过的事情，就是讲曾经想过或临时想出来的事情。很难表达学生们对这种创作有多么大的兴趣，人人都感到会构思，会讲述。这是一种道德上的尊严。

学生们相互交流智力成果和精神财富，一年比一年更确定了他们之间的关系。三四年级时开始举办"读书晚会"，学生们在晚会上讲述自己读过的书的内容，进行朗读，还朗诵诗歌和艺术散文片断。这是智慧和水平的一种竞赛。

从五年级开始，我的学生便成了他们的学龄前小朋友和一二年级小学生的积极的智力辅导员。12个五年级学生领导了一些很小的诗歌创作小组。每个小组有5～7个小学生。五年级学生教他们写关于自然界的短小作文，给小朋友读自己写的作文和诗歌。这就在大孩子心目中确立了自尊感。

在六至七年级，有几个学生成了一至三年级学生的少年数学家小组领导者。在这种小组里，学生们做和编可以测验"机灵"程度的算题。在五至八年级整个学习期间，有些学生还充当外语学习小组的领导者：教一二年级学生学习读、说法语。

在七至十年级，每个学生都在科学技术晚会上做报告或汇报。我们这里的每个少年，都把尽可能好地准备这种报告或汇报当作光荣的事情。

所有这些工作方式的目的，是使学生感到知识和智力生活是他们的一种道德尊严。教师这样培养学生，使不学无术和对书本抱冷漠态度在他们当中被视为不道德的表现。

28. 传播知识与参加社会生活

学生在给别人传授知识的过程中，自己也弄清了许多东西，并产生了许多问题。

在农村地区，学校是文化和知识的主要基地。我们认为，把知识的发展和加深过程纳入农村社会生活，是一项十分重要的教育任务。教育性教学的最重要特征之一，是训练学生参加教育工作。我们的高年级任课教师经常训练自己的学生参加这种公益活动。村里有近 2000 家农户，共分成 180 个文化基地。文化基地的中心是一家庄员的农舍。庄员们和工人们不时在这里集会。三四个高年级学生来到这里，举办纪念列宁的报告会、自然科学知识晚会、文学晚会。

共青团员学生不只是简单地给人们带来知识，他们似乎是在长辈面前汇报工作。男女青年不仅仅叙述自己的知识，而且进行说服教育，往往还要跟反科学的观点进行斗争。团员们遇到了对周围世界的事物和现象抱错误观念以至迷信和无知时，不是简单地否定说："不对，不是这样的。"我们教导自己的学生：要进行说服，用科学道理去消除有神论的、反科学的偏见，不能对违背真理的一切偏见抱调和态度，但要懂得，反科学的观点和信仰在有些人的意识中根深蒂固，为消除这些观点和信仰，就要有许多知识和本领，要坚定不移。在绝大多数情况下，我们的学生是胜任自己担负的教育重任的，而工作中的失误，则更增强了他们认识科学的决心，激励了他们对知识的渴求。

学生在给别人传授知识的过程中，自己也弄清了许多东西，并产生了许多问题。他竭力想搞清楚细微思想的"转弯"，搞清楚隐蔽的因果关系。在运用和发展知识上，没有比在社会教育工作中应用知识更为积极的方式了。青年人在确立、保护和捍卫真理的同时，自己对真理也就确信不移，并产生进一步扩大和加深知识的要求。怎样使青年渴望学习呢？如果知识停留在学生的意识中成为"自己的珍宝"，而不获得道德色彩，不令人感到是自己的愉快、光荣、财富和尊严，那么，这个目标就永远也达不到。

29. 怎样按季节安排学生的学习

　　　　一年分为几个季节，每个季节人的机体活动能力都不相同。考虑这种周期性的波动，对学校来说特别重要，因为我们打交道的对象，是正在成长发育的身体，是形成中的大脑，而外部环境对人的大脑有非常大的影响。

　　这是关系到学生身体发育、增强健康和全面发展的重要问题之一。一年分为几个季节，每个季节人的机体活动能力都不相同。例如，众所周知，机体的防护力到春天就减弱，到秋天则增强。考虑这种周期性的波动，对学校来说特别重要，因为我们打交道的对象，是正在成长发育的身体，是形成中的大脑，而外部环境对人的大脑有非常大的影响。春天的学习和脑力劳动，特别是在低年级，应完全不像秋天那样安排。

　　我建议低年级学生全年的脑力劳动安排如下：大约到第三学季中期（即2月底），应基本上结束语法和算术方面最重要理论概念的学习。在正是春天的第四学季，脑力劳动应主要包括能发展、加深和系统整理早先获得知识的一类学习。我还想建议，春天应加强培养下一学年能顺利学习所必需的能力。春天，似乎是专门用来进行最费力的观察的时节。春天，还应为下一学年头两个学季要学习的理论性结论积累实例。上面谈到的知识与技能比例失调问题，正是由于春天跟秋天一样灌输复杂的理论概念而引起的。

在中年级和高年级，应利用一切可能在春天最大限度地减轻脑力劳动。不能不估计到，由于维生素储存耗尽，在少年的机体内尤其如此，以致春天视力最容易减弱，并发生眼病，而眼睛在脑力劳动中却有特别重要的作用。不能像许多学校的教学实践中往往存在的情况那样，把阅读大部头文艺作品，把为了复习而重读许多页历史课本和文学课本的任务放到第四学季。尤其不可采取机械的复习方式，使复习与初学教材毫无区别。春天应给学生带来——形象地说——教学法的更新。你在第四学季的备课，应使已有的知识引入积极活动状态成为你教学法的主导思想。不必因此而让学生按教师的问题概括各部分教材时，不断地啃书本。通过综述性的讲解概括教学大纲的一系列问题，能促使知识积极活动起来。考虑到高年级学生的疲劳程度，教师应善于采取一些措施，以减轻他们的复习负担。

我在许多年内总是给八九年级的学生布置如下夏季作业：阅读下一年将要学习的文艺作品。这就大大减轻了他们的脑力劳动，解除了过重负担，使第四学季不至于过度紧张。

你可能要问，究竟怎样才能实际减轻第四学季的脑力劳动强度？要知道，许多学校的学生在大量作业的压力下"呻吟"。如果前三个学季的脑力劳动安排得更紧张些，又会怎么样呢？

对，这是我们教学业务中最尖锐、最困难的问题之一。但我敢冒昧地说，普通中小学的教学大纲不存在负担过重的问题。我亲爱的同志们！负担过重产生于我们的实际工作中和教学方法上。如果教学工作安排得科学，如果儿童和青少年时期（尤其是儿童时期）的一切潜力都利用和发掘出来。那么，在普通中小学里能够学好不止一门，而是两门外语，并在小学就能达到实际掌握的程度。

为使实际工作负担不过重，到底应该怎么做呢？回答这个问题，就像回答如怎样做到不从学校里毕业出学习不好、教育不良、教养肤浅的男女青年这个整体性问题一样，不容易。防止负担过重意味着：第一，从儿童3、4、

5 岁起，就要关心如何使他有丰富的智力底子，借以在家里获得智力的发展。因此，要不断提高父母的教育修养；第二，不可使技能与知识比例失调，要切实保证学生学好知识和掌握学习技能的过程，因为知识和学习的技能是他们从事脑力劳动的最重要手段；第三，要在实践中贯彻教育心理学的原理，也是教学法理论的最重要原理，即没有抽象的学生；要把知识传授得深刻，意味着要察看每个儿童的脑力劳动；第四，要关心知识的不断发展，使知识"流通起来"，不停留在脑子里成为僵死的负担；第五，不可使学习变成没完没了地补习落下的功课，不要无休止地赶做未完成的"尾巴"。总之，不造成学生负担过重，就意味着要做到上面所说的一切。但还有两个十分重要的条件，这两个条件也跟已谈过的许多问题一样，是确实同学校的全部工作有联系的。关于防止负担过重的这两个条件，我想作为专门的建议提出。

30. 关于学生的智力生活

如果教师考虑的只是怎样迫使学生更多地啃教科书，

怎样把他们的注意力从其他一切活动上转移过来，那么，

学生的负担过重就是不可避免的。

这是一个跟学校的全部工作有联系的问题。如果教师考虑的只是怎样迫使学生更多地啃教科书，怎样把他们的注意力从其他一切活动上转移过来，那么，学生的负担过重就是不可避免的。除上课、教科书、家庭作业、分数之外什么也不考虑的学生，其遭遇不会令人羡慕。不可让学生充满学究气。除一些通常的学业、观念、兴趣之外，学生应当有丰富多彩的智力生活。这里指的是学生的课外阅读，特别是少年时期的课外阅读。

如果任命你当五年级的班主任，或像人们说的，当教养员，你要把形成学生的这种精神需要当作主要任务之一。你要编出供学生在中学时期应阅读的书籍清单。要努力使班级的藏书中备有这些书。

如果青少年没有自己喜爱的书和喜爱的作家，我不能想象他们会得到真正的全面发展。我在培养学生和设计他们的个性时，总是力求让学生在小学阶段就有自己的少量藏书。在中年级和高年级，他们的藏书就很不少了，会有 100～150 册。像乐师不拿起自己喜爱的乐器便无法生活一样，好思考的人若不反复读所喜爱的书，便不能生活。

把每个学生引导到书的世界中去，培养他们热爱书籍，使书籍成为智力生活的指路明灯——这有赖于教师，有赖于书籍在教师本人的精神生活中占什么地位。要使课外阅读成为学生的精神需要，就必须让他们感到你的思想在不断丰富，确信你今天没有重复昨天说过的东西。

如果教师的智力生活停滞、贫乏，产生了可称为对思想不尊重的表现，就会明显地影响教学活动。我认识一位教师，他已经"厌烦一切"了，据他说，他不愿意经常重弹旧调。学生们从他的话中感到他的思想处于停滞、僵化状态。他们用不尊重教师来回报教师对思想的不尊重。但最危险的是，他们也跟教师一样不愿意思考。

不能把个人的智力生活看成是狭窄的、与外界隔绝的小天地。一个人使集体的智力生活丰富时，也享受着集体的精神财富。我们力求使自己的学校有许多智力生活蓬勃开展的集体。这首先是各门课程的科学小组，如数学科学小组、科学技术小组、化学科学小组、生物科学小组、文学科学小组、哲学小组。也许科学这个词用得有点夸大，但能反映一个真实情况，即少年和男女青年走上了科学思维的道路。无论如何不能把这些小组看成是各门课程的附属品或防止成绩不良的手段。这些小组是智力生活的基地，小组中充满求知好学的精神。学生在各学科小组学习时，自然是讲述他们正阅读的内容（做报告、汇报），但这里有一个使思维具有真正创造性的特点：他们珍重自己给青少年同学所讲述的道理和规律，把这些道理和规律当成像通过个人努力得来的财富一样，而且关于劳动和创造的想法，关于未来的想法，都与这些财富联系在一起。

参加科学小组学习和晚会活动的，也有学习困难的男女青年，对他们来说，负担过重是特别可怕的危害。浓厚的智力兴趣气氛促使他们去阅读，而阅读是使他们学习得好的最重要的补救手段。

31. 为了不造成负担过重，必须有自由活动时间

　　　　　　学生需要自由活动时间，就像健康需要空气一样：之
　　　　所以需要这种时间，是为了使学生可以学习得好，不经常
　　　　感到有落后的危险。

　　说学生只有不把全部时间用于学习，而留出许多自由活动时间，才能学习得好，——这乍看起来，似乎自相矛盾。但这不是自相矛盾，而是符合教学过程的逻辑。学生的工作日越为学校的课业所填满，用于思考与学习无直接联系的事情的时间留得越少，就越有可能造成负担重和落后。

　　自由活动时间问题，不仅在教学上是个最重要的问题，而且在智力培养和全面发展上也是一个最重要的问题。学生需要自由活动时间，就像健康需要空气一样：之所以需要这种时间，是为了使学生可以学习得好，不经常感到有落后的危险（你知道，情况往往是：只要学生病上几天，他便落后得很多了）。自由活动时间是学生智力生活丰富的首要条件，能使他们生活中不仅有学习，而且意味着使学习富有成效。

　　自由活动时间产生于课堂教学中，有头脑、好思索的教师是这种时间的创造者。教师创造自由活动时间的首要助手是学生自己，知识处于什么状态——是积极活跃状态还是僵死状态，在很大程度上取决于学生。但是，还有一个决定这种时间能否造成的条件，是作息制度。

　　首先，我想根据多年的经验提出告诫，在脑力劳动制度中什么事情是不容许的。使学生在学校上课之后马上看书和做练习几小时，使高年级学生往往在下半天实质上从事跟上课一样紧张的脑力劳动三四个甚至五六个钟头——这是绝对不容许的。为回答教师的提问而每天读书、听讲、理解、记忆、回想、复习10～12个小时，是一种力所不及的繁重劳动，归根结底会损害体力和智力，造成对知识的冷漠态度，使一个人只有学习而没有智力生活。

　　经验表明，可以把脑力劳动安排得使下半天摆脱教科书和作业本。下半天应成为学生的自由活动时间。在这段时间里，他可以阅读课外书，参加科学小组的活动，在野外干活，观察自然现象和人们的劳动。

　　我尊敬的同事们！你们会要问：那么学生什么时候做家庭作业？

　　早睡早起，在早晨上学之前完成家庭作业，是我们学校绝大多数学生学习制度的一项基本原则。我们多年向家长们解释：科学证明早睡早起是必要的，醒后8～10个钟头从事紧张的脑力劳动有好处。新一代父母成长起来了，我们在家长学校向他们传授教育知识，其中首要的是孩子们脑力劳动的文明和卫生。我们使90%的儿童、少年和男女青年遵守下列作息制度：低年级学生晚上9点睡觉，中年级和高年级学生晚上10点睡觉。低年级学生早晨6点起床（睡9个小时），少年和男女青年早晨五点半起床（睡7个半小时）。在简短的建议中不可能充分科学地论证这种制度的合理性，但应当说，一天之末（晚上12点钟以前）入睡的时间越长，睡眠就越能解除疲劳，醒来也就越容易，投入脑力劳动也就越迅速。学生在睡醒后和上学前有两个至两个半钟头可用于准备功课，这是我们作息制度的中心因素，但也只是全部教育体系的一个组成部分。多年的经验使我们的教师集体坚信，高年级学生每天做全部家庭作业不需要两个至两个半钟头以上（中年级和低年级学生需要的时间更少些），不过要有先决条件，即学习要在精神生活丰富多彩的广阔背景中进行，知识能在各种智力活动中不断获得发展，学好知识的过程，形象地说，有一整套求知能力作为工具予以保证，每个学生的个人力量、天资、才干在他所喜爱的课程中都能得到发挥，因为这一切是互相联系着的。没有这种条件，绝对不可能采用我讲的这种经验。如果不具备上述条件而企图只做到一件事——迫使学生早起从而在上学前完成家庭作业，便会一无所获（许多学校的大量事实使我深信，即使最宝贵的经验，由于"移植"在不合适的环境里，就不可能用得上。例如，如果学生还不会很好地阅读，教师没有看到这一点就教他们写作文，便会毫无效果）。

学生完成家庭作业以后上学，走在上学的路上就是休息，然后开始最紧张的脑力劳动时刻——上课。应努力在要求智力高度紧张的各类课之间，以改变活动性质的形式（如体育、绘画、唱歌、劳动等课），穿插一个钟头或可能两个钟头的休息。

早晨两个至两个半钟头的脑力劳动比课后四五个钟头看书和做练习的效率高得多。然而，问题不仅仅在于效率，还应考虑到学生的健康，考虑到我想称之为一天脑力劳动制度中的平衡。为使一天里的一部分时间可以充满紧张的脑力劳动，另一部分时间就应摆脱紧张的脑力劳动。在作为学生自由活动时间的下半天里，应安排能照顾学生重大兴趣特点的脑力劳动。这些特点是什么，怎样照顾这些特点，下一条建议将要谈到。

32. 教儿童利用自由活动时间

儿童的时间应排满种种吸引人的活动，以便既能发展
他们的思维，丰富其知识和能力，同时又不损害童趣。

儿童对时间流逝的感觉完全不同于成年人，这是我们任何时候都不能忘记的。不考虑儿童这一特点的人，往往无法理解儿童的心灵。在森林里度过一个晴朗的夏日，对儿童来说就是一整年，在少年夏令营里度过一个月，则是无限久。不要用硬性的计划规定来束缚学生，要让他们去细看、看够。也许要拿出一整个钟头让学生各人干自己的事情。儿童的本性要求这样，不这样儿童就不可能认识和思维。

要懂得，生活的每一步都在儿童面前展示出某种吸引他们、迷住他们理智和心灵的新事物、未知事物，他们不仅想不到，而且也感觉不到时间的流逝。毫不足怪，儿童被如此平稳缓慢而又不可遏止的童年潮流吸引住，常常忘记，并且是完全忘记诸如他们今天应当做家庭作业之类的事……我亲爱的同事们！不必奇怪：当你们惊异地问起作业时，儿童有时会坦率地说："我可把它忘了。"他说这件事时，并没有把它当成过错，而是当成某种使他自己也感到奇怪、不懂和诧异的现象。亦无须大惊小怪：儿童在课堂上出神地看着树影在墙壁上的太阳光圈里怎样闪烁时，绝对听不进你所说的任何一句话。是的，他听不进，确实是听不进，因为童年潮流把他吸引住了，他对时间的

感觉与你完全不同。不要斥责他，不要在全班面前说他不注意听讲、不努力学习，完全不必这么做。要悄悄地走近他，拉住他的手，使他由神奇的童年独木舟改乘全班航行的那艘认识快艇。更重要的是，不要羞于有时自己也和儿童同坐童年时代的大船，跟他待在一起，用儿童的眼光看看世界。真的，如果你们学会这样做，学校生活中就不会经常出现由于互不理解而产生的许多冲突：教师不理解学生在做什么和为什么做，不理解他为什么那样行动，学生也不理解教师要他做什么。

我作为成年人，为某件有趣的事物所吸引，难于放下这件使我迷恋、给我快乐的事情，但这时下意识的深处会产生使我不安的念头：要知道，可没有谁会来替我做工作。来自下意识的这个信号，能帮助我们控制时间。儿童则缺乏这种控制，他们把时间忘了。应当教他们利用好自由活动时间。

怎样教法？要求他想着点儿？指出他陶醉于什么时忘了工作？预防他跟有趣的事物接触？

不能这么做。不能破坏儿童的天性。教他利用自由活动时间意味着，力求使有趣的、令儿童诧异的事物同时成为他们的智力、情感和全面发展所必不可少的东西。换句话说，儿童的时间应排满种种吸引人的活动，以便既能发展他们的思维，丰富其知识和能力，同时又不损害童趣。为儿童创造自由活动时间，并不是说他们可以想干什么就干什么。自发性可能养成懒散、懈怠的习性。

教会儿童利用自由活动时间，不必作解释（小孩子还不懂得解释），而是通过组织种种活动，通过示范和集体劳动。

33. 把每个学生引向兴趣的发源地

任何爱好如果不触动思维、内心、灵魂，就不会带来益处。我要强调的是，对书的爱好应成为首要的爱好。

要考虑每个学生在什么地方和怎样利用（不是度过，而是利用）自由活动时间，要合理地利用这种时间。

这里仍回到书籍上来。读书应成为最重要的兴趣发源地。学校应成为书籍的世界。你可能是在我国遥远的角落里工作，你所在的乡村可能远离文化中心数千公里，你学校里可能缺少很多东西，但如果你那里有充足的书籍，你的工作就能达到与文化中心同样的教育水平，取得同样的成果。你不必担心看书会使学生分心而影响学知识。

在一至三年级，务必建立（分别在各个年级）图书角落，摆出内容充实而又使学生感兴趣的书籍，让每个学生经常利用生活中最初接触到的藏书。我建议一至三年级，至少一至二年级的学生最好不到学校图书馆去找书，因为没有任何人比教师更了解这些学生该读什么书。有时应该让一个学生读他当时最需要的一本适合于自己的书，而这是谁也没有教师知道得清楚的。

要记住，任何爱好如果不触动思维、内心、灵魂，就不会带来益处。我要强调的是，对书的爱好应成为首要的爱好。这种爱好应终生保持下去。不论你教什么课程——文学或历史，物理或制图，生物或数学，书籍都应成为兴趣的首要发源地。你必须把学生引向这一发源地（只要你想当他们的教师）。

书——是学校，应教会每个学生在书的世界里旅行。因此，我建议从低年级开始藏书，然后逐步教学生利用学校的图书馆。对这件事绝不可放任自流。要跟自己所教的学生一道去学校图书馆，向他们介绍那里的书籍，建议他们可以借哪些书来阅读。要给图书管理员开列阅读推荐书目（当然，书目应包括藏书架上陈列的书籍）。

应引导每个学生去的第二个兴趣发源地，是他所喜爱的功课。只有当学生在求学年代有一笔最贵重的财富——自由活动时间，才能产生对功课的热爱和智力积极性。教师集体应深刻考虑，如何做到下半天在学校里使激起学生深入钻研各门科学的许多兴趣发源地都开动起来。这不仅是指上面谈过的各门功课的科学小组，还包括从事一种积极活动，在这种活动中理论知识成了促进创造和完成智力任务及劳动任务的主要动力。在我们学校，成为这种智力兴趣发源地的是两个"难事室"——一个是物理和技术室，另一个是生物和农艺室。这里的全部工作都建立在课余活动的基础上。由高年级学生主管这两个室，对一年级到十年级所有的学生都开放。这里解决着各种工艺学和生物学课题。例如，要求学生设计出一种设备的活动模型，这种设备的一个工作部件要能用另一个来代替，设备本身还要能用于几项劳动操作。生物学方面提出的任务是：在两年内把一块生荒地改造为沃田，取得收成，创造条件以培养有益的微生物。

学生怎样利用自由活动时间，关系到许多事情。要培养学生具有合理的爱好。

34. 通过爱劳动促进学生智力发展

> 我发现，双手灵巧的学生，热爱劳动的学生，形成着明晰的、好钻研的头脑。这里指的不是任何一项劳动，而首先是指复杂的、创造性的劳动，它里面包含着思考和精巧的技能和技艺。

几十年的学校工作使我确信，劳动在智力发展中起着特别重要的作用。儿童的智慧出在他的手指头上。

这个教育信念是由观察得来的。我发现，双手灵巧的学生，热爱劳动的学生，形成着明晰的、好钻研的头脑。这里指的不是任何一项劳动，而首先是指复杂的、创造性的劳动，它里面包含着思考和精巧的技能和技艺。事实越来越使人相信，手和脑有着直接的联系。儿童和青少年的手已掌握或正在掌握的技艺越高明，他就越聪明，他深入分析事实、现象、因果关系、客观规律的能力也表现得越突出。

我竭力想弄清手脑依赖关系的科学基础，读过一些学术著作，同时还研究了教学和教育过程的不同方面和种种现象。我打算实际利用劳动来培养学习困难儿童和少年的智力，就吸引他们参加要掌握复杂的实际技能和技巧的工作。这种劳动的突出特点在于，各阶段和工序之间存在着依从关系，要求高度注意、精神集中和进行思考。手的动作和思想有不断的联系：思想检验、矫正和改善劳动过程，手则似乎把详细情况报告给思想，劳动发展着人的智力，教人逻辑连贯地思维，深入了解各种事实和现象之间无法直接观察的依从关系。

吸引思维迟缓而紊乱的学生参加复杂的、动脑的劳动，并长期观察他们的劳动活动，帮助我更清楚地看到了思维的形成途径。我明白了，如果一个人在学习上遇到困难，那么，困难的最主要原因，是他不会看出种种关系和相互联系，即不善于超脱"事实"进行思考。能最快地看出种种关系和相互联系的地方，也就是说，这些关系和联系呈现得一目了然的地方，是在劳动活动中。

经验使我确信，为发展学生的智力，应选择下列各种劳动。

（1）设计和安装机器、机械、仪器的活动模型。我们学校里所有学习困难的学生，都到学校实习工厂参加精巧的机器、机械、仪器、设备的模型研制工作。在这里，理解种种关系和相互联系，是思维的源泉和动力。两年内，一个少年模型设计家小组设计出了一台木材加工万能机床。这个小组有 15 个学生，其中 3 名是学习困难学生。这种启发和发展智力的劳动有一个最重要的特点——不断发展构思能力。青少年学生的眼前好像总是有未来机床的构思图样。构思是否正确、合适，通过组员们进行试验来检查：他们不断地试验各部件和零件在不同的设计方案中怎样发生相互作用。在一种条件下情况可能会怎样，在另一种条件下情况又会怎样。弄清这一问题，促使学生好像是瞻前顾后，反复琢磨，进行分析和比较。

理解劳动过程中的相互作用，在发展跟因果关系、从属关系、时间关系有联系的重要思维领域上是极好的手段，依我看是无可取代的唯一手段。思考相互作用的特殊价值在于，思维处于运动中，处于探寻中，人的思维视野面前出现了跟概括性结论有关的一些明显观念。这里发生了从具体到概括的过渡，没有这种过渡就不可能有思维，而学习困难学生所缺乏的正是这种过渡。

（2）选择能量和运动可以传递、转变或转化的方式。这里指的是设计和安装某类模型、机械、设备、仪器或机器装置，例如，电能可以转变为机械能或热能，直线运动可以转变为旋转运动，或者相反。这里，思维好像是一瞬间就从抽象概括转向具体事物，即表象、形象、图景。怎样把概括性的观念化为现实的、具体的行动呢？深入探讨这个问题，就会激发学生思维的力量，促使他们从已知的东西中寻找建设性的解决办法。选择传递和转变的方式，是培养观察力和好钻研的智力（这正是学习困难学生所缺乏的）。这需要仔细察看一个整体中的各项零件、部件、元件，从具体中探寻一般，学习把一般观念从一具体情况转用于另一具体情况。这一切应表现在手的技艺和技能上。我们力求使旨在发展智力的劳动对象，是一种活动的、变化的东西，使构思者和实现构思的能手为同一个人。尽量多做实验和试验，尽量让双手和手指头多做机灵的动作，是在劳动过程中培养智力的原则之一。

（3）选择对材料加工的方式，选择工具、机械和操作方法。我们力求使工具跟手似乎融成一体，成为手的一部分。要培养出机敏的、富于创造性的智力，不可想象不学会用自己的手和思想对劳动对象作精巧的加工。这种加工体现了脑的思维和手的劳动的实际结合。当一个人用双手借助于手工工具或机械工具对某物进行加工时，便出现了一种极复杂的现象：信号在每一瞬间多次从手传到脑，又从脑传到手，脑教导手，手又发展和教导脑。人的构思在这时不仅付诸实现，而且不断地发展、加深和变化。思路在这时是不能中断的。用手工工具和极简单的机械工具对材料进行加工，是"医治"学习困难学生的好药方，因为这些学生不会思考长时间的劳动过程。

（4）创造植物和动物生长过程的正常发展所必要的环境，控制这种环境。学生在农业试验（作物栽培和畜牧业）中应从事这方面的劳动。这是使具体表象转变为概括性结论，以及从结论过渡到实践的好办法。这种劳动在教育方面的特征是，人可以从思想上掌握在不断变化的条件下长时间进行的过程，同时，应有意识地影响并改变这种条件。按我的坚定信念看，农业劳动是一种最有智慧的劳动活动。在我们学校里，加入少年作物栽培学家、育种学家、生物化学家、农业技术学家等小组的，有最"困难的"学生，他们在求知道路上遇到了似乎不可克服的障碍。有智慧的农业劳动教导他们怎样思维。

在一个少年试验家小组里，学习困难的儿童和少年参加创造性劳动已有15年以上，这里解决着两个问题：通过环境条件影响种子的发芽能力和植物发育初期的生命力；通过土壤和外部条件影响结果实率。

为了让手促进智力发展，当然应经常读书，书不仅能形成聪明的头脑，而且能形成机灵的双手。

35. 怎样使学生注意力集中

　　　　掌握注意力，意味着教师对学生的思维施以非常微妙
而细致的影响。

　　我带领 27 个小学生到草地参观，目的是让他们看看各种植物是怎样传播种子的。我们要看的植物在草地很远的边缘。要让所有的学生都围拢来看植物，我就得用很细的丝线拴住男女学生的注意力。这确实就像是一根无形的"缰绳"。在这些植物中间，紧挨着这些植物的地方，还有好几十种多种多样的，令人生趣的事物。只要有一个学生去看其中的某件东西，那么拴住注意力的那条丝线就会拽断，于是，我给他讲的和指给他看的东西，他就不看、不听了，因为他的思想已经开小差了。譬如说，一只彩色蝴蝶翩然起舞，瓦尼亚、柯利亚、尼娜和娜塔洛奇卡这 4 个学生好奇的眼睛就盯住了蝴蝶，于是，4 根丝线就断了。一只小青蛙从脚下跳出来，结果，又有几根线被扯断了……

　　这种情况在课堂上也是常见的。怎样才能把这群坐立不安的、好奇心强的、随时准备去捕捉蝴蝶的学生都吸引在自己的身边呢？当你开始讲述一些枯燥无味的事物时，他们脑子里却在想着那些有趣的、令人神往和动人心弦的东西，怎样才能吸引住他们呢？

　　掌握学生的注意力，是教师工作中最细致且研究得还很不充分的领域之

一。要掌握注意力，就应深刻地了解儿童的心理和他们的年龄特点。多年的学校工作经验使我深信，要能掌握儿童的注意力，只能采取这样一种方法：首先形成、确立并保持住儿童一种内心状态，即能使儿童情绪高涨和智力振奋，而这是与真理驾驭感和智力自豪感相连的。

应当用智育的一整套手段来造成这种状态。仅仅用课堂上的某些专门的方式，如选用恰当的直观手段，是不可能造成上面所说的情绪高涨状态的。这种状态的形成，为许多因素所决定：如学生的思维修养和情感、见识的广度等。

掌握注意力，意味着教师对学生的思维施以非常微妙而细致的影响。例如，我知道学生要学一年生物学，学习其中许多初看起来没有意思的知识，如蠕虫的机体结构和活动。在教这些教材内容时，如果学生的意识中没有所谓能"挂上钩"的思想，那教师就无论如何也掌握不住他们的注意力。在这里，学生的注意力是受他们所懂得的一些常识制约的。教师如参照这些常识来讲解教材，学生就会把完全枯燥无味的教材看成有趣的教材了。例如学蠕虫这些内容时，学生应知道的常识有：益虫（如蚯蚓）对土壤的构成和植物的生长起着有益的作用，自然界的现象之间存在着普遍平衡状态，一种现象与其他现象之间有着隐蔽的依赖关系。

为使学生具有必要的情绪状态，以便细心理解虫类教材内容，我总是把一些关于自然界和土壤的有趣书籍推荐给他们看。我在讲解那些初看起来枯燥的内容时，我的话针对学生的思想。我仿佛触动了他们的思想，因而讲述的东西在他们心中引起了兴趣。这种兴趣首先是由内部的刺激和动机引起的，即学生在阅读过程中形成的思想似乎活跃起来，得到更新并与我的思想趋于一致。也就是说，他们不是单纯地听讲，接受他们所不知道的新教材，而是在自己意识深处搜索事实和现象，并思索它们。

无意注意应与有意注意相结合。只有当学生边听讲边思考时，才会出现这种结合。而能够实现这种结合的唯一条件是，学生心中有"引起思维的导火线"，也就是说，关于所讲的东西学生已略有所知。学生在理解教材的过程中思想活动越积极，学习就越容易。通过阅读培养出来的注意力，是减轻脑力劳动最主要的条件之一。只要能在课堂上把学生的无意注意和有意注意结合起来，他们就不会感到疲劳和倦意。

如果教师不想方设法使学生产生情绪高昂和智力振奋的内心状态，就急于传授知识，那么，这种知识只能使人产生冷漠的态度，而不动感情的脑力劳动就会带来疲倦。哪怕是最认真的学生，哪怕他有意要集中精力来领会和记住教材内容，他也会很快就"越出常规"，丧失理解因果关系的能力。而且他越是努力，就越难控制自己的思想。那些除课本之外什么书也不看的学生，对课堂上所学的知识总是掌握得很肤浅，并把一切都推到家庭作业上去。他们的家庭作业负担过重，没时间阅读科学作品和杂志，结果就形成"恶性循环"。

大家都知道，直观教具能提高所学科目的兴趣和学生的注意力。但是，这种直观教学原则具有更加广泛的意义，如果把直观教具仅仅看作引起学生注意的手段，那就不仅对教学，而且特别是对智育，都是很有害的。

36. 直观是认识的途径，是照亮认识途径的光辉

学习困难学生往往不会举例子说明费大劲才记住的规则，这是形象思维和概念思维脱节的一种后果，是教师操之过急造成的后果。

培养注意力的唯一手段，是对思维施加影响，直观只有在促进思维过程时，才有助于发展和加深注意力。物体的直观形象本身，能长时间地吸引住学生的注意力。然而，直观的目的，绝不是要使学生的注意力在整节课中都固定在直观教具上。课堂上使用直观教具，为的是使学生在认知的某个阶段能脱离形象，进而领会概念和理解规律性。实践中常常发生一些相当意外的情况，即直观教具的某个细节吸引住了学生的注意力，这时它不仅不能帮助学生思考教师想要他们理解的抽象真理，反而起妨碍作用。例如，有一次，我给学生带来了水轮机活动模型。推动着轮子转动的水，飞溅起水花而形成水雾，在阳光的照耀下映射出一道彩虹。我没发现彩虹，学生却看见了。于是，他们的全部注意力没有集中到我想引导他们领会的概括性结论上，而集中到当时完全是偶然出现的这个有趣的自然现象上，使这节课的效果不好。

采用直观教具，要求教师对教学工作准备得十分充分，要求了解儿童和青少年的心理状态，了解知识的掌握过程。

第一，应记住，直观性是低年级学生脑力劳动的一个普遍原则。康·

德·乌申斯基说过，儿童是用"形式、声音、色彩和感觉"来思维的。[4]这一年龄规律，要求在自然环境中发展小学生的思维，使他们同时能看得见、听得见、感受得到，并能进行思考。直观性是一种发展注意力和思维的力量，能使认识带有情绪色彩。由于同时能看得见、听得见、感受得到并进行思考，儿童的意识中就形成了心理学所说的情感记忆；记忆中形成的每个表象和概念不仅同思想有联系，而且同情感和感受也有联系。如果不形成发达的、丰富的情感记忆，就谈不上童年时代有充分的智力发展。我建议，低年级教师要在思维发源的地方，在自然界和劳动中，教儿童进行思考。要让进入儿童意识中的词汇具有鲜明的感情色彩。直观性原则不仅应贯穿整个课堂活动，而且应贯穿在教学工作的其他方面和学生的全部认识过程。

第二，采用直观教学法时要思考的问题是：如何由具体事物过渡到抽象思维，在上课的哪个阶段直观教具已不再必要，学生不应再对其加以注意。这在智育上是十分重要的原则。因为直观手段仅在使思想活跃起来的一定阶段才是需要的。

第三，应逐渐由直观的实物过渡到造型，然后再由造型过渡到物体和现象的象征性图形。在一二年级时，要逐渐让儿童脱离直观的实物，但这决不意味着可以完全不要直观。有经验的教师在一年级到十年级各年级的教学过程中，都使用直观原则，而且把这一原则体现在一年比一年更复杂的工作方法和方式中。即使在十年级，有经验的语文教师也还把学生带到林间、河畔或春花怒放的庭园里，可以说是在这里推敲用字和遣词的感情色彩，加深和发展青年人的情感记忆。

由实物向造型过渡，是一个较长的过程。这一过渡并不等于教师上课时带一张小猫的图画，就可以代替活猫。即使造型确切地表达了实物的形式、颜色和其他特征，也总归是一种概括。教师的任务，是要在采用造型手段方面逐渐过渡到愈来愈复杂的概括。教儿童理解象征性图形，如素描和简图，是特别重要的，因为这类图画对发展抽象思维起很大的作用。说到这里，我很想就使用黑板的方法谈几点希望。

教室里设有黑板，不仅是为了在上面写字，也是为了让教师在叙述、说明和讲课的过程中可以画些草图，如素描、简图和图样等。我在教历史、植物、动物、物理、地理和数学时，几乎在所有的课上（约80%的历史课，90%的植物课、动物课和地理课，100%的物理课和数学课）都使用黑板和彩色粉笔。我认为，不这样做就无法表明抽象思维的发展过程。我把这种造型方面的直观，不仅看作是使观念和概念具体化的手段，还看作是脱离表象世界而进入抽象思维世界的手段。

造型的直观，同时也是智力自我教育的手段。我的学生在二三年级，都把算术练习本分成两边：左边解题，右边做习题的直观图形、简图。学生在着手解题之前，先画出图解。让学生学会图解，意味着使他们学会由具体思维过渡到抽象思维。起初，儿童画实物，如苹果、篮子、树和鸟，然后画简略图形，用方块和圆圈等表示这些实物。我特别关心学习差的学生怎样做习题图解。如果不采取这种教学方式，他们未必能学会解题和思考习题的条件。而假如学生学会了图解习题，我可以有把握地说，他一定会解出习题。有的学生几个月都学不会把习题的条件用图形画出来，就是说，他们不仅不会抽象地思维，而且也不会用"形式、声音、色彩和感觉"来思维。应当先教他们形象思维，然后再逐渐转向抽象思维。

如果你教的低年级里有些学生数学学习差，不妨试试教他们学习图解习题。应引导儿童由鲜明的形象过渡到象征性图形，再由图形过渡到理解某关系和从属性。

第四，由造型的直观逐渐过渡到词的形象。用词表示形象，是由用"形式、声音、色彩和感觉"进行思维过渡到概念思维的一个步骤。有经验的低年级教师，不仅能用词塑造出不可能指给学生看的东西形象（如北极地带的大群冰块、火山爆发等），而且能塑造出在自然界和在我们周围的人类劳动中可见到的东西形象。这些用词表示的形象，对形成情感记忆和丰富心理学所说的内在言语，具有极其重要的意义。

　　这里还要再谈谈对学习困难学生做工作的问题。经验表明，这些学生的智力发展，很大程度上取决于由形象思维向概念思维过渡，需要多长时间和经历怎样的步骤。有些学习困难学生老是不行，老师也不知道对他们怎么办，如何激发他们的思维。这主要是因为他们还没经过长时间的"形象思维"训练，教师就催促他们快些过渡到抽象思维，学生对此完全没有准备。要知道，学习困难学生往往不会举例子说明费大劲才记住的规则，这是形象思维和概念思维脱节的一种后果，是教师操之过急造成的后果。

　　第五，直观手段应使学生把注意力集中于最主要、最本质的东西上。

　　我再说一遍：运用直观性原则要有很高的艺术，要了解学生的心灵和思想。

37. 向初到学校工作的教师提一些建议

　　　　　应记住，要进行教育，首先要关切地、深思熟虑地、谨慎小心地触及青年人的心灵。为掌握这一门艺术，应多读书和多思考。你们读过的每一本书，都应该作为一件精巧的新工具，设法收入你们的教育工厂里。

　　我记得，我在学校工作的头 10 年过得很慢。后来，时间飞驰得快了，而现在我觉得，一学年才刚刚开始，就好像快结束了。我谈这一点个人体验，是为给新教师提醒一个很重要的道理：不管青年时期的工作多么紧张不懈，总能找出时间来逐渐地、一步一步地积累我们的精神财富——教育智慧。要记住，你的 20 年教龄不知不觉就会到来，你会迈进一生的第五个 10 年，感到时间不够用的时期就会到来，那时候，你就会忧伤地说："唉，我要是知道该这样做，在青年时期就开始这样做，那么，年老时工作就会轻松些了。要知道，我还得再干 20 年工作哩！"

　　为了在进入老年时不致后悔，青年时期应着手做些什么呢？

　　要做的事情很多，首先应一点一滴地积累教育者的智力财富和教育智慧。你面前展现着漫长的人生道路，在这条道路上，你会遇到种种极其令人感到意外的人生命运。年轻学生的头脑好钻研，他们会把目光转向你，向你寻求一些问题的答案，如：应当如何生活？什么是幸福？哪儿有真理？为了回答这些问题，就应了解人们追求真理、渴望人类理想胜利实现的辩证发展过程，应领会并用心感受人类为争取美好的未来而斗争的最终目标——共产主义思想及其具体的实现。

要成为真正的教育者，就应毕生都学习科学共产主义理论，用马列主义世界观教育自己。要记住这一点：为使自己学会用共产主义者的眼光看待世界和看待人，是需要下许多年功夫的。你个人的藏书中，应当有马克思、恩格斯和列宁论述社会、革命和教育的重要著作。形成自己的共产主义世界观，并不意味着会背诵马列主义经典作品中的词句。我再说一遍，这首先是要学习用共产主义的观点来看待世界和人。

青年朋友们！我想向你们谈谈我过去和现在是如何从马克思、恩格斯和列宁的著作中寻找实际工作中遇到的最复杂的问题答案的。我面前展现着学生的生活命运，他们每人都是一个独一无二的人生世界。我认为自己最重要的教育任务，是把共产主义理想在这个世界里体现出来，独特地、具有深刻个性地反映出来。每当我看到不可重复的人生命运中出现细微的转变时，我都感到有必要反复思考马克思、恩格斯和列宁奋斗终生所追求的共产主义的人的标准和理想形象是什么。形象地说，如果不反复向马列主义奠基人关于人的英明论断的思想海洋去求教，我就不能深刻地思考具体的人生命运。因为他们的著作里，有共产主义人学①的百科全书。他们的英明思想，能帮助我们理解共产主义理想发展的逻辑，如理解关于个性全面发展的观念。马克思、恩格斯和列宁的著作，曾帮助我分辨清楚，培养人的兴趣和志向所依赖的错综复杂的条件。无论你到图书馆多么容易借到任何所需要的书籍，我还是劝你建立起自己的藏书。我有一套个人的藏书——这些书是我的英明老师，我每天都向它们请教：真理在哪里？怎样认识真理？怎样才能把人类创造的、积累的和获得的道德财富，从长辈一代的心灵和智慧中传授到年轻一代人的

---

① 指从心理学和社会学方面研究人的学问。——译者

心灵和智慧中去？这些书是我的生活的老师，我每天都带着这样一些问题去求教它们：怎样生活？怎样成为学生的楷模？如何使理想的光辉照耀到学生的心灵中去？

青年朋友们！我建议你们每月都要购买三种书籍：（1）关于你所教的基础知识的科学书籍；（2）关于作为青年楷模的人的生平和斗争的书籍；（3）关于人，特别是儿童和男女青少年的心灵的书籍（心理学的书籍）。

希望你们的个人藏书有这三类书籍。你的科学知识每年都应加以充实。你在教学工作满 10 年时，应觉得教科书像识字课本一样简单。只有这样你才能说，你一辈子都在为教好书而备课。只有经常不断地充实自己的科学知识，你才能在讲述教材的过程中看到学生的脑力劳动，这时，你的注意力不是集中在考虑授课的内容，而是在考虑学生的思维。这是教师的教育技艺的高峰，你应当向这个目标努力。

你要像寻找宝石那样寻找关于杰出人物的生平和斗争的书籍，这种人物诸如：菲里克斯·捷尔任斯基和谢尔盖·拉佐，依万·巴布什金和雅可夫·斯维尔德洛夫，尤里斯·伏契克和尼科斯·别洛扬尼斯等。在你的藏书中，要把这些书籍放到最显要的位置上。要记住，你不仅是教课的老师，而且是学生的教育者、生活的导师和道德的引路人。

你要用心理学书籍充实自己的藏书。教育者应是受教育者的知心人。每当我听到或看到对人采取个别对待的说法时，我脑子里总是联想起另一个概念——思考。要进行教育，首先得有活生生的、富于钻研精神的、好探求的思想。没有思想，就不能想象会有所发现——即令是微小的、初看不易觉察的发现也罢。而没有发现，就没有教育工作的创造性。要记住，心理现象的规律尽管很多，但每条规律都表现在成千上万的生活命运中。我坚信，刚从师范学院毕业的教师，只有整个教育生涯都不断地研究心理学和不断加深自己的心理学知识，才会成为教育工作的真正能手。

你在整个教育生涯中都应成为教育者，而要进行教育，离开美和艺术是不可思议的。如果你会演奏某种乐器，又稍有音乐天赋，那你作为教育者就有许多优越条件，在教育方面也是权威，因为音乐能沟通人们的心灵，能打开学生内心最隐秘的角落。如果你不会任何乐器，你手上和心里就应当有另一种影响人类心灵的强大手段——文学作品。要具备和丰富自己的文学作品的藏书。要根据你教的儿童的年龄，每年买上数十本文艺书，它们能帮助你找到通向学生心灵的道路。不要忘记，学生读过的文艺作品，是用他们求知的智慧和敏感的心灵来感知的，这往往能起到教师力不能及的作用，好比只要给道德的天平上加个砝码，就能使它向着你所需要的方向倾斜。在充实自己的藏书时，应记住的最主要的事情是：在你要给学生看的书里，应当有关于如何生活的教导。这种书中的英雄形象，应能使学生倾倒和受到鼓舞，使他们心中确信：人是伟大的和强有力的，共产主义思想是真理和正义的最高理想。我在书店中为自己的教育藏书选购著作时，总是努力考虑哪本书给我的哪个学生看最为合适。

应记住，要进行教育，首先要关切地、深思熟虑地、谨慎小心地触及青年人的心灵。为掌握这一门艺术，应多读书和多思考。你们读过的每一本书，都应该作为一件精巧的新工具，设法收入你们的教育工厂里。

教育者必须有非常细致的美感。你应当热爱美，创造并保护自然界和学生心灵中的美。要知道，如果你喜欢种植树木，高兴到蜂房一带听听你亲手培育的鲜花盛开的树上蜜蜂嗡嗡的鸣叫声，你就会找到通往人的心灵的捷径——在创造美的劳动中跟人的精神交往。

你在学校工作的每一年里，都应使你的教育劳动的工艺实验室不断充实起来。教师必须为全班和个别学生做个人练习准备好大量习题和例子。这些材料应年年收集，按照教学大纲的各课题和各部分配齐成套。我认识一些有经验的数学教师，他们在15年工作期间积累出独一无二的成套代数和几何习题。这种汇编用于对学生进行个别指导，是非常便当的。

38. 向准备担任一年级工作的教师提一些建议

> 我深信，至少必须用一年时间研究每一个儿童的思维，
> 只有这样，才能为教一年级的课做好准备。

你在小学里工作，现在教三年级。不久，你就要教一年级学生了。他们都是五岁半到六岁的孩子，受到家庭和幼儿园的培育。还有一部分儿童上学之前仅受到父母的教育。正是在上学前一两年这个时期，孩子受到的教育如何，同以后有很大的关系。你应很好地了解自己未来的每个学生。

了解儿童的含义是什么呢？

首先是要了解他的健康状况。我在开始教儿童的一年半以前，就有了未来学生的名单。我很了解孩子们的父母，我推测有哪些疾病可能遗传给儿童。当然，这种推测要由医生来检验，这样我就掌握了我未来学生的身体重要器官，如神经系统、呼吸器官、心脏、消化器官、视力和听力等状况的材料。

不了解学生的健康状况，就不能正确地进行教育。从事学校工作30年的经验使我确信，依据健康状况对每个学生不仅需要采取个别对待的态度，而且需要采取一整套爱护和增强体质的保护性措施。经验令我深信，教育应促进人的疾病痊愈，使他摆脱往往在童年时期产生的疾病。对心血管系统活动不正常的儿童，要采取特殊的教育方法和专门的医疗教育学措施。

我认为，必须懂得，家庭中的相互关系处得好，有助于儿童疾病的预防，

如果儿童由于某种原因已得了病，也有助于治愈。儿童的神经系统和心脏的健康状况，尤其取决于家庭的情况。那些在叫喊、责难、凶狠、不信任和侮辱的气氛中成长起来的儿童，是很难进行教育的。这种儿童的神经系统常常处于不安状态，很容易疲劳。对患有神经官能症的儿童，要特别多加关怀和经常照顾。应当用医疗教育学的专门方法教育和培养他们，预防有害的刺激，防止从一种情绪状态急剧地转向另一种情绪状态。

我建议准备教一年级学生的教师，在儿童入学前的一年半时间里（如可能，两年更好）就召集家长到校（请父母亲务必都出席），和他们谈谈家庭中的相互关系问题，因为这种关系有助于形成孩子健全的神经系统，从而形成良好的道德心理品质。

家庭的智力气氛，对于儿童的发育成长具有非常重要的意义。儿童的一般发展和记忆，在很大程度上取决于：家里的人们有什么智力兴趣？读些什么书籍？成年人考虑些什么问题？在儿童的思想里留下些什么影响？你要告诉学生的家长：“孩子的智力取决于你们的智力兴趣，取决于书籍在家庭的精神生活中占有什么地位。”

我深信，至少必须用一年时间研究每一个儿童的思维，只有这样，才能为教一年级的课做好准备。

39. 怎样研究学前儿童的思维

在儿童入学前的一年内，要带领他们到大自然——思想的源头去旅行二三十次。把儿童带到这种环境中去，那里既可以看到鲜明的形象，又可以看出各种现象之间的因果联系，让他们在美景前赞叹，感到惊奇，同时，也进行思考和分析。

人类的思维有两种基本类型：一种是逻辑分析思维（即数学思维），一种是艺术思维（即形象思维）。伟大的生理学家伊·彼·巴甫洛夫的这种分类，[5] 对解决儿童的智力教育问题以及个人爱好和能力的形成问题，具有极其重要的意义。请你在9月的一个晴朗的日子里，把要上一年级的学生集合起来，和他们一同到秋天的树林中去，你就会立即发现，这两种思维类型在儿童身上表现得很明显。树林，特别是初秋的树林，总是吸引儿童的注意，他们在这里不能无动于衷：他们情绪激动，表示赞赏和发出惊叹，这就是对周围世界产生了逻辑认识和感性认识，即靠理智来认识和靠心灵来认识。高高的蓝天，装扮得绚烂多彩的树木，披上了明朗的初秋色泽的林边和林丛——这一切都吸引着儿童的注意力。不过，他们对待周围世界的看法却是各不相同的。只要细心观察，你就会看到两种认识类型——这是两种思维类型的表现。一部分儿童为十分和谐的大自然美景所陶醉。他们惊叹和赞赏美景时，是把各种物体当作一个整体来认识的。他们既看见了日出，也看见了树木披上秋装形成美不胜收的色彩，又看见了神奇莫测的密林。然而，儿童把这一切都看成像多种乐器奏出的复杂音响中的和声一样，他们没有听到个别的声音，没有从周围世界中区分出个别的细节。而当某个物体或某种现象吸引着他们的注意力时，他们以为这个物体或这种现象就包罗了一切。例如，儿童注意了一簇满布着琥珀色果实和银白色露珠的野蔷薇，那么，他们除了这簇花以外，再也看不见其他什么了，他以为自然界的这一创造物就是整个美妙的世界。

这就是对周围世界的艺术认识或形象认识的最突出特征。具有这种认识的儿童，兴致勃勃、津津有味地讲述着自己所见到的情景。他们的叙述，形象鲜明。他们是用画面、形象来思维的，用色彩、声音和动作来思维的。他们对周围自然界的音乐很敏感，而且一般说来，对自然界的美很敏感。他们的知觉里，似乎感情因素占优势，以心灵和理智相比，他们好像更多地用心灵来认识事物。要记住，这对于他们在学习过程中的脑力劳动会有深刻的影响。艺术思维表现得明显的儿童，有兴趣学习文学，喜欢读书，热衷于诗歌创作。他们学习数学时，常常会碰到很大的困难，这门课一般都学得不好。

对另外一些儿童来说，则似乎不存在什么和谐的美。你可以想象一下，一个和暖的秋日里，松林边夕阳西下的景色：深红的晚霞，坚固得宛如铜铸的老树干，以及各种色彩在静静的湖面上变幻无穷的闪光等。但在学龄前儿童的集体里，总能找到所谓不理解这种美的儿童。他会问道：为什么太阳落山时变成了红色的？它夜里躲到哪儿去了？为什么秋天有些树叶变成红色，有些变成橘色，有些变成黄色？为什么橡树叶子在霜冻前很久都是绿色？他们的视线首先看到的，不是世界的形象方面，而是它的逻辑方面，即因果关系方面。这就是逻辑分析思维，或叫数学思维。具有这种思维的儿童，容易发现事物的因果关系和依赖关系，了解一连串事物和现象之间的联系。他们容易进行抽象思维，喜欢研究数学和其他精密科学。他们对抽象概念的逻辑分析，如同具有艺术思维的儿童对鲜明的形象那样感兴趣。

这两种类型的思维是客观存在的，教师应当了解，在每个儿童身上哪一种类型占优势。因为，这对于从教育上正确地指导学生的脑力劳动极为重要。教他们学会思考、发展思维，意味着，一方面要发展每个儿童的形象思维和逻辑分析思维，不可有片面性；同时又要善于把每个学生的智力发展引导到最符合其天资的轨道。

儿童的思维也有速度上的区别，可以说是思考的快慢不同。

有些儿童的思维很灵活。他刚在想蜜蜂怎样从花上采蜜，教师介绍了花朵的复杂结构，于是他的思想就很容易地转移到另外的目标上去了。再拿解算术题时的思维情况来说，有的学生在思想上能把握住习题条件中所讲的一切——筐子、苹果和园地里的树木。而另一些儿童的思维则完全不同，我想称之为稳定集中性思维。他的思想如果集中在一件事物上，就很难转移到其他事物上去。他思考问题时，常常会顾此失彼：想着每千克苹果的价格时，就忘记每筐苹果有多少千克和总共有多少筐。教师往往把这种思维特点看作是智力发展的反常现象，是不对的。智力活动迟缓，不论是具有形象思维的儿童，还是逻辑分析思维表现得明显的儿童，都是常有的事。教师往往不加分析，对儿童的智力发展做出完全错误的草率结论。对思维过程明显迟缓的学生所发生的误解，尤其令人痛心。他们常常是一些聪明伶俐的儿童，但其思维的缓慢却引起教师不满，于是，儿童焦急不安，思想似乎麻木了，而且完全不再能想什么了。

在开始上课前，对这些现象就应看清楚和了解清楚。没开始教课时，研究儿童思维的特点，是最容易的。我向将要担任一年级的教师建议：在儿童入学前的一年内，要带领他们到大自然——思想的源头去旅行二三十次。把儿童带到这种环境中去，那里既可以看到鲜明的形象，又可以看出各种现象之间的因果联系，让他们在美景前赞叹，感到惊奇，同时，也进行思考和分析。

40. 怎样发展儿童的思维和智力

从一年级开始，思维课就应成为智育的一部分。

怎样发展学生的智慧，提高他们的智力，据我看来，这是一般学校教育中最尖锐却研究得不够的问题之一。传授知识，只是智育的一个方面，探讨这个方面时，不能离开另一个方面，即培养和发展智力。发展思维和智力，就是发展思维的形象和逻辑分析的成分，影响思维过程的活跃程度和消除思维迟缓现象。

多年的经验表明，必须开设专门的思维课。在上学前，就应常常上这种课。从一年级开始，思维课就应成为智育的一部分。思维课的内容既要包括接触周围世界的形象、画面、现象、物体，并由此得到生动直接的认识，要有逻辑分析、知识探求、思维练习和寻找因果关系的练习。

你如果想教"头脑迟钝"的学生学会思考，就要把他们带到思维的源头去，让他们观察一系列现象，从而了解其因果关系。思维过程迟缓的儿童有所思地认识这一系列现象，努力记住一些事实、事物和种种关系，这就是在经受着任何东西都不能替代的思维锻炼。要使儿童在观察种种现象时能接连不断地有所发现，仿佛在他面前燃起了思考的火花，从而促使思维过程活跃起来。思想的火花一经点燃，儿童就想知道更多的东西，想深入了解新的现象。这种想法和愿望，就是加速思维过程活跃程度的动力。

41. 怎样培养记忆力

不论在课堂上或家里，儿童还没有达到能熟背和记住

不忘的年龄时，应特别关心培养他的记忆力。

培养记忆力是学校工作实践中的尖锐问题之一。大概我们每个人对记忆力"不好"的儿童都有过失望的感觉：他今天记住了，明天又忘记了。我打算提出的关于培养记忆力的意见和建议，都是以实际材料和经验为依据的。

靠自己的努力、靠顽强的意志力获得的知识越多，逻辑认知对学生的情感触动得越深入，记得就越牢固，新知识在头脑中就越有条理。

儿童在开始记忆之前，应进行上面所说的思维锻炼。对记忆提出的任务越复杂，越困难，对思维、思考和智力的培养就应当越精心、越细致。一个儿童如果只看见事物和现象的表面，即所有的人都看得很明显的方面，在考察事物的内部实质时没有任何"发现"，没有体验过各种现象发生意外的相互联系时的惊奇感，那么这种儿童就很难记得住什么东西。

我坚信，不论在课堂上或家里，儿童还没有达到能熟背和记住不忘的年龄时，应特别关心培养他的记忆力。上学前和小学学习时期，是为牢固的记忆力打基础的黄金时代。应设法使儿童在直接观察的过程中，能掌握有关周围世界的现象和规律的重要原理，而无须专门去熟背和记住。

恐怕我们每个人都在这种奇怪的现象面前感到莫名其妙：儿童在低年级

学习优良，小学毕业后却开始学习不好。这是怎么回事？为什么会发生这样的现象？原因之一，就是在小学没专门进行发展思维、培养智力和给记忆力打基础的工作。在小学里，应奠定记忆力的牢固基础，这种基础就是儿童在教师的指导下直接认识周围世界时所获得和掌握的知识。

42. 爱惜并发展青少年的记忆力

分批背熟课本上的材料，为的是后来再分批把自己的
知识说给老师听，好得个分数。过多的有意记忆简直可以
使人变成傻瓜。

死记硬背总是有害的，在青少年时期，尤其不可这样做。在这种年龄死
记硬背会产生幼稚病——使成年人停留在幼稚时期，使他们智力迟钝，阻碍
能力和爱好的形成。死记硬背的产物和不良后果之一，就是书呆子气。这实
质上是把儿童教育的方式和方法搬用到青少年身上，会引起智力幼稚而又试
图掌握严肃的科学资料。这会使知识脱离生活实践，使精神活动和社会活动
的范围很狭隘。

造成这种大灾难的主要原因之一，是少年和青年用儿童的方法去获得知
识：分批背熟课本上的材料，为的是后来再分批把自己的知识说给老师听，
好得个分数。过多的有意记忆简直可以使人变成傻瓜。

把书呆子气驱逐出学校，是非常重要的教育任务之一。然而，如果中、
高年级的大部分教材却正是要求有意记忆，让学生坐下来背熟，不然就不知
道，这里不能要什么花招。那么，又如何能做到驱逐书呆子气呢？

要做到这一点，唯一的办法是：建立有意记忆和无意记忆的合理比例关
系。如果八年级学生应记住的教材数量用 x 表示，那么，在这个时期内学生

应理解和思考的教材就应多几倍，为 3x。同时，要记住的教材内容和只要求理解而不是非记住不可的教材内容之间，应有一定的联系——不一定是直接的联系，但最好是与问题相关的联系。例如，解剖学和生理学中研究人的神经系统，这部分教材里有许多完全新的知识，几乎都应当记住。为使学习不致变成死记硬背，可建议学生看些关于人体的有趣书籍，以了解人体的各种器官、神经系统以及著名科学家在这些方面的研究成果。学生从并不要求记住的阅读中会记住许多东西，但这完全是另一种记忆，是无意记忆，同学生有意地去记住教材内容是有质的区别的。这种识记建立在兴趣、思考和读书入了迷的基础上，认识的情感因素在这里起着很大的作用。看有趣的书籍引起的无意记忆，有助于活跃人的思想。人的思想越活跃，有意记忆就越发展，就越能保持和再现大量材料。如果理解的教材内容比应按课本背熟的材料多好几倍，那么，按课本记（背）教材内容，就不会是死记硬背，而成为有理解的阅读和有思维的分析过程。多年的经验使我确信，如果有意记忆以无意记忆为基础，即以阅读和思考为基础。那么，少年学生在学习课本的过程中就会产生许多问题。他知道得越多，他不懂的地方就越多；不懂的地方越多，他按照教科书学正课就越容易。

建立无意记忆和有意记忆的合理比例关系，这首先取决于教师。你作为教科学基础知识的老师，不应单纯是知识的传授者，而应成为青年思想的主宰者。你对新教材的叙述和讲解，应含有星星之火，它能点燃学生勤奋好学和渴求知识的火药。听了你的课后，学生应有强烈的愿望阅读你顺便提到过的书籍。他应念念不忘这种书，一定要找到它。

由此可见，青少年记忆力的发展，取决于中、高年级教学过程所培养的智力水平。

43. 培养儿童热爱绘画

没有绘画，我不能想象怎样上地理、历史、文学和自然课。

小学里怎样安排图画课，以及教师在教学过程中给予它什么地位——这个问题对学生智力的发展具有直接关系。我教小学儿童时，把绘画看作是发展创造性思维和想象力的手段之一。我深信，儿童画是通向逻辑认识道路上的必要阶梯，更不用说绘画有助于发展对世界的审美观点。

起初，我教孩子们写生，画树木、花朵、河流、动物、昆虫、鸟类等。不管儿童的图画结构多么简单，图中总是反映了认识、思维和审美力的个人特征。有一次，我们画长着三叶草的田野，有些儿童力求把正在开花的整个庄稼地、云彩、蓝天和唱歌的云雀都画出来。我看到，另一些儿童则仅画一棵盛开鲜花的三叶草，和落在花瓣上的一只蜜蜂。还有个小姑娘用一整张纸画了张着小翅膀的蜜蜂、三叶草的小花瓣和太阳……

我们多次举行野游，让学生接触大自然这个思维的源头，纯粹是为了使他们对周围世界的认识充满着鲜明的美感。我们画池塘边的朝霞和晚霞、草地牧场上夜间的篝火、飞向温暖地方的鸟群、春汛的情景等。我得出了一个令人高兴的结论：描绘令人激动、赞赏和惊奇的东西，就是对周围世界进行一种审美活动。儿童画出体现美的东西时，对美的感受就似乎要他们用语言加以表达，激发他们的形象思维。

我逐步地教儿童掌握了绘画的基本技能，使他们学会了表达明暗和远近的画法。早在一年级的儿童绘画中，创作就占有重要的位置。他们用图画编故事，画童话。图画成了发挥创作想象力的源泉。我相信，绘画过程中发展的想象力同儿童的语言是有直接联系的。可以毫不夸大地说，图画"打开了话匣子"，使沉默寡言、非常腼腆的学生说起话来了。

在二、三、四年级里，学生开始把图画包括到创造性的书面作业中，即根据对大自然现象和劳动的观察材料写成的作文中。我发现，当学生找不到确切有力的词汇来表达自己的思想时，就会采用画图的办法。有个男孩力图表达他在刺猬的"仓库"里看到的种种宝藏时的惊奇情绪，直接画出了这些宝藏：苹果、土豆、青绿的甜菜叶和各种颜色的落叶。

我力求使绘画在儿童的精神生活中占有一定的位置。在我们坐车沿第聂伯河向基辅行驶的途中，男女学生们对沿岸的草地、山冈、树林和远方草原上的丘陵所构成的美景极为赞赏，力求用线条和色彩把这美景充分描绘出来。

没有绘画，我不能想象怎样上地理、历史、文学和自然课。例如，我讲述遥远的澳洲的动植物时，我们总不可能把一切都画成现成的图画带来上课。因此，我很快地在黑板上画出许多植物和动物来。这样做，不仅没有打断儿童的思路，而且激发了他们的想象力。上历史课时，我一边讲，一边用粉笔在黑板上画出从前人们的服装、劳动工具和武器等。经验告诉我，在历史课上，尤其是在四五年级的历史课上，在讲解过程中随时在黑板上画些表明主题的情节画，起着很大的作用。例如，在讲到斯巴达克起义时，我就在黑板上画出设在山顶上的起义者的军营。这种在讲解过程中随手画出来的图画，比起现成的、甚至彩色的图画，有更大的优点。在低年级的数学课上，有时候还有必要把应用题画出来——这一点，我已在前面讲过。

44. 怎样训练儿童流利地书写

儿童如果不会流利地、快速地和有理解地阅读，不会流利地、快速地和半自动化地书写，他就像个半盲人一样。

读和写是学生最必要的两种学习方法，是通向周围世界的两扇窗口。儿童如果不会流利地、快速地和有理解地阅读，不会流利地、快速地和半自动化地书写，他就像个半盲人一样。我认为一个很重要的任务，是要在三年级（在四年级则更肯定无疑）就使学生学会笔不离纸地写出较长的单词，能不看练习簿就写出单词（甚至短句）来。半自动地书写过程，是学会读写以及自觉地掌握知识的极其重要条件。学生不应再去思考怎样写某个字母和如何把它同其他字母联接起来的问题。只有会书写时，他才能考虑语法规则的运用和他所写的东西的意义。流利地书写还会逐渐培养语法规则方面的自动化：儿童已不再考虑某个单词怎样写，因为他已经多次地写这个词了。

快速书写字母和单词，逐渐做到半自动地掌握正字法，书写时考虑含义——这一切都应当同时进行。要练会流利地书写，首先要使手的小肌肉受到一定量的练习。多年的经验证实，这种练习应在书写前进行。我指的是用双手——右手和左手从事细致的劳动动作。上学前一年就应当让儿童进行以下几种劳动：用小刀（雕刻刀）和剪子剪硬纸板和软纸、木刻、编织、用木块构制小模型等。细致的劳动动作能使手指的动作具有必要的配合性和节奏，使手指灵活并对小型图画有敏感性（字母实质上也是小型图画）。

应尽力使小学生的劳动动作成为审美的创造活动。在儿童制作的物品中，要多让他们重复圆形、椭圆形和波浪形的线条，让他从幼年起就习惯于细致而平稳地使劲，这要求高度的"工具灵敏性"。

经验证实，如果儿童做过足够数量的精细的劳动动作，对流利地书写就有了相当多的准备。当然，系统的书面练习也是不可缺少的。

45. 教儿童用左右手工作

　　　　手脑之间有着千丝万缕的联系：手使脑得到发展，使
　　之更明智，脑使手得到发展，使手成为从事创造活动的聪
　　明工具，成为思想的工具和镜子。

　　人类的历史发展过程造成这样的结果：与思维相连、靠手指头传达思维的最灵巧的劳动操作，都是用右手完成的。左手在进行创造性劳动过程中只起辅助作用。我们用右手拿工具，用右手持钢笔和铅笔，画家用右手创作出不朽的绘画作品。

　　人只使用右手，是足以攀登上他所能达到的精神文化的顶峰的。然而，如果所有的人都会用右手做细活，有些人还会用左手做，那么，这些人的劳动技巧的提高和智力的发展就会快得多。这里所谈的不仅是劳动教育的又一个前提。手脑之间有着千丝万缕的联系：手使脑得到发展，使之更明智，脑使手得到发展，使手成为从事创造活动的聪明工具，成为思想的工具和镜子。我多年的经验证实，如果最细致最灵巧的劳动不仅右手会做，而且左手也会做，那么，这种手脑之间的联系就会增多，表现事物、过程和状态的相互作用和相互关系的聪明经验，会由手传导到脑。这一结论是通过经验取得的，它反映了一条实际存在的规律：借助双手的创造性劳动活动而理解和领会的相互作用，会给思维的活动带来一种新的质：人能够从思想上纵观一系列有

相互联系的现象，把它们看成为统一的整体。

　　我在 17 年里教学生（由 7 岁到 14 岁）用双手工作。他们学会了掌握两种刀具，能用左右手装配式样复杂的部件，用左右手在加工木材的车床上干活。我看到，在这些学生的活动中，创造性的因素逐年发展起来。创造性的特点就是构思新颖、有发明精神。会用双手从事劳动的能工巧匠们，比只会用右手干活的人在同一现象中能看出更多的东西。我的学生在使用工具加工材料时的特点是，劳动动作极其精细、柔和、优美。他们都爱上了这种灵巧的创造性劳动。

46. 向在规模大的学校里工作的教师提一些建议

没有个人思考，不对自己的劳动采取钻研态度，则任
何教学工作都是不可思议的。

教师在有几十个教员的学校里比在规模小的学校里更容易提高自己的水平。大集体里总会有一些经验丰富的教员。不过，教育经验的借鉴是一项很复杂的工作，是一种创造。

比如说，你已大学毕业了，有了担任低年级教师的证书。在你被分配去工作的学校里，除你以外，还有 16 名低年级教师，他们之中有些人被校务委员会会议评为优秀教师，另一些人表现一般，还有些人则不时被指出缺点。你作为教育园地里的新手，几乎每一位教师，即便是在学校里刚工作几年的也罢，都有你可以学习的东西。但借鉴别人的经验时，应注意节省时间。如果你依次去听所有的教师讲课，那就很难得到教育技巧的要领。

我建议先瞧瞧低年级各位教师的学生练习本。如果你看到绝大多数学生练习本里的字写得漂亮、清秀、正确，这就是直接的标志，说明在这个班里能学到许多东西。学生的练习本是整个教育工作的一面镜子。你应该去听这位老师讲课，不仅听书写课，还要听其他的课。练习本反映了整个教学过程的成果。书写也取决于儿童的阅读情况如何，他们阅读了些什么，阅读的多还是少。

不深刻了解教师的全部工作，不了解他们对儿童施加的影响如何，是无法了解任何一个方面的教学经验的。起初，你到经验丰富的教师班上去听课，只是为了解一下他是怎样教学生把字写得工整。但听他的课时，你会看到许多似乎和你要观察的事物没有直接联系的东西。你不必为各种现象的复杂依赖关系感到迷惑不解。要取得经验，首先意味着要理解一件事情取决于哪些条件。否则，就无法理解，也不能借鉴别人的经验。要知道，学习优秀的经验，并非把个别的方式、方法机械地搬用到自己的工作中去，而是运用其思想，要向优秀教师学习，就应取得某种信念。

在学生的练习本吸引你注意力的那位同行的班上，你发现学生读得也很出色：他们能迅速地阅读词句，能边读边思考，因此朗读具有鲜明的感情色彩。你仔细了解阅读的教学法，却没发现任何新东西。你再听一节课，以后接连听下去，并把听课的一切同自己的课对比。你完全照他的办法教，而结果却不同。那就请你探索，反复探索：优异的成绩究竟取决于什么。

你细问学生，尽量了解他们的家庭生活情况，你就会逐渐认识到，学生良好的朗读是取决于许多种因素的：家庭的文化生活如何，学生在童年时代听过些什么童话，课外阅读制度如何，教师对学生学知识与学实际技能的比例关心得如何，等等。你会得出结论说，教育事业中没有任何一项结果仅仅取决于某一个因素，似乎只要你这样做，就一定会有这种结果。每项结果都要靠上十种、上百种乍看起来跟所研究、观察、探索的对象相距很远，没有直接联系的因素决定的。

领会优秀教师的经验能帮助你看到自己在工作实践中要取得某种成果时，是什么在起决定作用。

提高教育技巧，首先要靠自修，靠你个人努力提高自己的工作素养，而且首先是提高思维素养。没有个人思考，不对自己的劳动采取钻研态度，则任何教学工作都是不可思议的。

你对老同事的经验研究和观察得越多，就越需要作自我观察、自我分析、自我修养和自我教育。在自我观察和自我分析的基础上，将会产生你自己的教学思想。例如，你研究所做的事与其结果之间的联系时得出结论说，种子今天播在耕耘得极好的土壤里，并不一定明天就可望发芽。今天所做的事，往往若干年后才可以进行评价。这是教育工作十分重要的规律之一，它要求我们以长远的眼光来看问题。

47. 给单班制学校教师的建议

在单班制学校里，儿童的课内阅读极其重要。你应当
同公众一道，设法使学校图书馆里有可供儿童借阅的一切
必要读物。

现在和将来很长时期都会有很少儿童的学校——单班制和双班制的小型
学校，里面只有两个或甚至一个老师工作。

如果你在这种学校里工作，你要很费力气才能在自己周围建立并长期保
持丰富多彩的精神生活气氛。但要知道，这一点是很重要的：没有一般文化
和教育上的高度素养，就可能走下坡路，使自己遥远的居住点成为偏僻落后
的地方。如果发生这种情况，只能归咎于教师本人。在远离大城市的最闭塞
的角落里，能明亮地燃起文化、思想和创造活动的火焰——这一切都只能取
决于你。你恰恰应把全部力量都用于使这种火焰燃烧得越来越明亮。这对于
你学生的教育程度、文明行为和知识，也起着决定性的作用。

为使文化和思想的明亮火焰熊熊燃烧永不熄灭，你应专门做许多事情。
遥远的居住地没有大图书馆，而书籍（最新的书籍）却像空气一样，正是这
里所需要的。

因此，要使自己学校的小图书馆成为大文化中心的大图书馆的借阅者，
如苏联国立列宁图书馆或国立乌申斯基国民教育图书馆的借阅者。要看"图

书评介"周刊，把凡是必要的、使你感兴趣的书借阅两三周，把它读完。我知道边远的农庄里有多年不外出的教师，却建立了供集体农庄庄员借阅的"民间图书馆"。你也可以考虑这件事，在学校里建立人民文化中心。

在单班制学校里，儿童的课内阅读极其重要。你应当同公众一道，设法使学校图书馆里有可供儿童借阅的一切必要读物。每一所最小、最遥远的学校，都应有供儿童阅读的世界文学名著。要做到这一点并不太困难，只要热爱儿童和有勤奋精神。我相信，即使在远离大城市的学校里也可以创造条件，使阅读成为学生精神文化的主要源泉。

应购买电影放映机和幻灯片放映机，及时订购新的教学用电影和幻灯片。

对于你这个边远地区的小型学校的教师来说，同大村庄或大城市的好学校保持经常的联系是非常重要的。我建议你一年去这种学校两三次，每次在自己的同事那里待三四天。你去听课，同教师们交谈。必须亲眼看到每个勤于思考和工作有创造性的教师所向往和追求的成果。你应当以这种成果（学生的知识、能力和书面作业）为准绳，衡量自己的学生成绩。如果可能，邀请你同事中的一位优秀教师到你学校里来，哪怕只待两天也好。

春季和夏初，应带领学生远途参观，让他们看看城市生活，看看工厂和印刷厂。要利用每次旅行来丰富学校的图书馆和影片库。

夏天，你不要只待在学校里，要到大城市去旅行！应当计划一下，在你担任这个边远学校的工作期间应到莫斯科、圣彼得堡和其他大文化中心去旅行。你在城市逗留的时间要过得内容充实：到剧院、音乐厅看演出，见识一下我国杰出演员的表演艺术。我再重复一遍，不要忘记买书！

我建议你们还作几次旅游，去看看乌拉尔、西伯利亚、阿尔泰山、中亚细亚、高加索、俄罗斯北方——阿尔汉格尔斯克州和诺夫戈罗德州。你的见闻越多，你用来影响学生的教学法手段的宝库就越丰富。

48. 教师应制订哪些计划

对小学教师来说，制订为期数年的远景计划是很重要的。每个教师还应订出专题计划或每节课的计划。

这是一个经常遇到的尖锐问题：有时候教师被一些没有必要的文牍压得透不过气来。但是，往往在"官样文章"受到激烈批评时，个别教师又得出结论说，什么计划都不必制订。

这两种看法都不正确。对工作有益的计划是应制订的。

对小学教师来说，制订为期数年的远景计划是很重要的。这种计划包括些什么内容呢？根据我自己的工作经验，应包括如下几点。

（1）儿童在小学阶段应阅读的文学作品的书目。当然，只有当学校图书馆有这些必要的儿童读物时，计划里的这一点才能实现。

（2）儿童在学校里应欣赏的音乐作品（学校里最好有一个音乐教室）。

（3）跟学生们进行谈话时使用的绘画作品。

（4）要求学生背诵的课文和文艺作品的片断。

（5）最低的词汇量，也就是要求学生在小学里应牢固而永远熟记其正确写法的那些词汇。

（6）为扩充学生的知识面而需要阅读的科普读物的书目。应单独列出供学习差的学生——思维过程迟缓的儿童——阅读的书籍和小册子。

（7）"思维课"的题目，即带领学生到思维和母语的源头去参观的课题。

（8）儿童在小学阶段各年级要写的作文题目。

（9）教师和儿童要制作直观教具的大致清单。

（10）小学期间要进行的参观。我建议初、高年级各学科的教师也要制订这样的远景计划。当然，订这种计划时要注意学科的特点。例如，生物教师在远景计划里列入在自然界进行系统的观察，使学生形成一些必要的概念。地理教师可以把必须记忆的术语列入参观计划。物理教师的计划里要订有观察工农业的生产劳动。

远景计划是一个重要的努力目标，教师根据这种计划每天在翻阅和思考教学大纲时，就在检查自己的工作，什么已经做完，什么还需要去做。根据远景计划完成的情况，可以判断学生的知识质量。

每个教师还应订出专题计划或每节课的计划。专题计划是根据教学大纲分配给本专题的课时，包括数节课的一种计划。专题计划只适用于不大的课题（2～5 节课能讲完的）。在专题计划里要注明授课的宗旨和方法，应避免对讲课的内容作冗长的书面抄录。教师给学生传授的知识，应记在教师的脑子里，无须作详细的笔记。专题计划是一种教学预见和根据，而不是详细的讲稿。计划里应写明对教材进行创造性加工的内容，如检查家庭作业时要让学生回答的问题，学新教材时要独立完成的作业种类。布置给学生的习题和练习，一般不列入计划（通常都把它们抄在专门的卡片上或练习本里）。

写专题计划的笔记本，必须留有空白的地方，以便在出现未能预料的偏离计划的情况时，对原计划作必要的修改。

有些教师不喜欢订专题计划，而宁愿订每节课的计划。他们对题目反复思考，预先订出初步的方案，但仅仅安排一节课的内容。每个教师都可以按照自己认为最适宜的方式去做。最主要的是要以远景计划为目标，不要忘记最终的目的，经常考虑到教学大纲及其说明，并不断地把它们和远景计划加以对照。

担任班主任的教师，要制订教育工作计划。关于这种计划，以后在专讲教育问题的建议中再谈。

49. 关于写教育日记的建议

教育日记并不是在形式上有某些要求的正式文件，而是一种个人的随笔和札记。这种记载对日常工作颇有用处，它是进行思考和创造的源泉。

我建议每位教师都写教育日记。教育日记并不是在形式上有某些要求的正式文件，而是一种个人的随笔和札记。这种记载对日常工作颇有用处，它是进行思考和创造的源泉。记了一二十年，甚至30年的日记，就是一笔巨大的财富。每位善于思考的教师都有自己的体系，自己的教学素养。如果一位内行教师、富有创造性的教师，在结束其一生的创造活动时，把他在长年劳动和探索中的一切成就都带进坟墓的话，那将失掉多少珍贵的教育财富啊！我真想把教师的日记当作无价之宝珍藏在教育博物馆和科研所里。

我记了32年的日记。当我作为一个小学教师，刚跨进学校的大门开始从事教育工作的第一天，有件事使我沉思不已。那时，我们村里有一位医士，大家都说他是个古怪的人。我看到，这位古怪的人检查一年级新生的身高和体重时，详细地记录了所有的材料。我们在一起聊了一会儿天，翻阅了他的记录。使我惊叹不已的是，他已经进行了27年的统计。

我问："您为什么要作这些记录呢？"

医士回答说："这是一项很有意思的事。您看，27年来，孩子们的身高平均增加了 4.5 厘米。是啊，我能再多活它 30 年该多好啊……"

当时，还没有人想到过儿童会加速成长的问题。战争开始时，医士患了重病，他把自己的记录交给了我。我从学校工作的第一天起，就开始记录儿童的身高、体重和他们智力发展情况的资料。现在，我掌握着 59 年来该村儿童发育的资料，我认为这是极为珍贵的材料……

32 年来，每年开学后的前两周内，我都要记录儿童的知识面和概念的一些材料。每年都要让儿童回答同样的一些问题。

例如：从 1 数到 100……说出你知道的植物、动物、鸟类的名称……叫出你所认识的机器的名称，说说它们有哪些用处……

我觉得，儿童对这些问题的回答，同样具有重要的价值。例如，有些资料是值得注意的：1935 年，35 名一年级新生中能从 1 数到 100 的仅有 1 人；能数到 20 的有 5 人（当时，儿童是 8 岁入学）。到 1966 年，36 名一年级学生中能数到 100 的有 24 人，其余的 12 人能数到 20、30、40（儿童 7 岁入学）。儿童对机器和工艺流程的知识逐年增多。但遗憾的是，儿童对于植物、动物和鸟类的知识却逐年减少。

1935 年时所有的 35 名儿童都看到过朝霞，能描绘日出的情景。1966 年时，36 名一年级新生中在 6 月份看到过朝霞和日出的只有 7 名。

我在自己的日记里还记录着，学生家里有哪些书，家长受过何种程度的教育，父母用多少时间教育儿童。把这些材料进行比较，也很有意思。

在我的日记里，关于后进生的记载占有重要的地位。我认为，注意观察他们在课堂上和家庭中行为上和脑力劳动方面最细微的变化，是非常重要的。把观察和记录下来的情况加以思考，对教师的工作有很大的帮助。例如，我考虑到有些儿童思维活动迟缓，知识面相对地要受到局限，从而得出一些结论，说明这些儿童应阅读哪些科普读物，以及他们应怎样阅读。

记日记还有助于集中思想，对某件事进行深入思考。我在日记里专门留出几页，用于记录有关知识的巩固性的想法。把这些记录加以研究、比较和分析，就能看出知识的巩固性取决于许多先决的前提和条件。记日记能教会我们思考问题。

50. 关于对自己子女的教育问题

　　不要忘记，你们在家里对自己的孩子来说，既不是老师，也不是班主任，而首先是父亲和母亲。

　　遗憾的是，现实生活中有一种自相矛盾的现象：教育别人孩子的教师，却没有时间去教育自己的子女。应当避免这种情况。为此，我想建议当教师的父母要做到如下几点：

　　不要忘记，你们在家里对自己的孩子来说，既不是老师，也不是班主任，而首先是父亲和母亲。因此，不要把家庭变成小型的学校，尽可能别把学校的气氛带到家里去，这不过是为了让你们和孩子组成一个美满的家庭。

　　教育，并非是某种特殊组织的和人为安排的"措施"，教育首先是一种生活方式。教师的手里拿着一把强有力的，而又不无危险的工具，这个工具就是"管人"的权利。它要求教师在使用工具时具有高超的聪明才智和审慎的精神。教师只应在学校里明智地、小心翼翼地使用这件工具，切不可把它带回家去。教师应把自己许多传统的习惯和做法都留在学校里，为的是避免使自己的孩子带有"教师气"。如果你们的孩子熟悉了解教师职业的全部细节，知道教师的工作是怎么回事；它与什么有关系；教师怎么做对，怎么做不对；教师有权做什么和无权做什么……那就很不好。教师绝不可当着孩子的面，毫无顾忌地评论某些学生和教师。因为教师的孩子要是听多了这类议论，就会变得傲慢起来，会滋长出优越感，认为自己比别的学生条件优越。他们往往会对老师说话粗暴无礼，以后对自己的父母也会这样。到那个时候，你们这些家长即便是有经验、有才智的教师，也会失掉对自己孩子的权威。任何时候都不要让自己的孩子比其他学生有任何特殊的地方。

如果有可能，要把你们的孩子编到同事任教的班里，而别编在自己的班里。这样做会更好一些，这使你们作为父母，更亲近自己的孩子。

尽管我们一辈子时时处处都在教育别人，但仍然需要有专门教育子女的时间。你每天都要抽出一些时间和自己的孩子聊聊天，同他一起读读书，到大自然去散散步。这对做父亲的来说，尤为重要。

如果你在学校里，因为对教学过程的某方面或对学生的行为不满生了气，情绪很激动，切不要把这种情绪带到家里来。否则，这对你们的孩子来说，则是个很不好的榜样。如果儿童从幼年起就看到，学校给父亲或母亲带来的只是种种不快，他们就会逐渐产生对教育工作的反感。产生这种情绪的恶劣后果，不仅会使你们的孩子长大不想当教师，如果只是这样，那还不算太严重，而实际上问题却要复杂得多：学生如果对教师工作怀有反感，就会逐渐变成口是心非、夸夸其谈的人。

你们具有优越的条件来培养自己的孩子具有爱劳动、爱读书、爱科学的好思想。教师的劳动，就其自身的性质来说，是一种品德崇高的榜样。要让你们的子女感到你们的劳动和你们对别人命运的热心关怀是高尚的。

你们有自己的藏书。你们的儿子一上学，就要给他留出书架，要教育他热爱读书，尊重文化珍宝。

下

篇

我想把我们开始教育和培养的儿童，比作一块大理石，几个雕塑家带着自己的刀子同时来到它旁边，要把它塑造成一座雕像，使它具有灵性，体现出人类的理想。这些雕塑家到底是谁，有多少人？

51. 谁在教育儿童,什么在教育儿童，在教育方面什么取决于教师，什么取决于其他教育者

你跨进学校的大门，决心把自己的一生献给教育人的事业。请记住，你不仅仅是活的知识库，你是创造未来人的雕塑家，请谨记，你的手上握着刀和利剑。

有时过分简单和绝对地肯定某种教育因素是唯一主要的，会使青年教师无所适从，因为在教育过程中，一切都是重要的，一切都有自己的意义。

我想把我们开始教育和培养的儿童，比作一块大理石，几个雕塑家带着自己的刀子同时来到它旁边，要把它塑造成一座雕像，使它具有灵性，体现出人类的理想。这些雕塑家到底是谁，有多少人？

有许多力量参与人的教育过程，第一是家庭，家庭中最细致和最有才干的雕塑家是母亲；第二是教师，他有精神财富、智慧、知识、能力、爱好和生活经验，有智力、审美和创造等方面的需要，有自己的兴趣和志向；第三是对每个人产生强大教育影响的集体（儿童集体、少年集体、青年集体）；第四是每个受教育者个人（自我教育）；第五是受教育者在智力、美感、道德等珍宝的世界中的精神生活——我指的是书籍；第六是完全未料想到的雕塑家（学生在街上结交的少年；来做客一周而使儿童一生都酷爱无线电工程或星球世界幻想的亲属或熟人）。

如果这些起教育作用的雕塑家，始终行动得像一个组织得很好的交响乐队一样，那么，教育的利剑和长矛往往为之交锋和折断的许多问题，就会非常容易地得到解决。

然而，每个雕塑家都有自己的性格、风格和长处（有时也有短处）。有时，一个雕塑家对另一个雕塑家的技艺和创作爱持批判态度，不仅力图用刀子在未加工的大理石上精心雕刻，而且总想对另一个巧匠刚刚做好了的地方乱加修补。然后，大理石就不成其为"石块"了，逐渐变成有思想的生物，不仅认识自己周围的世界，而且认识自己本身，不仅用理智来认识，而且用心灵来认识。接着，"大理石块"表露了想照镜子的愿望，说：喂，尊敬的巧匠们，你们干了些什么呀！我们的雕塑半成品便拿起自己的刀子，照着镜子（即端详周围的人们，对有些人赞美，对有些人没有注意，对有些人愤怒），自己开始雕刻起来，对别人已做了的也修改起来。创造热情就在这里燃烧起来：刀子同利剑相互交锋，大理石碎屑飞舞，有时整片整片从洁白的大理石上劈落下来……

你看到这种利剑、刀子交锋并听到刀响和雕塑教育家"对骂"时，心想：这种关于主要和次要教育因素的论断多么天真幼稚！它给整个教育事业带来多大的危害呀！所谓单独一个雕塑教育家万能的奇谈怪论，倘使没有深入到家长的意识中去，那我们怎么会碰到有些家长这样断言："我把自己的孩子交给了你们，请你们教育吧！你们和学校是专管这事的。"

你跨进学校的大门，决心把自己的一生献给教育人——共产主义新社会建设者——的事业。应当记住，你不仅仅是活的知识库，不仅仅是一名专家，善于把人类的智力财富传授给年轻一代，并在他们的心灵中点燃求知欲望和热爱知识的火花。你是创造未来人的雕塑家，是不同于他人的特殊雕塑家。教育，创造真正的人，就是你的职业。社会把你看成雕塑巧匠，我们国家的未来在很大程度上取决于这种雕塑巧匠。要记住，你的每个错误，都可能变为个人的畸形和精神痛苦、烦恼。人的创造者，应以自己的水平、能力、艺术为其他雕塑家做出榜样。为使我们在苏维埃学校里创造出来的人，成为德育、智育、美育的完善杰作，就需要所有接触"大理石块"的雕塑家配合行动，需要使创造真正的人的活动和谐一致。那么，谁应当是形成这种和谐一致的敏锐的、明智的、有经验的、细心的和勇敢的指挥者呢？是教师。

你作为教育者的任务，首先是要看到雕塑巧匠组成的整个合唱团，要敏锐地听到每个团员的演唱，指出哪里的音不准。换句话说，你应了解，在困难多的教育过程中什么取决于谁。必须看到，每个雕塑教育家在共同努力创造的人身上干的是什么。我的青年朋友！要记住，刀子稍一接触洁白的大理石，就会留下终生不可磨灭的痕迹。你应知道，谁在什么时候怎样接触了你们的创作。为此，只是热爱儿童是不够的，像神话中的雕刻家皮格马利翁，热爱自己亲手雕刻的哈拉齐娅一样热爱自己的创作是不够的。应当有了解。应当有对因果关系进行逻辑分析的能力。

做雕塑巧匠合唱团的明智的指挥，并不是要你周密地分配任务和责任，说：这由家庭负责，这由学校负责，这由少先队组织负责……创造一个人不是按各部分进行的：有人雕耳朵，有人雕前额，有人雕鼻子，如此等等。这种情况在我们复杂而困难的事业中是没有的。你从学校工作的初期起，就要时常同家长交谈——不仅在会上谈，更多的是个别交谈。任何时候都不要试图严格地分配任务，说：这是你们家长应负责的，这是我们学校应负责的。对教育负有责任的不仅仅是学校，家庭也能够并应该做很多事，以使我们的儿童成为有聪明才智、能敏锐地理解和深刻地感受的人。要记住，对我们创作的哈拉齐娅，有时会有各种力量在同一处地方做完全不同的接触。你刚刚教育自己的学生要正直和爱护社会主义财产，而你或家长从来不认识的一个"雕塑家"意外地出现，教他去偷窃和欺骗。指挥教育过程者的才智和本领，就在于不让任何一次对你们的创造物的接触不被察觉。

乌克兰哲学家和教育家格·斯·斯科沃罗达教导说，了解原因就是了解一切。[6]我的青年朋友！对这个教导要认真考虑。教师没有了解行为的原因而得出不正确结论的事例，在学校生活中难道还少吗?! 要知道，有时是这样的情形：责任本来在学校，却把家长请来，要他们相信，是他们对孩子照管得不够，把他娇惯坏了，等等。

有时对错综复杂的善与恶非常难分辨，然而，必须加以分辨，这是教师的神圣职责。青年朋友! 你参加了崇高的人民教育工作，不仅是能进入造就共产主义新人作坊的若干雕塑巧匠之一，你还应成为其他巧匠的老师。你有利的地方，是你可依据教育科学来了解学生。假如我不相信教育人的科学具有极大的力量，那我连一天也不可能在学校里工作，也不可能写这本书。你应成为教育科学知识的明灯，它的光应照亮创造人的其他雕塑巧匠的工作。你作为教师和班主任，有什么办法可以影响学生的家庭呢? 学生的自我教育怎样进行，教师在这方面的任务是什么? 教师个人怎样进行自我教育? 集体具有巨大的教育力量的秘密何在? 在什么条件下有集体，在什么条件下没有? 书籍应怎样教育人? 怎样使意外的教育者对少年心灵的影响和学校的方向一致? 我感到，就这些问题提出建议，对青年教师将有裨益。

52. 怎样培养母亲和父亲做好学校和家庭的协同教育工作

不关心家长的教育修养，任何教育和教学任务都不可能完成。

在我们的时代，在教育共产主义社会的人方面，据我看来，没有比让母亲和父亲学会如何教育儿童更为重要的任务了。我们根据多年的工作实践，得出一个结论：不关心家长的教育修养，任何教育和教学任务都不可能完成。家长教育学，即父母关于怎样培养子女成人的初步知识，是整个教育理论和实践的基础。在我们学校的母亲教育学陈列室里，以显著地位写着恩·伊·皮罗戈夫的话："让妇女们懂得，她们照料摇篮中的孩子，创造他童年时代的游戏，教他牙牙学语，因而成了社会的主要建筑师。基石是她们双手奠定的。"[7]这句话表明了我们整个家长工作的基本思想意图。

我们这里设有家长教育学校，其中分为：学前部，一至三年级学生家长部，四至八年级学生家长部，九至十年级学生家长部。在送自己孩子入学前3年，母亲和父亲就开始在家长教育学校里学习。他们每两周听一次课，由校长、主管教育和教学工作的副校长、主管课外工作的副校长和3年后将担任一年级工作的教师讲课。下面就是家长教育学校学前部1964—1967年的工作计划（在这里学习的家长，其子女于1967年秋季入一年级学习）：

（1）4～7 岁儿童身心的发育；

（2）怎样预防儿童患病；

（3）儿童的生活制度、饮食和身体锻炼；

（4）4～7 岁儿童的智育；

（5）母亲和父亲如何关怀儿童语言和智力的发展；

（6）怎样预防儿童的神经官能症；

（7）4～7 岁儿童的劳动教育；

（8）怎样培养儿童尊敬长者；

（9）学前儿童的大自然教育；

（10）学前儿童需要和兴趣的发展；

（11）学前儿童对现实的认识和情感的发展；

（12）怎样培养儿童具有人的情感；

（13）4～7 岁儿童的美学教育；

（14）4～7 岁儿童的创造；

（15）怎样防止儿童冷酷无情；

（16）怎样教育儿童学会克制自己的欲望；

（17）儿童对植物和动物的关心是教育的一种手段；

（18）游戏及其在学前儿童的智育、德育、情感教育和美育中的作用；

（19）母亲是儿童的第一个教育者和老师；

（20）家庭是人们相互关系的学校；

（21）父亲和儿子；

（22）母亲和女儿；

（23）儿童对学校教学的心理准备；

（24）儿童道德修养的初步要素；

（25）我们怎样看你们的孩子，你们应怎样看他；

（26）家长在子女教育方面易犯哪些错误，怎样避免这些错误；

（27）祖父和祖母是教育者；

（28）给学前儿童教些什么和怎样教；

（29）怎样使家庭中充满慈爱与和睦的气氛；

（30）怎样教育儿童对人温和；

（31）怎样做到互相谦让；

（32）怎样抑制自己的感情冲动；

（33）怎样培养儿童立志做好人；

（34）怎样防止儿童任性；

（35）家长的权力是什么以及怎样使用这种权力；

（36）怎样不用惩罚进行教育；

（37）惩罚是利多还是弊多；

（38）什么可以和什么不可以要求于儿童；

（39）教育子女是父母最重要的社会义务。

因为你作为教师，必须准备和讲授这些题目，所以我想对这件并非轻而易举的事情提出几点建议。你要教家长认识到，教育是最崇高的、人道的、高尚的创造事业，是履行崇高的社会义务。我们有许多优秀的班主任，善于把创造人这种思想贯穿在每次向家长讲课和谈话中，启发母亲和父亲为创造地球上最美好的、最崇高的东西而自豪的感情。他们把家长教育学作为劳动、科学、技艺和创造加以阐述。

这些班主任，从不对教育中犯有过错的家长从"整人"的角度进行讲课和谈话。我的青年朋友，我建议也不要这样做。有些家庭的生活中还有不好的现象。如果你开始"揭人心事"，把人家的不幸（不善于教育首先就是不幸）置于众目睽睽之下，那么，来听你讲课的家长会越来越少，你将使他们和学校疏远，而特别危险的是，他们会对一切都不顾，说：我无论怎样做也不会成为好父亲，别人家的孩子是好的，我的孩子注定是不好的。永远不要忘记，你在同家长谈他们的孩子时，好像是在迫使他们照镜子。如果你对一个人说：瞧，你多么难看……那他对你的话会采取什么态度，是不难想象的。

这项建议绝不是说，教育方面的尖锐地方要回避和缓和。恰恰相反，一些人的失败可作为另一些人的教训。没有什么比学校家庭教育更为复杂和更为矛盾的了，这种教育充满无数冲突，需要理智地、巧妙地、策略地、不叫喊和不忙乱地加以解决。但是，对坏事情也要讲，讲时不要侮辱和贬低人家。我们在大庭广众之中讲坏事，通常不点犯过错的家长的姓名。

为了深刻思考过错，为了开诚布公地交谈家庭具体情况下的教育，还有另一种工作方式，即同家长个别谈话，特别是女教师同母亲谈话和男教师同父亲谈话。决定家长一般精神修养和教育修养的条件和前提，没有两个家庭是绝对相同的。每个家庭都有自己的特点。因此，同母亲和父亲个别谈话——儿童不在场的谈话，是我们家长教育学校的一个有机组成部分。我特别强调了，这是儿童不在场的谈话。任何情况下都不要让儿童知道教育中的困难和烦恼、成功和疏忽，这样做只会有害处。在良好的家庭中，父母善良和睦、互敬互爱和互让是教育影响的主要力量，儿童也不怀疑，正是家庭中一切都好，对他们起了教育作用。

我们已经使学前儿童在家庭中上一种特殊的母育学校。这是任何东西都代替不了的德育、智育、情感教育和美育的学校。任何幼儿园，哪怕是最理想的幼儿园，都不能取代母育学校，或者弥补母亲和父亲在人的精神生活中最敏感的领域，即个性教育方面由于疏忽所造成的缺陷。我们非常重视母育学校中培养人的情感的教育。在有关这个问题的讲课中，以及同母亲和父亲的个别谈话中，我们都用具体的例子说明，怎样使儿童养成一种复杂的精神能力，即总是感到自己是生活在人们当中，要善于限制自己的欲望而考虑他人的利益。在我们的学前儿童家长教育学校里，我们逐步突出了这个极复杂的课题——生活在人们当中的能力。

母亲的教育修养的重要性，是怎样估计都不会过分的。我们的教师集体坚信，家长教育学是共产主义教育学的第一篇章。我们关心使母亲成为精巧的、智慧的、精神健美的、受道德美的崇高概念所鼓舞的雕塑家，归根到底就是关心儿童心灵的敏感性和同情心，关心他们内心深处对善与美永远要有反应。

53. 怎样使教育者的话进入受教育者的内心

我的青年朋友！假如你想要让你未来的学生留心听你的每句话，感受你的话，就要关心儿童家庭情感关系是否丰富的问题。道德怕心灵的孤单，如同思想怕周围无人一样。

我们力求使儿童在母育学校里养成细致的、温存的、敏感的、富于同情的心灵。要使儿童不仅用头脑和理智，而且用心灵去认识周围的世界。还要让儿童十分关心：有人折断了树枝，雏鸟从窝里滚落在草地上作无力的挣扎，花园里出现了不知谁扔掉的无主的小猫。我们用不少时间给家长讲，怎样实际创造条件来培养儿童的自治能力，使儿童当别人需要时总是表现出自己的同情心：对某人怜悯，对某人爱抚，对某人保护，对某人关心，为某种原因而焦急不安，为某件事而悲伤。我的青年朋友！这里指的是雕塑巧匠——母亲和父亲的最精细的雕刀，是他们最精巧的动作。我在学校工作了三十多年，经验使我确信，只是在儿童上学后，才由我这个教师去接触母亲和父亲都没有触动过的大理石，开始培养情感，为时已经晚了。假如儿童在家里没有受到情感教育，他就不可能用心灵认识世界和接受教师的话。他所能了解的，只是他听到和读到的东西的逻辑意义，而情感上、心灵上的潜台词，他是不会明白的。

这是学校、家庭教育最复杂的问题之一。为什么往往学校生活开始已有几天，儿童对于教师的好话还完全没有反应？为什么教师不得不大声吆喝和用拳头敲打桌子呢？学习开始一个月以后，儿童已面对墙角罚站，受到处分，但为什么这样做也无济于事呢？祸根就在于缺乏情感教育。

我的青年朋友！假如你想要让你未来的学生留心听你的每句话，感受你的话，就要关心儿童家庭情感关系是否丰富的问题。道德怕心灵的孤单，如同思想怕周围无人一样。你要使儿童同别人由于相互负有义务、相互爱慕、尊重和关心而联系在一起。你未来学生的道德，在很大程度上取决于自己是否把心灵献一点给别人，或者闭锁在自己的小天地里过着只关心自己和自己狭隘利益的生活。个人主义始于缺乏情感教育。

你要走访自己未来学生的家长（三年当中可以走访每个儿童的家庭两三次），去了解一下，是什么给他带来快乐：仅仅是年长的人给了他什么东西，还是他用自己的微薄力量给别人做了什么事。如果享有父母创造的幸福是他快乐的唯一源泉，那就非常不好；你这个学生来学校也将是个无情义的人。你可以和家长两个人谈谈，共同思考：怎样为男孩或女孩开辟其他的快乐源泉：在花园里种植的树木或玫瑰，供人游玩的小葡萄园，制作的鱼缸，建立的小图书室和可供父母休息的恬静角落。要知道，你关心这件事，就是在使儿童的心灵高尚起来，给学校学习时期的德育、智育和美育、情感教育打基础。

关心学前期培养高尚的情感时，切不可对儿童采取体罚办法。没有什么比"强力"迫使手段更为有害和不祥的了。用小皮带抽打后脑勺，而不用聪明温暖的良言善语，就等于是用了生锈的斧头而不用雕塑家脆柔和锋利的雕刀。体罚不仅是对人的肉体的暴行，而且是对人的精神的摧残；皮带不仅会使脊背失去知觉，而且会使心灵和情感麻木不仁。在家里受惯了用皮带抽打后脑勺的孩子，在学校里对于良言善语也会置若罔闻。我知道有些儿童由于遭毒打而变得冷酷无情了，挨打的人，自己也想打人；童年就想打人的人，成年以后就想杀人——犯罪、杀人、残暴的根源产生于童年。我在家长教育学校学前部讲课已有 10 年。从事这项非常必要的教育工作使我确信，把下述真理灌输到父母的意识和心灵中是非常重要的：一颗播在童年时代早期心灵中的小种子，在成年时会成为一棵大树。一切都取决于播下的是什么种子和播在什么土壤之中。倘使在儿童入学前 3 年我未能使他心灵变得敏感、温存、善良，与邪恶和谎言势不两立，不仅热爱善良，而且憎恨邪恶，我是不会有权被称为人民教师的。

同时，如果你想使你的每个学生都成为真正的人，应该让家长从儿童 5 岁或 4 岁起就对他进行劳动教育。儿童从会用手拿汤勺并自己把它送到嘴里的时候起，就应当从事劳动。充满智慧的国民教育学教我们这样做，我们在教育工作中遵从了这个历来的智慧结晶。不要害怕这样做是过早地迫使儿童参加劳动。谁如果害怕，说："啊呀，太早了！"谁有朝一日就会懊悔地确信：已经太晚了。我们认为自己的神圣职责是，鼓舞父母去让他们五六岁的儿童在春季种植母亲苹果树、母亲葡萄藤、父亲苹果树、父亲葡萄藤、祖母苹果树、祖母葡萄藤、祖父苹果树、祖父葡萄藤。当然，如果得到哥哥和姐姐的帮助，儿童能出色地完成这个任务，然后，他们会细心地照护苹果树和葡萄藤，他们向往着给母亲、父亲、祖母和祖父带来快乐——用果实招待他们。

形象地说，这一切就是按教师的话对土壤进行情感方面的开垦。对于入学前就体验到给母亲送自己亲手栽培的葡萄这种无与伦比的感情的人来说，妈妈这个词的含义，与那种只知道消费的快乐的人是迥然不同的。我的青年朋友！你要明白，只有尝到创造的快乐的儿童，才能用温暖和善良来教育，才能不用叫喊和处罚来教育。

有的教师在这里会产生疑问：教师有力量做到这一切吗？他能够既担任日常的学生教育工作，又担任 4、5、6 岁儿童入学前的准备工作吗？

我的回答是：我们在工作中不做那种不会有实际收获的事，就是说，不做归根结底不会减轻我们的困难的事情。对学前儿童教育的这种关心，是会得到百倍补偿的。正是由于有了这种关心，我们的工作容易做了，我们没有其他学校的许多困难。据我了解，那些学校简直无法组织正常的教学和教育活动。我们学校不存在学生无纪律，不想学习这类困难。我们实际上没有其他学校所采用的处罚形式。这些成绩来源于我们和学生家庭的共同工作。这种工作起了极其重要的作用。我们不命令家庭要这样做，要绝对按照我们的要求去办。问题恰恰在于，我们和家庭作为并肩工作的两个雕塑家，有着相同的理想观念，并朝一个方向行动，要知道，在创造人的工作上，两个雕塑家没有相互对立的立场是极为重要的。

54. 作为教育者的父母怎样做到行动统一

溺爱是家长和儿童关系上最可悲不过的东西。用溺爱
态度培养出来的人，是自私自利到所谓透顶了的人。

我们应使父母对自己与学校一起进行教育子女有统一的看法，并进而使父母的要求统一，其中首先是父母对本人要求的统一。要做到作为教育者的父母行动统一，就要教以明智的母爱和父爱，使善和严、柔和刚达到和谐。我们要做得很有分寸，不触及个人的、往往是近乎病态的表现，力求防止家长在这个最敏感的精神生活领域中犯错误。家长教育不明智，母爱和父爱就会使儿童畸形发展。我们用具体的例子来说明，溺爱、暴君式的爱、只管花钱的爱，会给儿童带来多么巨大的危害。

溺爱是家长和儿童关系上最可悲不过的东西。这是一种本能的、不理智的爱，有时简直可说是像母鸡的爱，母亲和父亲为儿童的每一举动都感到高兴，却不考虑这是什么举动，会得到什么结果。受这种态度培养的儿童不会懂得，在人与人的共同生活中有"可以""不可以""应当"这一些概念。这种儿童觉得，对于他来说一切都是可以的。他变成了任性的、往往是近乎病态的人，生活中的少许困难，对于他都会成为无力承担的重负。用溺爱态度培养出来的人，是自私自利到所谓透顶了的人。他不知道自己对双亲负有义务，不会也不想劳动，因为他目中无人，内心里感受不到他周围的人——首

先是母亲、父亲、祖母、祖父——也有自己的愿望和需求，有自己的精神世界。他觉得，他生活在世上，他存在着，就已经给双亲带来了快乐、幸福。

只有当你和母亲、父亲同时谈话时，才能做到防止溺爱。这里说的是对家长的情感教育问题，而情感是非常细腻的东西。为了对年轻家长进行情感教育，我们教师要请学前儿童——我们未来的学生——的母亲和父亲不仅来家长教育学校学习，而且参加特殊的实习课。在低年级（特别是一二年级）学生进行集体的公益劳动的日子里，年轻的家长帮助了我们。他们和我们一起指挥劳动，教儿童控制自己想干其他事的愿望，使之服从于劳动，服从于纪律和集体的意志。通过教导儿童，自己作为教育者也在进行学习。

要告诉家长还应该当心另一种不理智的、本能的爱。这就是暴君式的爱。这种爱的根子，是有些家长既自私自利，又不文明。他们对待自己的孩子像对待物品一样：这是我的桌子，我想放到哪里，就放在哪里；这是我的女儿，我想说什么，就说什么，我想起了什么，就要求什么。我知道有一位父亲简直发展到了这种地步：他给15岁的女儿（八年级学生）买了一双时新的鞋和一件漂亮的连衣裙。他吩咐把皮鞋放在这姑娘做功课的桌旁，把连衣裙也挂在那里，并预先招呼说：如果在学季末各门功课都不低于4分，你可以穿连衣裙和鞋；只要有一门功课得了3分，就别碰新装。

我的青年朋友！在我们的社会中还有人像暴君一样陶醉于管辖别人，从中感到乐趣。你要知道，同这种现象做斗争是非常困难和复杂的。然而，我们教师首先要同这种现象做斗争。

不可让任何一个家庭发生吹毛求疵、责备、歇斯底里地抱怨和非难等情况，因为在这种气氛里，小孩子也会变得冷酷。我认为，这是对少年心灵的一种可怕的打击。你在讲课和谈话中要说明，吹毛求疵会把善良的人变成恣意妄为的人，而恣意妄为会驱去正常家庭中儿童的善良，以及合理的审慎和谦让所产生的心灵感动。这种心灵感动就是爱抚。童年时期未受到爱抚的人，在少年和青年早期就会成为粗暴的、无情义的人。

　　你大概听到过，有的家长焦急不安地寻思说：儿子小的时候，善良、温顺和听话；年龄大些后，却变得粗暴、任性了。为什么会发生这种现象呢？怎样给家长解释，提点什么建议呢？我已无数次得到证实并确信，这种现象的原因就是不善于使用家长的权力。在这种情况下和父母同时谈话特别重要，因为，家长的权力就是母亲和父亲智慧的结合，意志、情感、愿望的统一。热爱自己的创造物的两个成年人，如果不把智慧结合起来，家长的权力就会变成专横。只要儿童感到母亲和父亲对可以、不可以、应当等概念有不同的看法，那么，最合理的事情在他看来也会是暴力、强制，是对他自由的践踏。到这时父母也不得不感到惊讶：为什么无法教会这孩子生活而不用打，不用皮带和棍棒呢？这就是因为，孩子把合理的、必须的要求也看作并感到是压迫他的意志的一种恶势力。

　　还要防止家长对孩子表现另一种不理智的爱——只管花钱的爱。有的父母真诚地相信，只要保证孩子的一切物质需要，就是履行了自己做父母的义务。孩子有衣穿，有鞋穿，吃得饱，长得壮，有全套的教科书和直观教具，还需要什么呢?!这样的家长认为，父母的爱可以用物质耗费来测量。在这种情况下，学校碰到的是少数患有道德和情感上的铁石心肠毛病的父亲。他们实质上不懂得什么是父母的爱。在母亲当中，只要她们与孩子由日常共同的精神纽带联系在一起，就几乎没有这样的人。道德情感上的铁石心肠，对自己子女冷酷无情，并不一定是父亲教育水平低的结果。这是把教育儿童看作是同社会义务无关而完全独立的某种现象的结果。

　　为了防止这种恶习，就要在向家长，特别是向父亲提出的子女教育建议中，贯穿关于教育子女是父母的社会义务的思想，他们应对子女的未来负责的思想。

　　如果在家庭中，父亲把自己的义务仅理解为保证孩子的物质需要，而母亲又没有成为儿童精神生活的中心，那么，这种孩子就会处在精神空虚、贫乏的气氛中。他生活在人们之中而又不了解人们，是这种家庭中最可怕的现象。儿童的心灵不认识和得不到人对人的细腻情感，其中首先是爱抚、体贴、同情和仁慈，他们就可能成为情感上无知的人。对这种儿童，学校的教育义务尤为重大：他们应在教育机关里经受情感教育的专门训练。这是理论教育学和实践教育学的一整套问题。遗憾的是，教育理论实质上还没有这一章节：谁都没有专门研究过怎样培养情感，特别是怎样教育这种儿童，他们在道德和情感方面由于家庭环境影响而陷于空虚，缺乏个性。

55. 培养情感的教育应当是怎样的

教孩子用心灵观察、理解、感觉周围的人们——这看
来是花园中最为幽香的一朵花，它的名字就叫作情感教育。

这里所要讲的全部内容，都是教师和家长的协同工作。我们不仅要谈在家里没得到家长衷心关怀、亲切对待的儿童的教育，而且要谈所有儿童的道德情感教育。

教孩子用心灵观察、理解、感觉周围的人们——这看来是花园中最为幽香的一朵花，它的名字就叫作情感教育。我们对儿童的爱，应能唤起他敏感的心灵去关怀周围世界，关怀人所创造的一切，服务于人的一切。当然，这首先是关怀人本身。我坚信，在儿童的心灵中培养人的高尚情操，应这样来着手：使他对别人的态度人道化，使这种态度充满一种纯洁、高尚、尊重人，首先是尊重父母的情感。

儿童一跨进学校的大门，就是学生了。在儿童学校生活的最初几年里，学校同家长——我再强调一下——同两位家长、既同母亲又同父亲的联系，具有特别重要的意义。教师和校长同母亲和父亲进行个别谈话、深刻考虑和提出建议，是我们的教育实验活动。我们共同研究：儿童应该做些什么，从事什么积极活动，才能使他从心灵上感到他生活在人们中间。

我们和家长一起，努力使儿童在学生时代，特别是在低年级学习时期，

受到热忱待人的训练。这种训练中最有价值的课程，是创造美和关心人所享受的美。一切能使儿童得到美感快乐的东西，都具有神奇的教育力量。儿童为家庭，为父母和其他人创造着美。

秋天，我们要过玫瑰节。这是家庭的节日，也是学校的节日，但首先还是家庭的节日。儿童不集体聚在一起，没有那种隆重气氛，在这种气氛中，很遗憾，真诚纯朴的儿童情感很少，而非儿童本性的人为成分倒很多。我们的儿童节日主要是在家里过，但作儿童过节准备工作的是学校。

秋季玫瑰节这一天，每个儿童要在家长的宅旁园地里栽几株玫瑰。我们把花秧分给儿童，叫他们拿回去栽上，照料好，创造出美来，给母亲、父亲、祖母、祖父带来快乐。

儿童栽了玫瑰后，必须常常提醒他：要松土、浇水，保护玫瑰不冻坏。他不习惯于操这些心和干日常劳动。距劳动成为他的乐趣还很远，还非常远。我们给儿童说，栽玫瑰的结果是长出芳香四溢的花朵，但在他的观念里这是遥远得不可想象的未来。儿童还不善于耐心等待并力争达到目的，因此，要教他这样做，而且是通过劳动来教。

于是，出现了第一个花蕾，接着又有了第二个、第三个。花蕾开放了，鲜红的、粉红的、蓝色的、淡蓝的花瓣在阳光下闪耀。这时，儿童目光中高兴的神采，简直不可比拟。这不是从家长手里得到某种礼物的儿童所感受到的快乐，不是闲散休息的快乐，不是想象旅行参观如何令人高兴而感到的快乐。这是为最亲爱的人们——母亲、父亲、祖母、祖父做好事而产生的快乐。儿童的心灵之所以为这种好事而感动、激动、欢快，恰恰是因为这种好事就是美。

看到儿童在摘下一朵玫瑰花拿给母亲的一瞬间眼睛里闪耀着光芒，我感到是再幸福不过的事。儿童的眼睛在这一瞬间充满着纯洁的人性光芒，由于内心十分欢快而发亮。

这是培养情感所最需要和最重要的功课之一。儿童体会到为别人创造美所带来的初步欢乐，对美产生了新的想象。他把鲜花盛开的苹果枝条、成熟了的一串串葡萄、凝神沉思的菊花，看作是劳动、关切、焦急的体现。他的手不会随便去折断枝条，掐掉花朵。

当然，我的青年朋友，我不是在用美的某种抽象说法把美、把美"本身"加以理想化。只有当美充满崇高理想和共产主义人性——对劳动人民热爱和对阶级敌人憎恨、不可调和、势不两立时，美才能成为强大的教育力量。

学校生活的第一年行将过去，儿童就要转入二年级时，我们同他们一道建立一个敬老园。这是为那些在大地上工作过 40 年、50 年、60 年，70 年，而有的可能工作过 80 年、90 年的老人开辟的果园。我们通常是选一块荒芜贫瘠的地方做敬老园，把这块地变成非常肥沃的土地，种植葡萄、苹果树、梨树、李树。这不是一种轻松的劳动，有时要运来几十吨肥沃的淤泥，才能使土地的生机苏醒。但是，这种劳动充满着崇高的目的：我们要给人们带来快乐，这种劳动的愉快是无可比拟的。

敬老园里的第一批果实成熟了，儿童把尊敬的同村人——爷爷和老爷爷们请到园里来。尊敬老年人，是尊敬人的最明显的表现。对老年人不尊敬甚至抱冷淡态度，是对社会的一种激烈报复行为，表现为冷酷无情、邪恶、精神空虚、犯罪。

我亲爱的青年朋友，指导学生沿着这条道德发展途径走下去吧，这里的劳动充满着崇高的精神，而你也就会看到，学生在敬老园摘下果实献给在大地上劳动了半个世纪的人这一瞬间，会在他的心灵中留下不可磨灭的印象，因为他好像登上了自己道德发展的第一座高峰。

儿童体会到做好事带来的大公无私的心情快乐，就获得了宝贵的精神财富：他内心就会感到，在一起生活的同学、朋友或亲爱的人在什么时候和什么地方需要进行帮助。儿童感到需要做好事，感到需要别人（马克思说这种需要是自由的人最伟大的精神财富[8]），他就会成为对周围世界、对人们、对各种行为、事件和人与人的相互关系非常敏感和富有同情心的人。

56. 为使儿童愿意好好学习该做些什么

如果儿童的乐观主义世界观遭到破坏，等于在学校和家庭之间筑起了一道石墙。

我坚信，儿童脑力劳动的人道化，使这种劳动由于想要给亲爱的妈妈和爸爸带来快乐而高尚起来。这是推动儿童自觉而勤奋地从事脑力劳动最有力和最强大的刺激力量。对人热忱和富有同情心的儿童，会在乍看起来并无不良行为的地方也觉得有表现不好之感。四年级学生科利亚有一天对我说："我应该好好学习，妈妈有心脏病。"这孩子感到，假如他的成绩单上出现了不及格的分数，母亲的心是会难过的。他想要让母亲放心。他知道，用自己的劳动可以使母亲放心，不让她不安。

如果你想使儿童愿意好好学习，并力图以此给母亲和父亲带来快乐，那就要珍惜、爱护和发展他作为劳动者的自豪感。这就是说，儿童应看到和体验到自己的学习成绩。不可让儿童由于落后或有什么不行而感到无穷的痛苦。儿童的乐观主义、对自己的力量有信心，是把学校和家庭联结起来的一条结实的绳索，是把母亲和父亲吸到学校方面来的一块磁石。如果儿童的乐观主义世界观遭到破坏，等于在学校和家庭之间筑起了一道石墙。

为了保住这个乐观主义的星星之火，非常重要的是，要让母亲和父亲，形象地说，站在儿童知识的摇篮旁，直接参与他的学习，同他一道为他的成绩而高兴，对他的成功和不快表现出由衷的关切。母亲教育学，不仅仅是教育，而且是教学。在学校教育开始前两年，我们学校就开始和家长一道进行有目的的和计划周密的共同工作，以使儿童学到读写和算术的初步知识。未来的学生每周要到学校去一次（在学校学习开始前半年，每周则去两次），由将在低年级教他们的教师和他们一起学习。儿童学字母，学读写和做算术题。当然，如果在家里不继续学习，每周在学校学一小时是什么也得不到的。在家长学校上课时，我们给母亲和父亲、祖母和祖父讲怎样教儿童识字和算算术，并制定出一些家庭母亲教学的有趣方法。这种方法的基础是：培养儿童对知识和书本的热烈兴趣，使游戏和有目的的脑力劳动相结合，家长同儿童经常进行思想交往。高年级学生为识字和算术的教学还制作专用的直观教具。我们的儿童刚上一年级就会读和会算，这在很大程度上减轻了下一步的学习，使脑力劳动变得有趣。但是，问题还不仅如此。为上学作准备可以使儿童和家长在思想上接近起来。母亲和父亲由衷地关注儿童的成功和失误，进而理解了一门细致的学问，即尊重孩子做一个好儿童的愿望。同时，学前教学还可以防止家长产生一种不正确的想法，以为"狠狠地压一下"，儿童的学习就会得"5分"或"4分"。我们力图让父母明白：学业成绩的评分，并不表示道德品质的评分。违反这一点，就会给儿童造成很深的创伤，有时会摧残儿童的心灵。把学科评分和道德面貌等同起来，就是不假思索地追求表面上不错的指标——数字。我们认为，不可把一切归结为一个简单的结论：分数好，孩子就好；分数"不合要求"，就等于学生"没有达到水平"。这种奇怪的、教育上无知的观点，看不见人是许多种特点、品质、能力和喜好的和谐统一体。

遗憾的是，这种观点已渗入不少家庭和社会生活。听到和读到大量文章，其中贯穿了一个中心思想，认为，3分表明知识差、不中用，这使我不能不气愤。尊敬的教师同志们！应当坚定地告诉自己，3分表明知识完全合格。顺便提一下，假如所有的教师对于这件事都有正确的看法，那么，蒙混过关的现象就会绝迹——不及格的知识不会评定为 3 分（遗憾的是，在许多场合还是这样）。家长也不会要求自己孩子干做不到的事情，要知道，不是所有的儿童都具有同等的能力：一个儿童的学习能轻易地得到 "5 分" 或 "4 分"，而另一个儿童能得到 "3 分" 就是不小的成绩了。现在，我们正处在实现普及中等教育的前夜，了解这一点尤其重要。

57. 怎样随着儿童的成长和发展
而加深对家长的教育工作

少年和青年社会成熟性的最主要标志，是对家庭开支的劳动贡献。我们认为，让男女青年在学校毕业前往往只当一名物质财富的消费者，是完全不应该的。

我们在学校对家长的全部工作中，贯彻了一系列教育思想。我们认为，儿童的家庭精神生活和学校教学应该统一的思想具有特别重大的意义。教师集体力图使父母相信，家庭中应该充满尊重科学、文化、书籍的精神。我们和家庭一道举办图书日，它的用意就在于让父母为家庭图书室购买文艺书籍。我们在家长教育学校的各部讲课时，在进行个别谈话时，都要谈家庭图书和家庭集体的精神生活问题，我们力求培养儿童具有多方面的精神兴趣和需要，其中对书的需要应当是首要的。我们已经使不少家庭把傍晚前一小时作为读书的时间，儿童和少年这时阅读自己家庭图书室的书或学校图书馆借来的书。

与此相联系，我们也非常重视另一个十分重要的教育思想，即儿童、少年、男女青年的自我教育。这种教育离开家庭和图书，是不可想象的。我们努力使正在成长的人学会利用业余时间，珍惜它，深思熟虑地用发展精神需要的活动来充实它。

我们向母亲和父亲讲，从儿童懂事的初期起，就应该让公民的品质在儿童心灵中形成、树立和巩固起来。公民意识和公民情感发源于儿童时代；播在儿童心灵中的一粒小小的种子，会生出苗壮的幼芽，长出深根。我们认为具有重大意义的建议是，怎样埋下这颗公民种子，公民意识又怎样生长出来。我们告诉家长，在家庭集体中，因而也在儿童的精神生活中反映出公共利益，是十分重要的。要这样培养儿童的意识：使公共福利、关心他人的福利成为这个未来公民个人切身的事情，使他的思想感情世界不局限于物质财富和精神财富的消费上。这里有必要再提醒一下，一个人的道德面貌，在很大程度上取决于儿童时代感受欢乐的源泉何在。生活中有很多机会能使儿童非常关心乍看起来与他无关的事情。我们在帮助家长看到和内心感到这种机会时，告诉他们，教育就是创造。例如，你庭院前的街道上有一棵枯萎了的小树，不知是谁在什么时候栽的。如果不关心它，就会枯死掉。提醒你的儿子，二年级学生，注意这个他到现在为止尚未看到，而且如果在他心灵中不唤起公民情感，则永远看不到的东西。让他来护理这棵枯萎的小树，给它浇水，保护它不受虫害侵袭。帮助他再栽 3 棵小树，让他体验一下为人们做了一件事而产生的第一次自豪感。儿童年龄愈大，他做的事也愈有意义，而这些事情就是构成公民情感、焦虑、操心的现实基础。

我们在对家长进行的一整套工作中，还十分重视少年和青年的社会成熟性问题。在这个也是十分细致而难以捉摸的精神生活领域中，学校和家庭力量的统一，具有特别重大的意义。在这方面如果撇开家庭，是什么事情也做不成的。而研究社会成熟性如果脱离母亲教育学，也是白白浪费时间。少年和青年社会成熟性的最主要标志，是对家庭开支的劳动贡献。我们认为，让男女青年在学校毕业前往往只当一名物质财富的消费者，是完全不应该的。这是部分青年幼稚病的基本原因。我们和家长一道关心中、高年级学生的社会成熟性，力求使每个男女青年都参加社会生产，认真从事劳动，这不是为了学校通常提出的教育目的，而是为了物质目的——为了创造物质财富。正是由于提出了这个更切合生活实际需要的目的，就把劳动从具有某种学究式服役制色彩的活动，变成了生活本身的事业。在劳动中学校教育的感觉越少，确切些说，学究式教育的感觉越少，劳动的真正教育意义就越深刻。由于学校和家庭的理想一致，对少年和青年的劳动生活要求一致，我们形成了一个传统：

从 12～14 岁时期，少年要挣得购买冬季衣鞋所需的费用；

从 14～17 岁时期，男女青年要挣得全年衣鞋所需的费用；

教科书和教学辅助材料，通常是学生从 10 岁开始用劳动所得来购买。

一个人怎样劳动，他做什么和抱着什么目的，就决定了他怎样思想。如果学生时代的劳动成了教育的某些附加品，任何自觉的未来计划和任何郑重的职业方向就都谈不上了。如果少年和男女青年的劳动不是一种十分认真的大人事情，我们甚至就不可能同家长来谈论他们子女思维的成熟性、做功课的独立性、公民的责任心、男女青年建立自己家庭的精神准备等问题。

58. 怎样同家庭一道指导儿童劳动

只有通过有汗水、有老茧和有疲乏的劳动，人的心灵才会变得敏感、温柔。

我再强调一下，把儿童、少年、青年的劳动纳入家庭经济物质生活，使它成为其中不可缺少的有机组成部分，使母亲和父亲把它看作是子女的神圣义务，这一点具有极其重大的意义。如果不这样做，学校的任何教育妙计都绝对不会有什么结果。如果家庭认为不需要儿童劳动，如果家长自己往往尽力使子女生活得轻松而不让他们劳动，那么，学校组织的周实习课、双周实习课，月实习课，对于儿童来说，都不会是劳动，而是游戏，并仅仅是游戏——诚然，是一种令人讨厌和感到累赘的、正想尽快摆脱的游戏。劳动只有成为经济上的需要时，才具有教育力量。如果是这样，那么，其他一切就会如常言所说，迎刃而解了：学习也是劳动，父亲患病不能工作这件事，也会引起少年像成年人那样认真思考。

在农村学校，解决儿童劳动的组织问题和教育问题是很容易的。我再重复一遍，这里讲的正是儿童劳动。只有当劳动对于一个人不是抽象的教育练习，而是缺少它就没有饭吃、没有衣穿的事情时，他才能成为真正的劳动者，成为真正的人。我们和家长一道，设法给儿童找到力所能及而生产效率又较高的劳动。7、8岁的儿童可以跟母亲和姐姐、哥哥一起在养蚕小组劳动：采摘桑条，送到蚕架那里，分放到各架上，清扫垃圾。9、10岁的儿童除了养蚕小组的劳动以外，还可以挑选玉米棒子留种，采集菜籽，捡拾农家肥并施到菜地里去。11、12岁的儿童，可以晾晒干草，收摘蔬菜和水果，放牧牛羊。

少年可以照管畜牧场的牛，清理饲料作物，净选种子。有些12～14岁的男孩，可以开菜地用的拖拉机。男女青年可以驾驶各种农业机器，耕地，给技术作物和蔬菜松土，播种，收割庄稼。

我的青年朋友！你可能会感到，早吸收儿童参加真正的生产劳动是件不寻常的事。我知道，有些教师对我们的劳动教育制度有疑虑：儿童有休息时间吗？他们的负担不会过重吗？我们是没有这些疑虑的。这种制度并非我们想出来的。这是国民教育学的悠久传统：儿童帮助家长劳动，家长在劳动中没有儿童也不行；只要儿童学会了用手把汤勺从碟子送到嘴里，他就是在劳动，这不是为了练习劳动，而是因为儿童周围的任何人如果不劳动就不可想象能生活下去。

学习国民教育学就知道，儿童的力量能做到什么和不能做到什么。因为它把生活的智慧同母爱和父爱有机地结合起来了。国民教育学对于劳动带来疲乏并不害怕，它知道，劳动不可能不出汗水和不长老茧。

知道劳动是有神奇力量的国民教育学，给我们开辟了教育智慧的新源泉，它是书本教育理论所不知道的。我们深信，只有通过有汗水、有老茧和有疲乏的劳动，人的心灵才会变得敏感、温柔。通过劳动，人才具有用心灵去认识周围世界的能力。劳动儿童和劳动少年对人们的看法，和没有真正劳动过的人是完全不同的。

59. 怎样通过劳动使心灵高尚和培养人性

只有当一个人为他人的幸福而献出自己一点心灵时，才能养成这种崇高的品质，献出精神财富——只有这才是精神财富的获得。

我记得有个小女孩，叫作卓娅。母亲由于宠爱女儿，迁就了她的一切怪脾气。后来，母亲生病了，得的是长期虚弱病，有时好些有时又突然恶化。卓娅所在的三年级，打算去第聂伯河作一次有趣旅行，为期 5 天。卓娅的母亲来学校了，是来商量怎么给女儿准备动身的。母亲感到身体很不舒服，但她尽力不理会病痛的折磨。我好不容易说服了母亲，卓娅不能去旅行：难道可以丢下这个样子的母亲不管吗？我把这个小姑娘从课堂上叫来告诉她说，她不去旅行了。卓娅大哭起来。

"难道你没有看见妈妈这个样子吗？"我问道，"要知道，她有重病。她要费多大力气来装作没病的样子——难道这不让你不安吗？"

女孩子莫名其妙地看了我一眼。

"我哪儿会知道这事？"卓娅漫不经心地说，"妈妈并没有说，她病了还是没有病"。

这女孩不能和同学们一道去旅行，显然是不满意的。理智在提醒她，不能丢下母亲不管，可是，心灵却什么也没有说。这就是不幸。

　　我不得不用不止一年的工夫来使这个女孩的心灵醒悟。我从教育上首先关心的是，要让卓娅体会到为母亲和为同班同学而劳动的自豪感。见到她眼里闪烁着作为人的这种自豪感后，我才能说，现在，这个人身上的人性诞生了。

　　卓娅现在已是成年人，是两个孩子的母亲了。她的大儿子是学前儿童，我们已经同母亲一道在对他进行着教育。

　　学校在培养共产主义的人。在我们建立的社会里，人与人应当是朋友、兄弟、同志。只有当一个人为他人的幸福而献出自己一点心灵时，才能养成这种崇高的品质，献出精神财富——只有这才是精神财富的获得。人与人的关系在劳动中显露得最为鲜明，这时，一个人为另一个人而有所创造。劳动是个无穷尽的概念，因为它是人类的概念。劳动不仅仅表现在人们种庄稼和栽树木的地方。最细致、最复杂的劳动还表现在这种时候，即一个人到另一个人那里去，从他的眼神里看到和在他"言外"之意中听到求助的呼吁。这种劳动是人类精神活动的最高阶段。但是，为了达到高峰，必须经历初步阶段——为家庭的物质福利而劳动，为创造人的吃、穿、住（设备完善的住宅）所必需的物质财富而劳动。

60. 怎样和家长一道培养未来的母亲和父亲

学校培养的人，不仅是公民和劳动者，而且是未来的
父亲和母亲，即自己子女的教育者。

　　这件事只有和家长一道进行。学校培养的人，不仅是公民和劳动者，而且是未来的父亲和母亲，即自己子女的教育者。我们教师集体还操心一件事，即防止对婚姻、爱情、生儿育女持轻率的、不郑重的态度。遗憾的是，这种态度在青年中还可以见到。我们让家长也分担这种操心。在家长教育学校的讲课中，我们要给母亲和父亲讲，在子女接近性成熟时期，家长面临着什么任务。在关于怎样使性的本能高尚的问题上，我们力求同母亲和父亲取得一致的看法和信念。后来，当儿童成长为男女青年时，我们同他们进行座谈——男教师、父亲同男青年座谈，女教师、母亲同女青年座谈。多年的学校工作使我深信，这是十分必要的一件事。这可以说是对青年的心灵进行最温柔、最细腻的、小心而必要的接触。我们教男女青年怎样生活，教他们成为真正的人。这个使命只能委托给最关心人和富于人性的教师承担。

　　没有什么专门的爱情"科学"，我们告诉青年和家长，有人性科学，谁掌握了它，谁才能在精神心理和道德审美方面建立人与人的崇高关系，才能创造新的人。爱情是对人性的最严格的考验。但是，一个人在儿童时代和少年时代把自己的精神力量献一点给人时，就是经受这门课的最初步考试。

　　我的青年朋友！我建议你在培养人从事最明智的创造，即创造人的时候，要从紧密联系和相互依从的角度培养他的智慧、意志和情感。在这个精神生活领域中，智慧和意志应成为情感——性欲的特别警觉卫士。不要相信有些作家和评论家的论断，他们认为不能给感情下命令，说：人无力支配自己的欲望。他们是想用这种论断作为柔软的覆盖布，以掩饰性的放荡和所谓"爱情自由"，而这种行为是列宁所激烈反对的。

　　我的青年朋友！你要把人类伟大真理教给站在生活门槛上的青年：爱情首先要求对你所爱的人的命运负责任。在爱情上只求寻欢作乐的人，是淫荡汉和恶徒。爱，首先意味着献出，意味着把自己心灵的力量献给所爱的人，为所爱的人创造幸福。

　　让你的学生一生都记住，男女婚前关系的性质如何，这种关系中精神心理和道德审美的因素占优势的程度如何，决定了他们一生的道德纯洁性。

　　不要怕给男女青年讲，什么是家庭生活，在家庭生活中精神和物质两方面的东西是怎样交织在一起的。我们告诫男女青年，不要让感情遮盖了未来家庭物质福利的明智、清醒的想法。古语说："跟亲爱的人在一起，窝棚也是天堂"——这话今天不灵了。假如连生活最必需的东西都没有，那就不是天堂，而只能是痛苦。我们告诉男女青年，在考虑建立家庭之前，要先掌握专业知识，有工资收入，能自己独立生活。

　　话语在教育中起着重大的作用。但是，要使如何生活的教导进入青年心灵，还需要很多条件。应再重复一遍，只有从事劳动并把为人们带来福利的愿望贯注于劳动之中的人，只有已经尝到为人们创造幸福的愉快的人，才能对话语有心灵上的敏感。只有在进入青年时代早期以前，即在少年时代，就已经具有相当多的劳动道德经验，待成为青年时，心灵深处才易接受话语。开始，先唤醒心灵，使它感受为人们创造福利的快乐，然后，再运用激动振奋的话语来开导，这就是教师对青年心灵施加教育影响的逻辑步骤。在施加这种影响时，要把积极的精神活动同话语有机地结合起来。当讲到未来的丈夫和妻子、父亲和母亲的教育问题时，这种结合特别重要。在人类生活的这个领域中，受教育者的积极精神活动同教师的话语相结合，发源于世界上最洁净的一条溪流，它的名字叫尊重妇女。没有学校和家长的共同合作，这条溪流很快就会干涸，为它供水的源泉就会枯竭。

61. 怎样培养对妇女——姑娘、母亲的尊重

> 儿子永远不要忘记，她是生命的创造者。她给你以生命，喂养了你；在你面前开展了世界的美和母语的美，向你的心灵灌输了善恶和荣辱的初步概念。

我的青年朋友！你要善于使学生从心灵和理智上接受一个真理：爱国主义的神圣情感来自母亲。要善于教自己的学生学会观察生活，而生活中人际关系极其复杂，它们在向青年直接呼吁甚至大声疾呼：不要放过，要干预你们见到的情况。

在一月份的一个严寒的日子里，到处都是雪堆，我的八年级学生好不容易来到学校了。他们聚集在学校的暖和走廊里，抖掉身上的雪。有人想起了：我们教室楼旁的小房子里不是住着一位老太太吗?! 她现在怎么样？雪已经下了一天多。让我们到她家去看看吧！难道我们可以安然地坐在暖和的教室里，而忘掉雪盖住了有人的小房子吗？很可能连给老太太送水的人都没有。

我们越过雪堆，好不容易走到了小房子前，把门打开一看，老太太在发烧。怎么办？我们给医院打了个电话。

需要把病人送到医院去。集体农庄派了汽车，可是由于厚厚的积雪，汽车无法开出院子，而老太太在呻吟，烧得翻来覆去地折腾。青年人的眼里急得冒火，这是我从未见到过的情景。他们表现出有勇气、有决心帮助人。我

们做了一副担架，给病人裹上大衣，由 6 个人把她抬起。6 人抬着走，12 个人在前面扫雪开路，每走 200 米轮换一次。我们的行进很有计划：由一批人抬到前面某个雪堆，再由另一批人抬到另一个雪堆。眼眉上纷落着雪花，野外是零下 20 摄氏度的严寒，我们却浑身大汗，不觉得冷，也不感到累。我们奋斗了 5 个小时，来到了医院，黄昏时，才终于把病人放在病床上了。

在这一天里，男子汉诞生了。14 岁的少年升高到勇敢的第一级上来了。我们永远不会忘记这一天。现在，他们已打开心扉，贪婪地接受我关于妇女、母亲、姑娘，关于美和勇敢的话语。我同他们连续几天在寂静的傍晚，在我们称之为思想室的房间里聚会。我觉得，崇高的行为在话语的伴随下掀起了灵魂，开垦了心田；话语在有些情况下是空话，尽管话语相同，内容也相同……要使有关妇女的话语令青年的心跳动得更快，那就得把少年提高到勇敢的第一级上来，让他们为妇女做出崇高的行为。

我给少年讲做母亲的妇女，我说：儿子永远不要忘记，她是生命的创造者。她给你以生命，喂养了你；在你面前开展了世界的美和母语的美，向你的心灵灌输了善恶和荣辱的初步概念。儿子们要懂得，母亲对于孩子、对于孩子的命运倾注了全部心血、关怀和焦虑。孩子们的心地和行为如果善良，就是她的幸福，如果邪恶，就是她的痛苦。每个妇女都是母亲或者未来的母亲。她按自己的方式深刻而极好地体会到对整个人类负有责任。母性使妇女变得美好和贤明。从妇女成为母亲的时候起，她的情感就具有崇高的，除她之外谁都难以了解的意义。

62. 作为教育者的教师应具备什么品质

我们的学生对于在学校获得的知识抱什么态度，大都
取决于学生怎样对待教师——知识的明灯。

只要学校还存在，乌申斯基的一段话就是颠扑不破的真理："在教育中，一切都应当以教育者的个性为基础，因为教育的力量仅仅来自人的个性这个活的源泉。任何规章制度和纲领，任何人所设置的机构，不管它设想得多么巧妙，都不能取代教育事业的个性……没有教育者个人对受教育者的直接影响，就不可能有深入人性的真正教育。只有个性才能影响个性的发展和定型，只有性格才能养成性格。"[9]

生活使人们信服，受教育者是教育者的一面镜子。教育的艺术和水平在于，要善于通过受教育者的形象看到自己，通过我们从小培养起来的有思想、有感觉、有体验的人看到自己。"有教养的人，是其身上人的形象占统治地位的人"[10]——卢那察尔斯基的这句妙语，使我们不得不思考教师的真正作用。一个人的教养，不仅是他的知识，而且是他这个人的多方面的总形象。教师个性的教育力量，就在于和取决于他身上把教书和育人有机结合的程度如何。如果我们说，学校用知识进行教育，那么，知识的教育力量首先就在于教师的个性。

我的青年朋友！要知道，把自己留传给我们的学生，并不意味着机械地

把知识从自己的头脑移到我们所教的人的头脑中去。一分钟也不要忘记，在帮助别人认识周围世界时，我们自己也作为周围世界的极重要成分而出现在别人的智慧和心灵面前。别人认识世界时，不可能不认识我们。我们教给他的知识，不是什么与人的个性分得开的东西，而是同人的感觉和体验的世界融合在一起的。这种融合中隐藏着这样一个"秘密"，即在教育和教学工作中，我认为这种融合是人的形成过程——变知识为信念的过程中最难捉摸的因素之一。问题在于，我们的学生对于在学校获得的知识抱什么态度，大都取决于学生怎样对待教师——知识的明灯。热爱自己学科的教师，他的学生也充满热爱知识、科学、书籍的感情。教师的话语中不仅包含了学科的意义和内容，而且包含了思想的情感色彩；只有热爱科学的人出现在学生面前，才能唤起学生的情绪、情感。

什么叫热爱一门学科？它来源于何处？怎样培养对科学的热爱？我坚信，这首先是教师的智力财富永无穷尽。只有把自己知识的 1%用于课堂讲授就够了的教师，才是真正热爱自己学科的人。教师的知识愈丰富，他个人对知识、科学、脑力劳动、智力生活的态度就表露得愈鲜明。这种智力财富，就是教师对自己的学科、对科学、学校和教育学的热爱。

热爱自己学科的教师，具有一种非常宝贵的品质。他不仅向学生传授实在的知识，而且唤起他们的求知思想。所有努力用知识和对科学的热爱来进行教育的教师，都力求做到这一点。他们把自己的个性对学生的影响，看作是一个人把自己的智慧、清晰的脑力、根深蒂固的求知欲和需求留给另一个人。上课时似乎在必要的知识和超出教学大纲范围的知识之间架起了一座小桥，教师引导学生在这座小桥上走——只有在这种情况下，教育者的个性对受教育者的个性的教育影响才能达到高水平。我把课堂上传授给学生的知识看作是种子，能生出苗壮的思想幼芽，提供丰盛的收获——渴求知识，力图成为更聪明、更发展、精神更丰富的人。如果没有这种收获，学习就会变成读死书，上课会变成对熟背的检查，学生会变成会背诵知识的听话机器。我认为，只有当学生产生了想要比在课堂上获得更多知识的愿望，这种愿望成了推动他学习和掌握知识的一个主要刺激因素时，教师才能成为知识的明灯，因而也成为教育者。

我力图做到，在我上课时把知识的种子播撒在翻耕得很好的土壤中以后，便开始丰富的智力生活，我的学生在这种生活中，从江河驶向知识海洋。如果把学习局限于课堂、课本、从某页到某页的家庭作业等，那我就不可能成为教育者，知识也不会起到教育作用。只有课后学生身上燃起无数热烈求知思想的火花时，知识的种子才能破土而发出茁壮的思想幼芽来。

求知思想的火花，首先是在书的世界里进行个人阅读和精神上的充实（关于这个问题，我还要回过头来讲）。第二个非常重要的思想火花，是学习小组，由于有这种小组，教师就成为教育者，学生成为受教育者。我坚信，如果没有这个精神生活发源地，上课也就成了从教师头脑向学生头脑作枯燥无味和没精打采的知识搬家。我们大家，不论教师还是学生，都是科学知识海洋中的旅游者。我们总是在准备有关科学最新成就的报告和报道，评介科学杂志中的论文。

我的青年朋友！我想向你建议：你的知识、你的求知渴望和阅读爱好，就是你个性教育力量的强大源泉。你自己要善于看待这个源泉，并引导学生走近这个源泉。要做自己教学科目的主人，让教学大纲和教科书只成为你最基本的知识，如同字母表对已掌握修辞学奥妙的人一样。要孜孜不倦地经常充实自己的科学知识，在你讲授基础知识的那门科学方面，你的私人藏书应当非常多，多到你能够在4～5年中给你的学生每人每个月（有的人也可能是每周）提供一本新书阅读。要发现和培养自己的学生。要培养与你相近的青年人——爱好、兴趣、志向、才能相近的青年人。让每个班级都涌现出热爱你这门知识领域的学生。让每个教师都有自己的学生：语文教师有自己的学生，历史教师有自己的学生，地理教师、生物教师、数学教师等都有自己的学生。

　　你的学生愈是深深地爱上你所教的科目，你这个教师也就愈优秀，在你个人身上育人者和教书者也就愈加有机地结合在一起。能力、志向、才干的培养问题，没有教师的个性对学生个性的直接影响，是不可能解决的。能力只能由能力来培养，志向只能由志向来培养，才干也只能由才干来培养。

　　这里，稍离题远一点。应当说，好教师是从在课桌旁当学生时开始培养的；有能力燃起学生热爱教师职业的火花的，只是那些热爱儿童和具有最大的教育智慧的人。这种教育智慧，是善于在青年心灵中不断激起做好人的愿望，想今天比昨天做得更好的愿望，以及对自己应有的自尊感。

　　我想象的理想学校，是每个教师都有我们上述讲过的那种学生的校中之校。有人可能会问：如果每个教师都力图给自己的学生创造一个有些独特的智力世界，会不会使基层集体和全校集体削弱呢？这里不仅没有任何危险，而且恰恰相反，如果每个教师都有自己的学生——可以对之留传自己的那些人，那么，只是这时才可能有作为教育力量的真正集体。

63. 集体是教育的工具，怎样建立集体，它靠什么来维持

我感到有一种说法很幼稚：集体借以维持的主要东西，是严格要求和组织上的从属制度。

集体——儿童的、少年的、青年的集体，是很复杂的统一体。这是由成千上万条溪流汇合成的江河。集体是渐渐地建立起来的。我对一年级学生的生活观察了 32 年，从一年级到四年级教过不止一代儿童。我想，我有资格说，在儿童跨进学校的大门以后一段时期，班级里还没有，也不可能有我们的集体概念所指的集体。集体是逐步产生的。我感到有一种说法很幼稚：集体借以维持的主要东西，是严格要求和组织上的从属制度。严格要求、责任心、服从和领导，都是集体借以维持的非常重要的基础，但如果没有其他同样重要的基础，那就没有，也不可能有集体。有些教师希望，从学生中选出一些领导者，进行职责分工并提出要求，集体就建立起来了。这种希望在实践上是无结果的。一般来说，在像学校集体这样极其复杂的精神共同体中，把某一因素绝对化是不行的。不可做一般和绝对的结论说：这样做只会是好的，而那样做只会是不好的。集体并不是一种不知来自何处的东西。集体是教师的创造。在集体中，如在水滴中一样，反映出的是教师的教育理想和他的世界观。

我认为，形象地说，集体是在共同的思想、共同的智力、共同的情感、共同的组织这几个基石之上建立起来的。

集体的形成和这些基石的奠定，取决于教师。在有些情况下，集体的要素在儿童过学校生活的第一年就已出现，在另一些情况下则晚些。一种基石的稳定和牢固，取决于其他基石的稳定和牢固。例如，共同的组织——严格要求、服从、领导、管理、从属制度，取决于共同的思想、智力和情感三者的统一。因此，不要急于建立某种组织依附机构——领导和被领导。不要指望，如果你班里选出了学生的领导机构，进行了职责分工，一切就会自动上轨道。

我认为，集体的建立是从思想一致开始的，它是组织一致这块基石所依靠的根底。我一向是从儿童对于善与恶，换句话说，对于"什么是好与什么是坏"有了一致的、共同的概念和看法时，开始建立集体的。对于奠定集体的最初基础来说，非常重要的是要让儿童努力做好事，为善良而斗争，通过集体活动建立福利。同时，要不容忍邪恶，与之势不两立，憎恶坏事，用儿童所能具有的最大决心和意志力反对它。你在儿童的思想和心灵中能树立起认为善良才美，对邪恶不容忍的概念，你就能成为儿童的教育者。我尽量让每个儿童都懂得和感到，只有在集体中才能成为一个真正卫护善良的战士，集体斗争给人以极大的快乐，帮助人感觉到自己的力量和自己的美。在共同斗争的同志关系中，一个人会认识另一个人，会产生极重要的精神需要——需要别人，需要别人给他支援，给他帮助。一个人在管（领导）别人之前，先要学会管自己，迫使自己做自己良心吩咐的事情。要成为对良心感召反应敏锐的人，就应成为对善恶反应十分敏锐的人。而只是在一种时候人才会有这种敏锐感，这时候，一个人——哪怕他还很小，但已是人（这一点要永远不忘记）——已具有为好事而斗争的某种道德经验、体会和尝到了这种斗争的快乐。这种快乐在初期只是来自共同建立某种美好的事情——没有这一点，是什么也做不成的。

学生的年龄越大，他支持好事、反对坏事的斗争就越有意义。我们教师集体认为非常重要的是，每个人在儿童时代和少年时代都要经受这种集体斗争的锻炼。这首先就是用自己的双手劳动、创造和建立福利，在集体进行教育方面，没有什么比"口头上热情"、口头上对坏事不容忍……而实际上无所作为更坏的了。要知道，我们生活中有邪恶，首先是懒惰、懈怠、对社会主义财产漠不关心、自私自利、市侩习气。我们努力使儿童时代、少年时代和青年时代早期的集体成员，是为人们创造物质财富和精神财富的思想和体验才会联合在一起。在寸草不生的土地上培育出一片小柞树林，使不毛之地变成肥沃的高产田——这种劳动只有集体力量才能办得到，它的巨大教育作用就表现在这里。正是这种劳动，通过统一的信心和统一的情感把人们联合起来了。正是在这种劳动中，奠定了共同的思想和情感这样一些集体的基石。学生把每人的微薄力量加在一起时，感觉到和意识到集体力量的强大。只有在集体中，才能真正认识到人的美。

我的青年朋友！你要善于通过劳动把学生联合起来，因为在劳动中鲜明地表现了为人民服务，为人们的福利贡献力量的思想。从事这种劳动的机会，在我们周围比比皆是。例如，学生眼前就有一块空地，他们已经对路旁这块成了垃圾场的空地习以为常，视而不见。你要让他们看见这块空地，想在这里造出一片多阴的小树林，作为炎夏酷暑时感到倦怠的行路人休息的地方。请记住，为人们的幸福而从事集体劳动，就是真正思想教育的初步。在这种劳动中，集体的思想基石和情感基石相一致并结合起来了。但千万不要让学生对开始做了的事半途而废，前功尽弃，这会使人变坏的。还不要让学生只是说这也不好，那也不好；别人那里好，我们这里不好，而一点也不动手去做好事。用空话是进行不了教育的。集体是在实践活动中，在斗争和劳动中产生和巩固起来的。

智力的共同性是集体的一块基石。但不是说，在认识领域中，所有的人应当有相同的具体兴趣。恰恰相反，成功的"秘诀"在于，集体的成员应有不同的兴趣和爱好，阅读不同的书籍。智力一致，指的是大家都渴求知识，尊重科学思想、书籍，尊重聪明的、有教养的人。我是这样想象集体的真正智力的共同性：比方说，七年级或八年级有 35 名学生，其中 8 人爱好数学，热爱数学教师；7 人喜欢物理，8 人喜欢文学，9 人喜欢生物、土壤学、植物栽培学，等等。这就是真正智力的共同性。每个人有自己的爱好，有自己的"干劲"，人人都用自己的某种东西把集体充实起来。有了这多种多样的爱好，集体的智力生活就非常丰富了。少年们上课前聚集在一起，或课后在回家的路上，相互争论、憧憬着科技的未来；有趣的是，他们不仅谈论教学大纲上的材料，不仅谈论教科书，课堂上没有学过的东西也使他们头脑激动不安。集体一心一意力求不断地丰富知识，这是非常重要的。这种意图的强烈与否，完全取决于历史、地理、数学、物理、生物、文学教师在多大程度上成为教育者，他们在多大程度上用自己学科的智力财富赢得学生的头脑和心灵。这种对集体的教育，首先是教师为争取学生的心灵而开展的一种聪慧而有分寸的斗争。这实质上就是要在学校里建立若干个智力生活的基地或中心，由聪慧而热爱自己那门科学的教师来领导。每一个中心还要有自己的组织形式，例如，在我们学校里，就是各学科小组，不过，也可以有其他的组织形式。

64. 怎样通过集体使个性全面发展

　　各学科小组，是保证个性全面发展的最必要的集体形式之一。

　　人是一个不可分割的整体（道德的、智力的、情感的、审美的、创造的）；只在一个集体中要找出能揭示、表现和发展这个整体的形式，是无法实现的，因为这个集体在成员相互关系的组织上具有局限性。例如，基层的班集体，不可能成为完成个性全面发展任务的唯一组织形式。一个学生有研究数学的兴趣，另一个学生喜欢生物学，第三个学生爱好文学，第四个学生爱好技术创作。此外，每个学生还有一种或几种爱好，如音乐、图画、木刻等。随着不断地接近成年，有些学生正在发展的志趣所要求从事的活动，与其他人的活动完全不同。所有这些复杂多样的兴趣、爱好和活动，基层集体工作的组织形式是容纳不了的。上面已讲过，如果教师已成为教育者，他就必然是有共同智力兴趣的青少年集体的核心。各学科小组，是保证个性全面发展的最必要的集体形式之一。这种小组可以由六七年级的学生组成，而在有的学校里——在智力生活蓬勃发展的地方，也可以把五年级学生和四年级学生吸收到这种小组来。这种小组一般应是同龄人的集体，但并不排除七八年级的学生或八九年级的学生在同一个学科小组里共同活动的可能。

　　除了对知识、科学和书籍的兴趣之外，学生还有其他方面的兴趣，如劳动兴趣、创作兴趣。劳动和通过劳动而创作，是发展个人志向、能力和才干非常重要的方面。我们学校里有劳动创作小组，如技术小组、农业小组。这些小组是按年龄建立起来的，如有三四年级的少年机务小组，五六年级的少年机务小组，六七年级的少年无线电技术小组，一二年级的少年园艺小组，三四年级的少年园艺小组，五至七年级的少年育种小组，八至十年级的少年机务小组，等等。每个小组的学生少则 8～10 人，多则15～20 人。这是一种非常稳定的组织。有些学校的小组已有 20 多年的历史，一批学生在某个小组活动两三年之后，就转到年龄较大的学生小组去，而由另一些学生来接替他们。劳动创作，就像智力的共同性一样，是把学生联合为集体的有利因素。

不论学科小组还是劳动创作小组，都有自己的物质基础。学科小组有思想活动室（或者图书室），在这里，学生度过精神生活中最丰富、最充实的时刻，与书打交道的时刻，即马克思称之为智力活动[11]的时刻。劳动创作小组有工作室、实验室和活动室，少年在这里完成劳动任务（设计、安装）。学科小组的领导人是教师；劳动创作小组的领导人，或是教师，或是高年级学生。这是保证课余活动原则的重要因素之一。

还有另一种类型的小组——业余艺术活动小组、文学创作小组、音乐小组、戏剧小组、文艺作品阅读小组。在这里，学生表现和发展种种兴趣，这些兴趣不仅从美学方面，而且从道德、情感和智力方面丰富了个人的精神生活。我们的教师集体坚信，这些小组的活动对学生的心灵和理智产生了一种敏锐而温柔的触动，没有这种触动，不可能有基层集体这种精神统一体的生活。我们非常担心，如果学生在这种集体里表现得不积极。

我们把这种集体称为艺术文化集体。我们感到，这个名称最充分地反映了这种集体所进行的活动的实质。艺术文化小组甚至吸收最年幼的学生。我们学校有两个童话小组，共有15～20 个一年级儿童。小组领导人是高年级学生。儿童来到童话室，由高年级学生给他们读或讲有趣的童话。小家伙们还排演一些民间童话故事，在这个小组里编新童话，是儿童最感兴趣的一种活动形式。

在艺术文化集体中，我们认为儿童木偶剧具有特别重大的价值。参加这个集体的，有 40 多个低年级学生（分为 3 个小组）。这个集体的领导人是高年级学生——共青团员。

65. 怎样培养服从和领导的能力，用高度严格要求的精神进行教育

　　只是在有了情感上的自我服从举动时，才可能有意志上的服从。简单地说，儿童和少年只有服从自己的心灵时，才会自觉地服从自己同学的话。

　　如果学生在许多集体（我所讲到的，还远远不是一切集体）中得到了全面发展，那就会造成一种状况：每个高年级学生都会成为领导者、教育者，许多少年先锋队员也都会具有领导的经验。同时，领导是由活动派生出来的，似乎是在活动过程中产生的。多半是在一个人的表现说明自己是行家里手时，他才会被选为领导者。儿童乐意服从这种领导者，因为这种情况下的服从等于愿意今天比昨天更好。在学校里，如果离开了由统一的目的鼓舞着整个集体从事的积极活动，就不可能有服从和领导。在这里非常重要的是，你用高度严格要求的精神对集体进行教育的活动，应具有鲜明的社会意义、公益作用。

　　服从，首先意味着给自己下命令。这种意志上的举动，需要有高度的自觉性。一个人在青少年时代，尤其是儿童时代，只有当他不仅了解活动的意义，而且了解情感上的潜台词时，才能理解活动的崇高目的（而社会的、公益的目的永远是崇高的）。只是在有了情感上的自我服从举动时，才可能有意

志上的服从。简单地说，儿童和少年只有服从自己的心灵时，才会自觉地服从自己同学的话。在这个细致的工作中，把领导者的意志建立在崇高的道德情感基础上，是非常重要的。换句话说，领导者要号召集体从事本质就是为人们、为社会服从的活动。在这里，我们看到了集体的各种基石——共同的思想、智力、情感和组织——之间的密切联系。如果学生把将要进行的活动看作是激发他的心灵，使他精神高尚起来的事，那他就甚至不可能容许有不服从领导者的意志——命令或要求的想法。因此，我向青年教师建议：

要通过富有道德和思想的劳动，引导学生懂得服从。让领导者的要求或命令同学生自己的心声融合在一起，让明天的公民从事具有重大社会意义的劳动时，在自己今天的劳动中就感受已开始做公民。让他用同龄人和年长同学的眼光看自己。让集体在自己的规则、规范和要求中表现出社会——我国全体劳动者社会主义大集体的理想。

一旦学生集体分成一定的组织（大组、小组），能够独立地从事公益劳动，我就力图使这种劳动有明确的思想中心，让每个儿童不仅了解，而且感到自己活动的崇高性质。

66. 怎样培养少年列宁主义者，教师在少先队组织生活中的作用

少先队是儿童和少年的公民生活、社会政治生活最重要的组织形式。

从儿童加入少先队组织时起，他们就开始了社会政治生活的新阶段。多年的经验使我深信，基层集体的教师、教育者的主要任务，是用崇高的公民理想来激励少先队。少先队是儿童和少年的公民生活、社会政治生活最重要的组织形式。少先队集体的生活应做到：用比一个人的志向和能力、兴趣和对劳动与创造的热爱更重要得多的东西使儿童和少年振奋，在精神上丰富他们，把他们团结起来。

我们教师集体认为，少先队组织是学习文明的学校，是苏联爱国者社会政治关系的学校。我们认为，少先队和共青团的主要教育任务，都是要使青少年的心灵充满崇高精神，使他们的头脑里具有一种思想：每个苏联人最宝贵和最神圣的东西，是我们的伟大祖国、社会主义制度、革命成果，为建成共产主义而进行的斗争。要帮助少年列宁主义者建立好自己的组织生活，让这些最珍贵的东西在他们的心灵中牢牢确立。

怎样实际做到这一点呢？首先，要让儿童和少年的活动具有丰富的社会政治内容、思想内容。祖国、乡土、革命成果、共产党、伟大卫国战争的神

圣的事物——这些都应作为最宝贵的、与个人攸关的、迫使心脏加速跳动的东西而铭记在少年心中。为此，必须使事情、行动、相互关系和社会活动充满思想性。

我校优秀教师历来就注意，不让无数的实际事务排挤少年列宁主义者的意识和感情中伟大的、神圣的、崇高的东西。在过少先队组织生活的整个时期（5年），我们经常给少年列宁主义者讲述一些思想：前人传给我们的一切物质财富和精神财富，都是用宝贵的代价换取来的，每一寸苏维埃土地都是我们祖父和曾祖父用大量血汗浇灌了的；我们每一个人如果没有祖国就微不足道了；只有祖国的强有力的双臂，才是使我们每个人精神振奋、道德高尚的神奇力量；如果没有两千万英雄在争取祖国自由和独立的反法西斯战争中流血牺牲，我们就不会享受到安宁的童年和少年时代的幸福；我们的神圣义务，就是要为伟大苏维埃祖国的尊严和强盛而斗争，了解并珍视祖国这个无可比拟的最神圣的东西。

我们认为，列宁少年先锋队组织最重要的任务之一，就是认识祖国，从理智上和心灵上认识祖国，要让每个明天的公民在认识最宝贵和最神圣的事物时，都为祖国的伟大、富饶和强盛而感到惊奇和振奋。要使每个少年的心灵都不断增强一种责任感：我为祖国更伟大、更富饶、更强盛做了些什么？我们力求把从理智上和心灵上认识祖国同积极的活动结合起来。

我们的每个少先队中队都举办在祖国各地旅行的演讲活动。这是关于我国自然资源和各族人民的一种有趣的、激动人心的口头介绍。少年列宁主义者面前摆着一张地图。每次的演讲说明我国的一个角落。儿童从自己故乡的村子起向东部越来越远的地方做思想上的旅行。我们给他们放映有关苏联人生活与劳动的影片和幻灯片。少年的眼前展现了各族人民团结友爱的惊奇世界。在祖国各地旅行的演讲活动持续若干年，到儿童成长为少年和准备加入共青团时，仍继续进行。这就加强了对我们祖国伟大和强盛的印象。

在祖国各地旅行的演讲活动，不仅可以从理智上和心灵上认识现在的情况，而且可回顾过去。我们给儿童讲述各族人民反对社会压迫和外国占领者的斗争。统一大家庭的情感、各族人民友好的情感，是一种最复杂和最深厚的情感；各族人民为摆脱剥削和外国的奴役与占领而进行了共同斗争，表现了团结和兄弟友爱的精神，如果对这种精神的伟大和美好缺乏个人信念，就不可能有这种最复杂最深厚的情感。

为了培养这种情感，还必须有受思想所激励的活动。我们的少先队员同我国各兄弟民族的儿童交朋友。他们同俄罗斯和白俄罗斯的少年列宁主义者的友谊特别牢固。我们的儿童同住在第聂伯河沿岸的斯摩棱斯克和白俄罗斯的少先队员交朋友已 15 年以上了。每年在同一天的同一个时间，乌克兰、白俄罗斯和俄罗斯的儿童，都到这个大河的岸边种友谊树。少年列宁主义者立下誓言说：我们 3 所学校存在多少年，我们在第聂伯河岸边就种下多少棵树。

在友谊日（我们这样称呼这个节日），儿童感受到激动人心的兄弟友好感情。这种感情由于同兄弟民族的儿童能亲自会面而加深。我们的少年先锋大队近 10 年来每年都派代表作令人激动的旅行：我们到白俄罗斯兄弟——戈麦尔州科尔缅寄宿学校的少先队员那里做客。白俄罗斯兄弟也每年一次到我们这里来。儿童由于这种会面而体会到的深厚情谊，难以用言语表达。每个人都有自己的远方朋友。几天的会面活动很快就过去了，分手时，孩子们眼里都噙着泪水。

我们的教师集体深信，各族人民友好的感情是一种最细腻、最尊贵、最崇高的、最让人激动的。在这种激动中，社会和个人有机地融合在一起了。我们认为十分重要的是，要让男女少年把这种情感贯注到劳动中去；每个少先队员在友谊日都要种植一棵柞树，以纪念与自己同龄人的永恒友谊；随着时间一年年过去，树木不断生长，如儿子像关心母亲一样照料它，可以使人的心灵高尚起来。

每个少年先锋队中队都有一个值得纪念的神圣地方——国内战争或伟大卫国战争年代进行过战斗的地方。在这种地方，为烈士建立了活的纪念碑：

儿童种下了从两百年的柞树上采来的柞实。少先队员们受一种思想所鼓舞：他们建立的活纪念碑会挺立 500 年以上，不仅能使人们缅怀英雄，还可以给疲劳的行路人带来快乐。

在离开第聂伯河岸不远的地方，少先队员查寻历史遗迹时找到了埋在土里的一块大石头。从法西斯占领者手中解放乌克兰战斗的目击者讲述，有两名苏军战士最先从左岸向右岸强行渡过第聂伯河，在这块石头旁防守了一个多昼夜。少先队员找到了不少被子弹打下来的碎石片。他们在石头旁栽了两棵柞树，以纪念为守卫国土献出了生命的两位英雄。经过长期查寻，少先队员找到了两位烈士的亲属，他们从遥远的西伯利亚来到我们学校做客。少先队员加入共青团时，把纪念英雄的活纪念碑，像接力棒一样，传给了下一代少年列宁主义者。

缅怀为苏维埃祖国的自由和独立而牺牲的烈士，已成为少先队大队和每个中队生活中极重要的思想。少年列宁主义者用几年时间建立了一个永垂不朽纪念室。这里悬挂着在伟大卫国战争的战场上牺牲的同乡照片。少先队员把陆海空战斗参加者的讲述珍惜地记录下来，作为人民光辉业绩的宝贵点滴。"谁都不会被忘记，什么也不会被忘记"——这句话已成为我们学生的座右铭。

67. 怎样向少年列宁主义者灌输共产主义思想

我们的时代是创造性劳动的时代。应教育青年一代首
先在劳动中成为英勇无畏的人。

有句古老的拉丁谚语说：话语开导人，榜样吸引人。我们的教师集体认为极重要的教育目标之一，是通过能体现人的最高美德的鲜明形象和榜样，向儿童的意识和心灵展示共产主义思想。这种美德就是为争取人民的幸福而斗争，在这一斗争中表现出自我牺牲精神，对信仰忠贞不渝，百折不挠地克服困难，对共产主义意识形态的敌人毫不妥协。我们尽力使每个学生的心灵在儿童和少年时代就受到真正为共产主义而奋斗的人们的鼓舞。儿童刚刚戴上红领巾庄严地宣誓之后，我作为老师，每周就同他们举行一两次共产主义阅读课。我们学校的每个教师都懂得，这是极其重要的工作。这是教师同学生进行亲密思想交流的时刻，是少年列宁主义者信赖地把心灵向你敞开的时刻，在这样的时刻不和他们在一起，就无从了解他们内心深处的许多想法，因而也不可能用自己的细雕刻刀在你所刻造的那个人的塑像上刻画出精致的线条来。

共产主义阅读课既是读书，也是生动活泼、引人入胜的故事会。读书和讲故事活动，多年来已形成了一套固定的题目。我们阅读和讲述关于杰出的共产主义战士的故事，诸如关于捷尔任斯基、斯维尔德洛夫、拉佐、台尔曼、

季米特洛夫、卡莫、伏契克、尼古拉·奥斯特洛夫斯基、尼科斯·别洛扬尼斯的故事，朗读和讲述有关伟大导师列宁的生平及其为人类幸福而斗争的事迹。

在共产主义者的形象中，特别使孩子们受鼓舞和激励的，是他们对信仰的忠诚、坚贞不屈，对敌人和思想上的敌人毫不妥协的精神。每当我向少年列宁主义者朗读和讲述共产党员——列宁主义者卡莫在监狱经受拷打时英勇不屈，最残酷的折磨未能使他呻吟一声，不能使他说出一句求饶的话，这时我发现学生们的眼里闪烁着钦佩的目光。这样的朗读课越多，共产主义的真理就越是深入少年儿童的心灵。

朋友，要像爱护无价之宝那样爱护青少年心目中对共产主义思想的伟大力量和真理所怀有的惊叹和钦佩的感情。要懂得，在通过理智和心灵认识周围世界的真相时，年轻人总是力求了解神圣的事物，力求在面前有看得见的榜样，指路的灯火和光明的道路。不要让他们心灵中永不熄灭的火焰熄灭。这永不熄灭的火焰就是信仰神圣的、颠扑不破的真理——共产主义思想的真理，为这种思想而斗争，必要时甚至不惜牺牲自己的生命。这是人们最豪迈的行动，最高尚的美德。

共产主义阅读课，点燃了少年儿童对神圣的、不可动摇的事业的信仰，对豪迈的思想美德的信仰。这种信仰，只有在学生努力用自己的言行表现出共产党员光辉灿烂、英勇豪迈的生活使他们赞叹和钦佩的美德时，才会燃烧成光彩夺目的火炬。不仅要使学生有所作为，而且要使他们通过自己的行动和劳动证明些什么——这是共产主义教育和自我教育的一条非常重要的原则。我们认为自己的教育任务是，以少年儿童在通过理智和心灵认识共产主义的伟大真理时所产生的崇高精神鼓舞他们从事劳动。如果说，儿童的生活中可以有共产主义的劳动，那么，这种劳动就是明天的公民借以证明些什么的劳动，并且他今天因此而成为一个公民。我们尽力使我们的学生通过自己的劳动证明：

在我们的社会里，人与人是朋友、同志和兄弟；

自由的劳动者希望在劳动中看到自己，希望在亲手创造的事物中留下自身的美；

社会主义社会的公民只有通过劳动，才能确立自己的荣誉和尊严；

在任何最平凡的事情中，劳动都可以成为崇高的创造活动，成为诗篇，成为新的鼓舞力量的源泉。

每个公民都能以自己的劳动来加强祖国的实力和强盛。

要使劳动受这些崇高的动机所激励，在我看来，是对少年列宁主义者进行思想教育的高水平表现之一。

怎样才能实际体现劳动的这种思想性呢？

在这方面，生活中存在着无穷无尽的可能性。在培植公共园林的活动中，我们中队的每个少先队员栽种了一棵树。劳动变成了不声不响的竞赛。大家都尽力为自己管理的那棵小树做出自己十分独特的贡献。

每个学生一看见自己栽种的小树就感到高兴，把它当作亲手创造的东西，仔细观察。我认为，这是热爱劳动的开始。人人都想证明，自己能够用双手创造出美好的事物。

我坚信，如果一个人能通过自己的劳动确立崇高的思想，那他就会成为一个自豪的、刚直不阿的人。这样的人能珍爱神圣的事物。社会生活中没有任何事物是与他无关的。这样的人能够成为脚踏实地而不哗众取宠的社会活动家，他少年时代在道德上就日趋成熟了。

我的朋友！你可能会感到莫名其妙：作者开始谈的是怎样向少先队员灌输共产主义思想，怎么转而谈起劳动来了。要知道，我们的时代是创造性劳动的时代。应教育青年一代首先在劳动中成为英勇无畏的人。在我们这个时代，人的品格正是在为共产主义的胜利而进行的劳动中表现出来的。

68. 怎样使青年在领到印有伟大列宁肖像的红色共青团证时激情满怀，怎样使他们珍惜共青团员的称号

> 对于人们来说，这种劳动既可以成为沉重的、令人厌倦的负担，也可以成为使人精神高尚、为创造世界的美和自身的美而进行的斗争。

你是个年轻的教育工作者，一定会有机会做高年级学生的工作。我想根据自己的亲身体验，向你提出几点建议。

做完一天的工作，我回到家里，翻开记事本，想起我的少年朋友们，于是，我面前又浮现出一双双聪明的、爱笑的、快乐的和顽皮的、沉思的和忧虑的眼睛。我建议你也经常独自一人思考问题，要喜欢这种为青年人的命运而思索的快乐时刻和不安时刻。

请记住，共青团组织是志同道合者的组织，是在思想、信念、世界观上一致，对待生活、对待别人和自己持共同态度的兄弟姐妹的组织。要努力以这样的思想和信念鼓舞和团结青年：我们大家志同道合，聚集到共青团这座壮丽辉煌的宫殿里，准备为我们的思想和信念贡献出一切，如果必要，甚至献出自己的生命。这是共青团教育工作中的一条宝贵原则。

那么，这种思想上的一致是什么呢？怎样才能使之确立并实际上达到这

种一致呢？

意识形态和思想上的一致，是共青团员的灵魂和心脏。每个持有团证的人，都应该感到自己是个共产主义战士。伟大、美好和崇高的思想开始起鼓舞作用的表现是：我们的思想和观点向往着未来，我们共青团员是为未来而奋斗的战士；我们日常的平凡无奇的生活被未来的光辉所照耀，变得光彩夺目，令人神往和富有豪迈精神。意识形态上的一致，就是为未来而进行的斗争。在这一斗争中，共青团的豪迈精神激励着生机勃勃、怦怦跳动的心脏。让我们回顾一下列宁的党和列宁共青团的英雄历史：是什么力量引导我们这些饥寒交迫的人们与武装到牙齿的干涉者进行殊死的战斗？是什么力量鼓舞人们在最初几个五年计划期间夜以继日地突击劳动？是什么力量在垦荒运动初期支持人们忍受艰难困苦？是对未来的憧憬，是对最公正、最美好、最明智和最人道的制度——共产主义的向往。

可是，怎样把共产主义的远景展现在每个人的面前呢？显然，不是每个人都有机会飞上太空，或在 22 岁时就能通过博士论文的答辩，或成为世界闻名的歌唱家，或能够注释出科学家们多年绞尽脑汁而无法解释的文字。我们大多数人不是宇航员和科学院院士，而是庄稼汉、畜牧业劳动者，泥水匠和锻工。那么，亲爱的朋友！就让我们一起想一想吧：怎样才能在平凡无奇的日常劳动中向少年儿童的心灵揭示出伟大的理想，从而使每个人不仅把自己的劳动看作是创造起码的生活条件，而且能够在其中发现某种更大的无可比拟的意义。

达到思想一致、意识形态一致的途径，存在于劳动之中，存在于平平常常、初看起来毫无特色的劳动之中。对于人们来说，这种劳动既可以成为沉重的、令人厌倦的负担，也可以成为使人精神高尚、为创造世界的美和自身的美而进行的斗争。依我看来，共产主义战士的思想一致，就在于要走在时代的前面，充当未来的侦察兵，在自己的劳动中看到这一未来，在双手出力时感觉到这一未来。

我记得，集体化初期，村里的第一个拖拉机手感到多么自豪。因为他跨入了无人知晓的世界，打破了生产资料私有制世世代代对人的束缚：他打破地界，深耕土地，让不可思议的怪物——机器服从他的命令。当我每年来到十四五岁的共青团员小组，告诉他们我们老一辈人建议他们干些什么，从何做起的时候，我仿佛又看见了我们的第一个拖拉机手那双兴高采烈的眼睛，热情的亚什卡——姑娘们这样称呼他，每个姑娘都悄悄地爱上了他。

亲爱的朋友！我要向你谈谈我们学校共青团组织刚刚成立时的情景。那时，我们有 25 个人……我们所要从事的劳动，是我们的父辈和祖先干过千百次的劳动：播种 1 公顷小麦，培育出种子，交给集体农庄。可以再一次重复前人在我们的土地上所做过的一切，但也可以前进一步，像未来共产主义社会的人们那样劳动。我们这个地区 1 公顷肥沃的土地，在最好的丰收年也不过产 35～40 公担。而我们却提出了收 70 公担的目标。这是前所未有的，但是，大自然的力量和奥秘还远远未被人们揭开。如果让小麦的本性充分发挥出来，它的产量可能提高 1 倍。年轻的朋友！这将是一种不平凡的劳动，而我们也会成为不平凡的人。到了共产主义社会，将不只是 1 公顷土地，而是广阔的田野都会奉献出这样的财富。我们在今天，就要获得这样的财富。

我们的劳动确实是不平凡的。这不仅是指劳动过程的性质而言——在许多方面不得不采取与大面积种植小麦不同的做法。我们的劳动之所以不平凡，首先是因为它触动了学生精神生活的各个方面。劳动成了为确立一种思想而进行的斗争，这种思想鼓舞着我们，把我们联合成一个志同道合的大家庭。学生们感到自己是不平凡的人：不是为了谋生而干活，而是要在人迹罕至的地方开出第一条犁沟。

如果没有思想上的一致，如果没有崇高的共产主义思想对大家的鼓舞，集体中的任何组织联系都是无济于事的。我设想：在我们从壕沟中用双手把腐熟的肥料挖出来，装上车子运到田里去的时候，如果我们的共青团员中有人拒绝参加肥料厂的劳动，会发生什么情况呢？假如出了这样的事，这个人就会被批评得体无完肤，同学们会骂他是懒汉、瞌睡虫、娇生惯养、好逸恶劳。而这样做是发自内心的，不是经过任何"准备"的，因为人的心灵一旦受到崇高思想的鼓舞，就会对周围所发生的一切十分敏感，会维护理智，提示人们应该做什么和说什么。年轻的朋友！请记住，要使人的心灵不沉睡，而时刻守护着自己的天良——这是共青团教育中一条非常重要的原则。……我们那时，学生们说，真是拼着命干活。倒进壕沟里的畜粪变成了细碎的腐熟肥料，我们就把这种肥料运到田地里，像撒种那样撒在土地上，使每一窝苗都能得到养分。我们从科学杂志上知道，塘泥是小麦的好肥料。我们那些池塘里大概淤积了几百万吨塘泥，我们就把那里的塘泥装运到地里去。冬天下雪之后，我们到地里把雪集拢到我们那 1 公顷土地里，使土地喝足水分。春天，我们追肥。夏天，共青团员各自忙于自己的工作，有些人在畜牧场，有些人在蔬菜队，还有些人养蚕。种小麦是我们的附加劳动，清晨或者晚上，我们集合在一起干活。我们用小锄在行间松几次土，以便保持土壤的水分和促使小麦分蘖。苗壮的庄稼结出了沉甸甸的麦穗，给我们带来了喜悦。我们数了一个麦穗的籽粒，在收割前又称了一个麦穗的重量。收获是我们大家的喜庆节日：我们穿着节日盛装来到田野，每个人心里都充满胜利的欢乐。但同时我们也感到激动不安，心里想，我们这 1 公顷土地到底能产多少呢？土地慷慨地报答了我们：1 公顷收了 70 多公担。

在这欢欣鼓舞的时刻，男女青年是多么想在一起啊！粮食颗粒收尽和过秤之后，共青团员们晚上不约而同地来到学校。我们愿意待在一起，想象未来。我们感到自己是刚刚打了一场胜仗的胜利者。我们仿佛登上了一个高峰，而面前又展现出了许多阳光闪烁的新高峰。我们向往，有一天我们的土地每公顷会产 80 公担、90 公担。农业技术一定会发生变化，新的机器一定会出现在我们的土地上，粮食作物的行间也将像中耕作物——甜菜和玉米那样进行耕耘。作物的籽粒将增大 2 倍。我们的内心由于自豪和对未来的展望而激情洋溢。

69. 怎样培养共青团员的上进心

> 假如一个人不能以自身的美引为自豪，那么，他就不
> 可能懂得良心的责难，长辈的诱导或批评都将是对牛弹琴。

我看见过小伙子和姑娘们笑脸相迎，似乎在审视着对方的眼睛的情景。

伟大思想的鼓舞作用，能使我们创造自身的美。我的青年朋友！让我们一起思考，深入地想一下我们共青团教育中的一条真理：要把青年培养得使他们感到自己是美好的；要使道德的美感培育出人的崇高的自豪感和公民的尊严；要使人们不仅能够仔细观察周围的事物，而且也能看到自己。假如一个人不能以自身的美引为自豪，那么，他就不可能懂得良心的责难，长辈的诱导或批评都将是对牛弹琴。而这种自身的美感，只有在集体受到共同思想的鼓舞时才能培养出来。

我们的确向未来迈出了一步，我们的确是在崇高的共产主义思想的鼓舞下劳动的。然而，金玉良言不能再三重复，否则，就会成为陈词滥调，变得像一个懒散匠人手中的工具那样拙钝。假如一遇困难就动用这一脆弱而敏感的工具，那就会使伟大和神圣的事物庸俗化。比方说拔草，要在烈日之下干一天活，老师就会及时提醒学生去想：保尔·柯察金采伐树木时是在怎样的条件下劳动的？阿穆尔共青城的第一批建设者经历了怎样的艰难困苦？这样做行吗？不行，不能这样来教育人。这样做，锋利的工具只会剩下木把儿，

对年轻人的心灵不会起任何作用。要努力使共产主义思想的鼓舞作用经常存在于每个人的心中，成为内在的和自动的道德力量，使最锋利的工具尽可能少用，只有这样，这些工具才能对青年产生影响。

然而，自身的道德美感并不意味着自我欣赏。一个人在感到自豪的同时，也会对自己感到不满意。他有进取心，否则，就不可能有自身的道德尊严感。这是青年道德发展的一条很难捉摸的规律。因为，只有当一个人今天变得比昨天好，只有当他在同志们和自己身上发现了完全新的东西，并且想成为更好、更完美的人时，他才是有上进心的。一条非常重要的共青团教育原则是，要使青年始终处于成长过程中，不断地起变化，从不依然故我，一成不变。使一个人意识到和感觉到自己的成长，是很重要的。青年朋友！要提防学生的道德发展过程中出现停顿现象，要避免道德上的僵化。不可使一个人对纠正自己的某种缺点长期丧失信心。

70. 怎样激励人们经常不断地发展和完善道德

一个人今天在同学身上看到自己昨天没有发现的东西——这就是发现别人，形象地说，他自己看到了自己，自己评价自己并进行比较：我过去怎样，今天怎样。

这是一个非常有意思，并且在我看来是青年教育工作领域中还缺乏研究的问题。在我们教师集体中，制定了一项可用下列两句话概括起来的原则：为使一个人力争自身达到道德的美好和完善，他应该在自己周围，即在同学身上看到这种美和完善。不通过对待别人的态度和与人们相处，一个人是无法培养出自己独特的品格的。正如马克思写的，为培养自觉，"人起初是以别人来反映自己的。名叫彼得的人把自己当作人，只是由于他把名叫保罗的人看作是和自己相同的"。[12]学会对待自己像对待别人一样——难道这不是一个集体中教育艺术的秘诀之一吗？遗憾的是，许多教育者不能理解这一秘诀。

我们坚信，集体教育力量的源泉，首先存在于集体劳动的过程中。在这个过程中，从集体的丰富精神生活里，一个人今天在同学身上看到自己昨天没有发现的东西——这就是发现别人，并且由于这个原因，形象地说，他自己看到了自己，自己评价自己并进行比较：我过去怎样，今天怎样。这是集体精神生活中极为重要的一点。教育青年时，要努力使一个学生在集体劳动中能从同学的眼睛里看到受崇高目标鼓舞的炯炯目光。让甚至是最无生气、似乎最冷漠的人，在看到同学的眼睛时，就像照镜子一样看到自己的思想和志向；让他惊奇地停住脚步，让他的心里燃烧起为同学而感到的充满人性的自豪的烈火。要知道，只有做到这一点，你才能在学生的心灵里播下他自己的思想火种。

因此，使集体受到劳动的崇高精神的鼓舞，在教育工作中具有巨大的意义。要善于通过使人变得高尚的具体活动，以联络男女青年的思想感情。让每个男女青年在同学身上看到真正的人性美德时，都要扪心自问：我达到这种美的境界了吗？我能得到这种美吗？我明天能比今天好吗？一个人的精神面貌，取决于能否严格要求自己。青年的心灵通向公民应有的豪迈与美德的神圣境地的道路，也决定于此。

71. 怎样使青年对我们的生活和斗争不要漠不关心

具有同情心和勇敢的人，才能成为爱国主义者和公民。

这里所谈的，是青年人的神圣事物。每个青年共产主义者在自己的思想和心灵中，应该怀有一种极其宝贵的、无可比拟的神圣事物。心灵和思想中的这个神圣事物，就是我们的苏维埃祖国，是她的光荣、荣誉和强盛。其他一切东西在她面前都会黯然失色。

培育爱国主义者和公民，是我们共青团教育的一项最主要和最复杂的任务。怎样使每个男女青年都能珍视神圣事物，内心里爱护它，使祖国对每个人都成为照耀其他一切事物的明亮的灯光，使一个人只有在这一灯光下才能看到整个周围世界，而主要的，能看到自己。

这里，我们就谈到了公民情操的培养问题。我心中总是把这一点称为教育的最神圣任务。具有同情心和勇敢的人，才能成为爱国主义者和公民。爱国主义，形象地说，是感情和思想结合的产物。它不仅要求用理智，而且首先是用心灵来理解神圣的东西——祖国。这种理解开始于一个人发现周围世界中有某个人成为他无限敬爱的人，并准备为这个人献出自己心灵的一切力量。爱国主义开始于对人的爱。对世界上最亲的人——亲生母亲的爱，是以爱国主义精神观察和感受事物的根源，是祖国观念的根源。别林斯基写道："自然界最伟大最崇高的东西是人。"[13] 而这种伟大和崇高的顶点就是母亲。

在世世代代人们的意识中，爱国主义的概念本身就是从人性的这一珍宝——生养和抚育我们的母亲的形象中结晶出来的，这不是偶然的。三十多年的青少年工作使我有资格表示坚信，培育对人类的制高点，也就是对母亲的真挚恳切、无微不至的关怀态度，是共青团组织的一项极其重要的思想和政治任务。任何美德同对待自己母亲冷酷无情的铁石心肠都是格格不入的。离开埋葬着母亲的祖国土地而投奔异国他方的人，是卑鄙的叛徒。飞廉草绝不会开出玫瑰花。与热情、温柔和真挚无缘的人，是不会成为爱国主义者的。

青年朋友！我们要懂得共青团教育中一个起码的道理：要爱别人，要与周围的人休戚与共。这种对别人的体贴应该从对待母亲开始。大家想想，义务劳动星期六和星期日，各种活动周和活动月，抽查和远足，简直不知举行了多少。但是，你们能找到哪一个单位的书记向共青团员们提出过这样的问题："朋友们，你们最近为自己的母亲做了些什么？"因此，我向从事青年工作的老师们建议：

在我们极为丰富的语汇中挑选如露水般清澈纯洁的语言，这样的语言像淙淙有声的清泉，像童话中的活水，用这样的语言歌颂人的忠诚这一永恒的美德——母亲、亲爱的母亲。让每个青年把这一美德带到自己的家园里，把自己心灵的力量奉献给亲生的母亲。

我对男女青年说："今天在我们这里是一个隆重的日子——你们领到了团证。你们要与母亲共享这一快乐。给你们每个人一棵极好的苹果树苗，来领吧！这可不是一般的品种：红得透明的苹果将映出柔和的朝霞和风天来临前的紫红色晚霞。我们给这种苹果取名叫母亲苹果。让我们精心培育这些小树苗，要像爱护母亲的名字那样爱护它们。"

这是最有思想性、最有政治性和最富有集体主义精神的教育。在7月的一个晴朗的傍晚，当我的学生，我的少年朋友从母亲苹果树上摘下果实，并把那些果实献给母亲时，我为自己登上教育智慧的一个高峰而感到高兴。

爱别人，是培养为祖国服务的爱国主义花朵的沃土。为了让这种美丽的花朵竞相开放，每个青少年都应该用理智和心灵理解我们的伟大祖国。每个人都应该感到自己是祖国的儿子，都应该因为他是祖国上千年的光荣和上千年的精神财富的继承者，是祖国英雄的今天的创造者而感到自豪。

作为教育青年的教师，怎样才能实际做到这一点呢？

要用炽热的、犹如明亮的火炬一样的语言，向青少年说明我们的祖国从古到今所走过的艰难而光荣的道路，向他们指出通向光辉未来的并非平坦的道路，使年轻的公民感到自己正在进行一场千年历史的接力赛——他要对前辈们交给他的一切负责，他有责任把接到的一担无价之宝完好无缺地传到未来，不忘记在为我们伟大、光荣的祖国而进行的斗争中所获得的任何一条英明的真理。

要用火热的语言赞美祖国的英雄儿女，他们的名字像永恒的星辰在祖国的天空闪烁，过去是，将来也永远是新一代人的指路明灯。

也许有人读了这段话后会哑然失笑。有人可能会这样想：你是否过分夸大了语言的力量，把愿望当成了现实？不，一切正是如此。语言是率领人们冲锋陷阵的统帅，是拨动人们心灵琴弦的乐师。要懂得拨动哪一根琴弦才会发出美妙动听的音乐。在和学生谈起内心深处的思想和议论伟大的事物时，我们拨动的琴弦叫作公民性、人性、诚实和尊严。我直截了当地触动每个人活的灵魂。我面对的不是什么抽象的受教育者，而是朝气蓬勃的、目光炯炯的柯利亚和柳芭、万尼亚和加利娅、季娜和舒拉等。老师的话语，只有在不是以培养抽象的爱国主义者——这样的人是根本不可能有的——为目的，而是要促使柯利亚和柳芭、万尼亚和加利娅、季娜和舒拉的内心产生共鸣的时候，才能成为火热的语言。

这也是我们共青团教育中的一条宝贵原则。

我们有几十个关于祖国英雄儿女的鼓舞人心的故事。我向青少年讲述遥远的过去，也讲述不久之前热火朝天的日子。我的少年朋友们屏住呼吸，倾听我对他们讲述查波罗什哥萨克的故事：敌人活活地剥他们身上的皮，用烧红了的铁烫他们的伤口，要他们背叛祖国或者默不作声地服从，他们却骄傲地冲着敌人只说一个像烈火一样的字："不！"我向学生们讲述谢尔盖·拉佐的故事：敌人因为他坚信共产主义，把他活活地扔进了火车头的锅炉里。我还讲述我们的两个同乡——英雄的少先队员的故事：法西斯分子使用非人的酷刑没能迫使他们说出游击队的秘密，就把他们活埋了。我看到青少年朋友的眼睛里燃烧着对敌人的刻骨仇恨。如果向他们说：青年朋友们！我们的苏维埃祖国号召我们为自由和独立，为荣誉和强盛投入战斗，那么，他们每个人都会高喊着祖国而进行殊死的战斗。

只有痴呆和道德上的堕落，才能堵塞语言通向人们心灵的道路。语言是争取人们灵魂的坚强战士。一切都取决于你这个教师的话语怎样。有的话语像患呆小病的人那样瘦弱难看，有的话语像枯草的影子一样没有力量和感情。有的话语则像永恒的星辰那样光辉灿烂、永不熄灭，为人类指引着道路。努力使你的话语成为指路的明星吧！

72. 怎样使共青团员胸怀社会主义祖国

我是什么样的人？我以前是怎样生活的？将来我要怎样生活？我将为社会主义祖国做出什么贡献？如果学生个人对于这些问题不深入思考，真正的共青团教育就会成为空话。

这里要谈的是个细致而复杂的问题，即怎样使每个学生都受到为祖国服务这种伟大、美好和崇高的爱国主义精神的陶冶问题。这种陶冶引人深思，使人激动不安，甚至彻夜难眠。假如我那些 14 岁的学生柯利亚和柳芭、万尼亚和加利娅、季娜和舒拉不着迷似的思索人生的目的和意义，并为此而通宵达旦地看书——阅读关于马克思、列宁、亚历山大·乌里扬诺夫、尼古拉·基巴利奇契、费利克斯·捷尔任斯基或尤利乌斯·伏契克的书籍，我简直无法想象共青团的教育工作。在教师用火热的语言讲述要以爱国主义精神为祖国服务以后，每个学生深受鼓舞，都去寻找并找到了自己喜爱的书籍，都在祖国的天空发现了自己的灿烂明星。忠于祖国的光辉榜样，使每个学生的心里感到惊奇和钦佩。在春天的夜晚，人人都伏案阅读自己喜爱的书，激动得心潮起伏。他们在想：我是什么样的人？我以前是怎样生活的？将来我要怎样生活？我将为社会主义祖国做出什么贡献？如果学生个人对于这些问题不深入思考，真正的共青团教育就会成为空话。

年轻的朋友，如果你希望成为共青团员的一位名副其实的教育工作者！请你留心，青少年当没有别人在场时，干些什么，忙些什么，读什么书，想什么问题。要了解他们是否愿意独自思考。如他们无这种愿望，那很糟糕，那就等于没有个人的精神世界，没有个性，因而也就没有集体。

我们学校安排了一间房子，我们把它叫作"思想室"。这里总是很安静。书柜里摆满了关于祖国英雄儿女的各种书籍，学生可以随意寻找和阅读自己要读的书，可以发现自己的明星和指路明灯。要使每个青少年都对这样的书籍发生兴趣。我认为，这是从事青少年教育工作的老师们一项极为重要的任务。我每次同青少年座谈爱国主义者的事迹之后，他们敏感的心弦受到触动，总是有几个孩子到思想室去。青少年朋友们，祝你们成功！你们正在登上自我教育的一个最艰难的台阶。我忽然第一次看见蓝眼睛的大个子——同学们都这样称呼万尼亚——在窗台下玫瑰花的旁边站着。他才 14 岁，可长得比他的爸爸还高。万尼亚对事物的看法那样幼稚，使我为他很担心。我焦急地盼望着成人的思想能激动他的心灵和智慧。今天，我终于看见他手里拿着一本关于尤利乌斯·伏契克的书。……要争气呀，万尼亚。把书带回家，读个通宵吧，去思考问题，让成人的思想打动你的心灵。

青少年的自我教育就是由此而开始的。

当然，这还仅仅是个开端。要使青少年达到精神上的成熟，还需要付出巨大的劳动。

73. 青少年的思想是怎样成熟起来的

公民的成长过程，是伴随着这样的思想而来的：自己为别人做了某种好事，给了别人某种好处。

有人争论青春期是从什么年龄开始的：是 14 岁还是 16 岁？从什么年龄开始接受青年加入共青团最合适：从 14 岁还是从 15 岁？男女青年在生理上的发育加快，而他们在社会、精神和道德方面的发展却很落后——这种现象近些年来使学者们感到不安。

我们教师集体坚定不移地认为，青春期开始于十二三岁。如果要使儿童成为精神上成熟的人，就要帮助他在公民的生活道路上成功地迈出最初的几步。童年和少年时代完全无忧无虑的生活，是产生精神幼稚病的根源。青少年在生活中应有所操心。我指的是要为人民、社会和祖国操心和不安。要让周围的一切事物在男孩和女孩的青春初期就能惊扰和激动他们的心灵。生活中的任何事物，无论是近在身旁，还是远在天涯海角，都不应该与他们个人毫不相干。使少年学会以一个公民的态度观察世界，这是教育智慧的一个高峰。最主要的是让儿童们关心社会，把社会的事情看成自己切身的事情。

怎样实际达到这一目的呢？

公民的成长过程，是伴随着这样的思想而来的：自己为别人做了某种好事，给了别人某种好处。这是青少年精神财富的极其重要的源泉。只有在十二三岁时就已取得精神财富的人，才能用自己的理智和心灵理解祖国。如果没有取得这样的财富，老师说的任何话就无济于事，就不能成为火热的语言鼓舞青年人的心灵，促使他们思考为什么活在世上的问题，从而在想到谢尔盖·拉佐的功勋时联想到自己，由于意识到自己接触了伟大和神圣的事物而肃然起敬，心潮起伏。你也许听到过老师们的一些抱怨话，他们说：你给学生讲神圣的事物，讲英雄主义，英勇无畏、自我牺牲，可是，不知为什么你的话就是说不到他们心坎里去……这是因为他们心里只充满了追求消费的乐趣，而实际上心灵却很贫乏、空虚，缺乏为人们进行创造而感到快乐这种精神财富。

青少年的精神财富，必须一点一滴积累，要从童年和少年时代就开始积累。一个十二三岁的人回想过去时，就应看到自己曾为别人做了些什么，并为自己的劳动成果而感到自豪。这种自豪就是青少年接受共产主义思想的表现和达到思想一致的基础。

在我的少年朋友们十来岁时，我们决定建立一个大家的葡萄园。我们面前有一片被灼热的阳光晒焦了的、毫无生气的南山坡，土地很贫瘠。但这里1公顷可以收获几十公担"阳光浆果"——葡萄。于是，我们开始劳动：清除山坡上的杂草，挖了几百个坑，在每个坑里施上塘泥和腐熟的厩肥。此外，我们还根据老年人的建议，把能杀死葡萄藤害虫的植物根部的土壤弄来放到挖好的坑里（这是一种民间的"植物医学"）。我们搬运了几百吨土，在每一窝葡萄藤周围筑起土埂，防止水土流失。这是老师工作最难做的时期，因为单调的体力劳动本身不可能是有趣的。它不能给学生带来任何快乐。那么，是什么力量促使学生们从事这项劳动的呢？是语言，是能够在他们心灵中点燃以公民的态度为大家服务的热情之火一样的语言。我相信充满共产主义信念的语言的巨大力量。

一些新发出来的葡萄藤变绿了。这时，我们已经可以欣赏自己的劳动成果了。我已经不再担心繁重的体力劳动会摧垮某个学生的精神力量，使他产生轻视劳动的情绪了。可是，我们的劳动才刚刚开始，以后还要浇水，保护葡萄藤不被太阳晒死和严寒冻死。

几个月、几年过去了，关心葡萄园渐渐成了我们每个人的贴心事。我们对土地发生了深厚的感情。葡萄藤结出了第一批果实，我们的公民感情胜利的日子也随之到来了。一些小孩和老人到我们这里来，我们就用葡萄招待他们。我们把亮晶晶的葡萄送给病人吃，当人家向我们表示感谢和祝福时，我们心里很激动。

让十三四岁的学生听到别人对他们的真诚、厚道和人性所表示的感谢，这是教育智慧的一个高峰。很难找到什么力量比这些表示感谢的朴素语言更具有鼓舞作用了。我的学生因为对别人做了好事而感到莫大的快乐。这时，火热的语言已铭记在他们心中，对他们不断劳动的鼓舞，已变成每个人内心的精神力量。我坚信，在这种情况下，每个学生不仅在集体中，而且在独自一人时也能表现出公民的忘我精神。

青年朋友！要懂得，只有当自己的良心不允许对别人漠不关心时，公共的事情才能成为个人的、贴心的事情。

我们建设起来的大家的葡萄园，成了我的学生以公民的态度进行自我教育的场所。在这里，他们学会了以一个公民应有的态度观察世界的本领。世界上没有和他们个人毫不相关的事情。艰苦的体力劳动在精神上锻炼了他们。小伙子们锻炼成了真正的男子汉。我高兴地看到，当体力劳动特别紧张时，小伙子们思考问题和平常有点不同了：他们所想的是如何克服困难，而不是能否克服困难的问题。

74. 不要害怕困难，有困难是好事，否则就谈不上对青少年进行思想教育

如果一个人在少年时期和青春初期就学会了克服困难，那他在自己的周围就会发现那种饱食终日、无所事事、娇生惯养、弱不禁风的"妈妈的宠儿"所永远也看不见的世界。

克服困难的过程，能培养英勇无畏的精神，陶冶人的高尚情操。在克服困难的过程中，人的心灵对别人、对善良不会变得冷酷，恰恰相反，变得温厚、富有同情心，而对邪恶则变得毫不妥协、毫不留情。

我们向学生所展示的生活，并不是一条坦途。青年人，特别是男青年，应做好应付一切的准备，要准备经受最严峻的考验。要把小伙子们培养成英勇无畏、坚忍不拔的人，使他们在生活的道路上碰到艰难困苦时——他们应随时做好这种准备——不至于一筹莫展，软弱无能。精神上的坚强同结实耐劳的体格是相联系的。年轻的朋友！你不妨检查一下，你的学生——16岁的小伙子，能否在酷寒之中待一整天，并且不是闲着待在那儿，而是在干活；或者试验一下，他能否在烈日炎炎下行走40千米后还可以劳动几个小时；他能否半天不喝水也顶得住。这一切不要用人为做练习方式进行。在生活中，在日常的劳动中，这样的艰难困苦是可能经常碰到的。我们不要光对小伙子

们说，你们要练习吃苦耐劳。我们可以把他们同龄的农庄庄员的劳动任务交给他们完成：在严寒的一月份，让小伙子们到田野里把干草收集起来装到拖拉机的拖车上，运到养畜场。他们认识到，这种劳动的目的并不是做练习，而是使奶牛产奶，因为，没有干草就不会有牛奶……

如果一个人在少年时期和青春初期就学会了克服困难，那他在自己的周围就会发现那种饱食终日、无所事事、娇生惯养、弱不禁风的"妈妈的宠儿"所永远也看不见的世界。

75. 要保护青少年内心的纯洁激情

　　　　请记住，对邪恶做出的最初反应、良心所提示的最初
　　冲动，通常是最高尚的。不要压制良心的呼声，不要用逻
　　辑思考和推理的羁绊束缚青少年的崇高激情。

　　每当谈到青少年教育问题时，我总是再三提起公民的不安心灵。这是我们整个共青团教育的核心。年轻的朋友！要像防火那样警惕冷漠无情的态度。这种态度是最可怕的毒素，它能使人变成对什么事情都漠不关心的庸人和小市民，而这样的人所遵循的是只顾自己的卑鄙信条："事不关己，高高挂起""我的事好比鸡打鸣，叫过了就算了，管它天亮不亮"。年轻人用自己的双手为别人做的好事越多，他的心灵就会变得越纯洁、越高尚。他就会同别人休戚与共，为社会上的灾难和麻烦感到担忧。这个青年公民就会以求知的、寻根究底的眼睛观察周围世界，他的性格就会充满勤奋的活力而不满足现状。高尚的心灵与邪恶、与对公共利益漠不关心及侮辱人的尊严，是不相容的。对于这些丑恶现象，青少年的心灵会起来反对、抗议、表示愤慨，会促使人们采取高尚和美好的、有时会是激烈而冒失的行动。

　　请记住，对邪恶做出的最初反应、良心所提示的最初冲动，通常是最高尚的。不要压制良心的呼声，不要用逻辑思考和推理的羁绊束缚青少年的崇高激情。成熟的智慧、善于做出判断、三思而后行的能力——这一切都会水

到渠成。然而，只有在青年人对周围世界有了巨大的发现，即通过心灵对善恶有了复杂而痛苦的认识，感到惊惶不安的时刻，他心里才可能因受到邪恶而激愤，产生准备把邪恶粉碎的热烈激情。希望你们那里的小伙子和年轻姑娘都不要有像鱼那样的冰冷心肠。在评价优良行为时不要轻率从事，要掌握好分寸。只要有一颗火热的心，就一定会有冷静的理性——这一点是不必担心的。

有时候，在生活中会碰到似乎没有直接祸首的邪恶现象，好像邪恶注定不可避免了，人们看到这种不幸有时也只是同情地摇摇头说：唉，有什么办法呢，然后就扬长而去。要竭力防止青少年在这种情况下可能产生的冷漠态度，要把这种态度看作灵魂最可耻的堕落。因为，这种冷漠态度本身包含着一种很大的危险。只要你有一两次对与你个人无关的不幸的事置之不理，你就会永远对别人的忧患置之不理。

恰恰是在祸端没有明显的肇事者时，应在青少年的心目中引起警觉和思考。让他心中燃起激情的烈火：我必须做点什么，如果我视而不见，扬长而去，我就会成为一个可怜的利己主义者。这种激情的火花不是凭空燃起的，受教育者对于与自己无关的事情在道义上所感受到的关切和不安，是这种激情之火的燃料。

有一次，集体农庄的羊群碰上了暴风雨，走失了20只羊羔。这些羊羔可能被大雨驱赶到灌木丛中或芦苇中去了；也许它们陷进了雨后形成的淤泥湖中。这件不幸事传到了我们学校里。来吧，学生们，让我们出发去找吧！要知道这是些多么小的小羊羔……我们带上了够吃两三天的食物，出发到第聂伯河沿岸一带无边无际的洼地里去。当我们一只又一只地找到那些羊羔时，我们心里充满了喜悦和骄傲。我们被蚊子叮咬得很厉害，又很疲劳，但回来时却感到心情愉快，有了长进。我把这种集体行动称为上热心课。这种活动能使人对灾难、痛心和忧虑不安表示同情。假如不上热心课，这类事情引起的反应就只会是一句冷冰冰而貌似公正的断语：我们不管也能解决。

　　我认为，热心课并不是什么孤立于周围世界之外的特殊事物。年轻的朋友！这是公民的生活，是别林斯基怀着对未来担心的情绪曾写到的那个公共利益的大世界。

76. 怎样教育共青团员关心公共利益

要使学生集体的劳动尽量少一些学生气和象征性，这
是我们培养学生从小就关心公共利益所遵循的要求。

有一次，我听了一位主管校外活动的副校长的报告。他详细地谈了社会学研究室的情况：墙上挂了什么样的标语和图画，房间装饰得多么艺术，怎样把共产主义建设者的道德规范写在一张大纸上，镶在一个漂亮的框子里，等等。至于怎样才能使伟大的马列主义科学真理深入青少年的心灵并永远铭记不忘，他却只字未提。当有人问到"在这方面"正在做些什么时，这位副校长竟张口结舌。这是因为对社会学研究室是有严格指示的，而有关人的灵魂却没有任何指示。我认为，教育战线上这样一种人是害多益少的，他们只看得见上级的命令，而不懂得没有灵魂、没有心灵，教育就等于零。我觉得，热心课是教育工作的各个环节和各种形式中非常重要的一种活动。

有一天，我们整个和睦的大家庭（我们这样称呼自己的团组织）挑选玉米。我们把最好的玉米装到给国家仓库运粮的汽车上，而把较差的运去做猪饲料。有个人从别处走过来，用信任我们的口吻建议说：你们把坏些的玉米扔到车厢下面，上面盖上好的，运到仓库时只检查上面的；我们必须多交些，总得完成计划嘛……这时，我发现共青团员你瞅着我，我瞅着你，现出羞愧的样子。万尼亚气得满脸通红，季娜也垂下了眼睛。那位管理人员走后，我

的学生站在那儿发愣。我也站在那里，心里嘀咕着：你们该怎么办呢？刚刚开始的热心课给你们带来了什么教益？

"这太不像话！"——舒拉闷声闷气地说。

大家再也没有说什么，开始特别卖劲地、拼命似的向车厢里扔最好的玉米。那个建议我们耍滑头"完成计划"的人几次走过来，皱着眉头瞧着共青团员干活，没敢吭声……凡是受到良心的启示反对过邪恶、欺骗和不公正现象的人，对周围世界的各种现象都会变得非常敏感，把游手好闲和挥霍浪费看作罪恶，对不诚实和欺骗毫不妥协。

要努力使人们在青少年时代就关心集体和社会的财富。农业生产有的时期很忙，这时任何一个青少年都不应该置身于紧张的劳动和大家都为之操心不安的事情之外。

春天，农庄播种了几千公顷粮食作物、蔬菜和技术作物。如不及时除草，收成会不好。这时庄员们一心想的是，怎样把劳动组织得最合理，怎样充分利用工作时间。作为教育者，要设法使学校集体也受到这种紧张劳动气氛和社会积极性的感染。让青少年到那些对公众福利和农庄成就起重大决定作用的生产领域参加劳动。不要使学生的劳动和成年人的劳动隔开，成为孤立的、特殊的劳动。要妥善安排学生和成年劳动者的关系，使成年人热切地期待着学生创造出物质财富，使青少年把自己的儿童劳动、学生劳动看作成年人劳动。要使学生集体的劳动尽量少一些学生气和象征性，这是我们培养学生从小就关心公共利益所遵循的要求。

在教育工作实践中，我们力求使学生的劳动热情和干劲成为社会生产的大厦上自成一体的砖瓦。假如暑假期间，我们让低年级，即一二年级学生在田间参加几天集体劳动，为牛犊准备最有营养的——含维生素最多的——干草。学生把草收割下来，晒干，然后堆成草垛。他们一共弄了几十吨高质量的饲料。四五年级学生采集西红柿、甘蓝和黄瓜的种子。农庄里只有他们从事这项工作。学生很懂得，如果他们不给社会生产的大厦添砖加瓦，这个大厦的建设进程就会迟缓。这样，在他们的劳动生活一开始，公共利益就成了劳动的崇高目的。

年龄较大的少先队员和共青团员，担负更加重要的劳动任务。农庄每年拨给少先队和共青团10～15公顷土地，让他们培育小麦、玉米和其他作物的种子。在这里，从第一次整地直到收割和入仓储存的整个农业劳动过程，都完全由学生自己完成。

学生感到自己是和成年庄员一样的劳动者。共青团委员会的书记和少先队大队长，像成年人生产队的队长一样，被邀请到农庄管理委员会的会议上汇报工作。生产活动和经济利益在学校集体的精神生活中占有重要地位。关心物质财富，使学校集体内的相互关系以及少先队员和共青团员的整个思想产生了新的特点。为培养青少年思想上的成熟性、成年性，我们不仅重视学生与成年劳动者在经济和生产业务方面的相互关系，而且也重视学校集体内部的这种关系。

77. 怎样在学校集体内建立劳动关系

如果没有对物质财富的明确责任，一切有关责任感的谈论都只会是胡说。如果在集体的成员之间缺乏互助合作，以及同志式的思想交流和经验交流，那就不可能有任何集体。

青年朋友！我在这里要谈谈在建立和培育集体方面一个特别重要的因素。我指的是物质关系问题，是责任感、领导、服从、互助合作和经验交流这些概念的物质表现形式问题。如果没有对物质财富的明确责任，一切有关责任感的谈论都只会是胡说。如果在集体的成员之间缺乏互助合作，以及同志式的思想交流和经验交流，那就不可能有任何集体。

我们学校的少先队组织有一个小机械化作业队。作业队拥有一些机器和机械，在学校的教学试验田里和儿童学工小组里使用。队里有一台由老师和高年级学生装配起来的小拖拉机，少先队员用它耕学校的田地和园地。队里有两辆小型汽车，供低年级教学使用，此外，还有两台播种机、一台割草机、一台脱粒机和几台簸谷机。所有这些机械都是在学校里制作出来的，并且是适合儿童劳动的。

共青团组织有一个青少年机械师作业队。作业队选出一名队长、两名副队长和两名技师。队里组织了一个电工小组。这个队拥有大人机器（少先队员和共青团员这样说）——一台拖拉机、两辆汽车、一台康拜因、几台播种机和簸谷机。队长和一名副队长受作业队委托，掌管着各种机器和一个修理站（修理站有电瓶充电装置和电焊设备）。他们指定青少年机械师定期完成各项工作。学生认为，能够在这个机械师作业队里工作是很大的光荣。作业队的队长，要对希望驾驶拖拉机的同学进行一系列考试（如要他在镟床上做一个机器零件，参加设计和安装一部新机器），然后才让合格者开拖拉机。在春天和夏天的田间劳动期间，由队长负责安排青少年机械师在少先队田地里和农庄土地上的工作。

少先队和共青团组织还有两个作业队：青少年作物种植队和少年园艺队。这些劳动集体有自己的试验田、园地、校办养蜂场，以及栽培作物和从事园艺的手工劳动工具。

经济、物质关系的经验，使少先队和共青团组织成为许多物质财富的主人。我们的少先队员和共青团员，掌管着学校内部经济账目上来自教学实验田、花果园和菜园收入的资金。学生把出售水果、蔬菜和树苗获得的钱记在进款项下，交会计室。一年能积蓄不少钱。团委会和少先队委员会用这些钱购买乐器和组织参观游览。这样的活动丰富了共青团员和少先队员的生活经验。

与劳动紧密相连的物质、经济关系，是在一个集体内把不同年龄的学生团结在一起的一条纽带。

78. 不同年龄学生组成的集体不是凭空建立起来的

教育别人和关心别人时，是一个人进行自我教育的最好机会。我们的教师集体力求使每个学生在少年时期就对比他们更小的儿童表现出真诚的关心。

当然，物质、经济关系会引起另一种关系——精神联系。构成经济关系实质的劳动愈有趣，不同年龄学生之间的精神联系就可能愈深厚。只有在同一集体中劳动的儿童和青少年驾驶着各种机器，掌握复杂的实践技能和本领，并且相互传授知识和经验时，即在他们之间有了精神联系时，劳动才是有趣的。没有对劳动的兴趣，没有对知识的渴求，没有以掌握较复杂的技能为前提的共同活动，就不可能有不同年龄学生组成的集体作为教育工具。然而，如果你能使不同年龄的学生在劳动和精神生活上融为一体，那你就具有一种新的可能性，能使集体对个人发挥十分有力的影响。

这种教育作用的实质在于，儿童和青少年在兴趣、才能、爱好和志向方面的共同性把他们相互吸引在一起。同时，个性的特点也可以表现在具体的活动中。由不同年龄学生组成的集体在教育上的效果是，少年儿童在鲜明的榜样影响下，认识到自己想要成为一个怎样的人，并产生了渴求实现自己的理想、达到榜样境界的愿望。如果没有引人入胜的有趣劳动所产生的精神联系，想成为某种人的愿望就根本不会产生，更谈不上支配学生的思想了。

不同年龄的学生组成的劳动集体——也可称为创造性集体——应是自愿参加的。不容许有任何把一个学生和另一个学生硬拉在一起的做法。少先队员和共青团员，对各人的能力、爱好和志向是非常敏感的，他们绝不会挑选对某种劳动没有兴趣的人去参加某种作业队——机械师作业队或作物种植队。

还有另一种由不同年龄学生组成的集体。暑假期间，我们的学生通常不到别的地方去，因为村里的休息条件很好。在我们这里，每条街、每个"角落"（乌克兰说法），都有国民教育点。这是我们对小型国民教育学校的称呼。这种学校的灵魂是热爱儿童的人：不是退休的生产老手，就是年轻的工人、庄员或职员。同儿童在一起，给他们带来了愉快，丰富了他们的精神生活。在我们的集体里，我们把这些人叫作国民教育点的保护人。他们起的作用是很大的，因为美的事物只能由美的事物来创造，人只能由人来建树。

30多年的学校工作使我深信，教育别人和关心别人时，是一个人进行自我教育的最好机会。我们的教师集体力求使每个学生在少年时期就对比他们更小的儿童表现出真诚的关心。对儿童表示体贴、关怀和担心，是青少年集体崇高的感情基础。这种感情在实际行动中表现得愈积极，男性青少年的心就变得愈温存、愈勇敢，女性青少年的心里就愈多柔情。

79. 要使受教育者同时又是教育者

我相信，如果一个集体关怀幼童，那么，他们对人的
最大不幸——孤独，也会是非常敏感与同情的。

我们的共青团组织在为大家建立草原的"美丽角"时，一个名叫娜塔沙的小姑娘突然加入了我们这个和睦的大家庭。共青团员们都爱抚地叫她娜塔洛奇卡。她的家住在村边，除了母亲，再没有别的亲人。她3岁时得了一场重病，从此不能行走了。春天和夏天，妈妈就把她放在小车上，让她在枝繁叶茂的苹果树下待着。绿色的庭院、一棵苹果树、两只蜂箱、一口水井、养在板棚上的几只鹳、一只叫帕利玛的狗和它所守护着的一些家兔——这就是娜塔沙生活中的整个世界。她声音响亮，很爱说话，但同时又由于疾病的折磨而显得忧伤。她请求我们采一些她无法看到的野花带给她。我们每个人都心痛起来：难道这个小姑娘真的就不能恢复健康了吗？给她治病的医生说，她不会很快痊愈，因为她的神经系统受到了严重损伤，双腿瘫痪了。我们怎样才能帮助你呀，小娜塔洛奇卡？

我们真是什么都为她做了。我们把她那宽敞的房间变成了一个真正的花园：栽种了小枞树和松树，从学校的温室里移来了正在开放的菊花。我们还在窗台下栽种了玫瑰。再过一年，小姑娘就该上学了，因此，我们开始教她识字和画画儿。她的房间整个冬天开满了鲜花。可是，她的面容仍然很苍白，

身体脆弱；我看到，季娜和加利亚从娜塔洛奇卡那里回来时偷偷流眼泪。我们盼着春天快快来临。

春天，当核桃树刚刚长叶子，草原上开出了报春的花朵时，我们就把娜塔洛奇卡放在小车上，带到"美丽角"去。她惊喜地看着周围世界：草原雾气在山丘的上空颤动，百灵鸟在欢快地歌唱，大个儿的蝈蝈在跳跃……她觉得一切是那么新奇，那么陌生。孩子们在"美丽角"搭起了窝棚。暑假期间，我们整天就在这儿度过。草原上有益于健康的空气、核桃树叶散发出来的香气、红艳艳的西红柿、甜美多汁的大西瓜、香甜清脆的苹果——大概是这一切成了娜塔洛奇卡的良药。她的脸颊逐渐红润起来，目光显出愉快的神情。两年之后，她终于站立起来了。医生说得对：治病不单靠药物，也要靠愉快的情绪。像娜塔洛奇卡的这种病，更是如此。

在两年半的时间里，同学们对这个生病的小女孩热心照顾和关怀，起到了无可比拟的教育作用。男女青年学会了用心灵去感受和认识那些往往看不出来的不幸和令人焦虑不安的事情。我相信，如果一个集体关怀幼童，那么，他们对人的最大不幸——孤独，也会是非常敏感与同情的。

80. 要教育学生对孤独者不要漠不关心

要教育学生心目中看得见别人。让他们学会把别人当作镜子，在镜子里照见自己。

在娜塔洛奇卡还没有站立起来时，我的学生们又碰上了一件不幸的事而感到震惊。有一天，我们从树林里回来时，遇见了一个妇女用沉思和忧愁的目光看着我们。在村子里，每逢遇见人，不管认识不认识，通常都要打个招呼。我们对她说：晚上好！她回答说：祝你们健康，亲爱的。她的声音也流露出了悲伤的心情。

"她的眼睛为什么那样忧愁？"一个男孩子问道。

"她一定有很大的痛苦……可是，究竟是怎么回事呢？"

过了一天，我们知道了她的伤心事，大家都感到惊愕。她的三个儿子、她的丈夫和两个兄弟，都在卫国战争前线英勇牺牲了。不久前，她在这个世界上唯一的亲人——母亲，也去世了。现在，仅她一个人孤独地过日子。

这位玛丽亚老奶奶的痛苦遭遇，引起了我们对她的深切同情。亲爱的老奶奶，我们怎样才能帮助您呢？科斯佳在知道了这个女人的悲惨遭遇之后说："我们愿把自己内心的全部温暖都献给您，一定要使您笑起来。"

有一天，玛丽亚老奶奶终于冲着我们笑了。她是想起了自己的儿子们时笑的，因为当时我们来到她家里，栽上了六窝葡萄和六株玫瑰，表示纪念她的三个儿子、丈夫和两个兄弟。她笑了，随后眼睛里涌出了热泪。我们也流泪了……因为我们从来还没见到过一个做母亲的人经受如此巨大的痛苦。

我们想尽量减轻她的一些痛苦。我们心里明白，不能丢下她一个人不管，因为孤独会使她更难受。我们的心灵还告诉我们，安慰不了她，也不能劝她忘记自己的痛苦。这种痛苦将会永远留在她心里，直到她与世长辞。

这个年老的女人看见小学生们前来就笑起来了。我们每天都到她家去，在她的美丽花园里劳动。玫瑰花开放了，一串串葡萄成熟了。我仔细地看着学生们的眼睛，倾听着他们的叽叽喳喳声，发现他们内心深处仿佛感到对不起这位老奶奶似的。他们过着愉快的生活，不时欢笑，高兴地望着自己的伙伴，望着太阳和晴朗的天空，而老奶奶的儿子们却在战争中牺牲了。这就是孩子们内心的感受。我心里想，这是好事还是坏事？应该说是好事。他们有了这种无法用语言表达的复杂感情，表明他们对为他们的幸福而牺牲的人们负有崇高的义务。

崇高的内心不安，纯洁高尚的心灵激动，是宝贵的财富。这种财富到成年时期才开掘是无论如何也得不到的。要在少年时期发掘、创造这种财富。要把这种财富当作无价之宝加以爱惜、保护。

反复多次提出下面这条建议是有益的：要教育学生心目中看得见别人。让他们学会把别人当作镜子，在镜子里照见自己。把这面镜子交给每个男女青年，教他们学会照自己——这是教育智慧的高峰之一。如果你想成为青少年真正的教育者，那就教他们学会在这面镜子里看出自己最细微、最隐秘、最不寻常的特征吧！

81. 要教育学生不说空话

　　要教导学生说话算数，不随便乱说，不要嘴皮子。我常常教育我的学生：如果你们想做一件事，却没把握做成，千万不要说：我保证完成。你最好说：我要尽力办成这件事，我要努力这样做。这样说了，就要这样做。

　　我之所以专门提出要注意这个问题，是因为说空话非但腐蚀个人的灵魂，而且腐蚀整个集体。凡是说空话的地方，就实际上没有、也不可能有集体在思想上的统一。说空话，等于不负责任地炫耀武器，把武器变成玩具，等于使人在精神上解除武装。

　　与此同时，也要把谎言、伪善当作最卑鄙的东西加以提防。要使诚实的品质从童年和少年时期就深深地扎根于儿童的心灵，成为他们的习惯，使说实话的习惯成为性格、成为天性。要教育学生对多嘴饶舌、哗众取宠、夸夸其谈、好吹牛皮的行为采取毫不容忍的态度。

　　怎样才能在实践中贯彻这些宝贵的原则呢？这里我们就必然要谈到自我教育问题。教育青少年的多年经验使我确信，如果语言不是变成空洞无物的废话，而是活在人的心灵中，那它就会成为自我教育的强大武器。要教导学生说话算数，不随便乱说，不要嘴皮子。我常常教育我的学生：如果你们想做一件事，却没把握做成，千万不要说：我保证完成。你最好说：我要尽力办成这件事，我要努力这样做。这样说了，就要这样做。不管遇到什么困难；都要争取实现自己提出的目标。哪怕重做 10 次，也不能在众人面前丢脸。

不要忘记，自我教育的过程任何时候都不是一帆风顺的。没有比战胜自己的弱点更为辉煌的胜利了。青少年的教育者们要记住：诚实，首先是对众人的诚实，同时亦是对自己和自己良心的诚实。要诚实地评价自己：我能做什么，还不能做什么，我怎样登上自我完善的高峰，以便在达到高峰时能有权说：我是自己意志的主人。对这一切实事求是的评价，就是诚实和正直的奠基石。

诚实的镜子，能正确地反映生活，它是靠劳动磨练出来的。要努力用实际行动和劳动激励自己的思想和言论。说到做到，踏踏实实。不妨再重复一次：教育工作的一切方面都是相互联系的。诚实，正直，以及对撒谎和欺骗毫不妥协的品质，来源于劳动的伟大真理。有句乌克兰古谚说得好：手上长着老茧的人，说出话来诚实。劳动者的心对谎言和不诚实会奋起抗议和表示憎恶。真理的根源存在于谋求公众福利的劳动中，存在于为人们而创造所带来的愉快之中，存在于克服困难的过程中。一切都是轻而易举、一帆风顺、唾手而得的人，其思想会像蝴蝶那样飘忽不定，不着边际。然而，思想应像高大的橡树一样坚强，像出弦的箭一样有力，像烈火一样鲜明。真理的坚定性，真相的鲜明性和思想的不可动摇性，是从同一个名叫困难的源泉中涌出的泉水。青少年应懂得什么是困难，而且应从亲身经历中懂得什么是困难。谁经历过困难，谁就会重诺言，会对说空话采取不容忍的态度。

82. 怎样教学生自己教育自己

教育人，就是要培养他们对自己有严格的要求。要做
到这一点，就不能总是牵着他们的手走路，要让他们独立
行走，使他们对自己负责，形成自己的生活态度。

科学地组织共产主义教育过程所提出的最尖锐、最迫切的问题之一，是
集体和个人在精神生活财富上的相互依赖关系问题。如果每个人都仅仅是消
费者，集体的精神生活怎么会丰富多彩呢？如果不认真地弄清楚使集体精神
财富的源泉充满活水的溪流来自何方，难道能谈得上集体是个人的教育者吗？
如果每个人在与同伴的日常交往中不是开诚相见，这一群人就一定是乌合之
众、一盘散沙。个人与集体是同一事物的两个方面。没有对个人的教育，就
谈不上集体的教育力量，而对个人的教育离开自我教育是不可思议的。我认
为，教育这个概念在广义上就是对集体的教育和对个人教育的统一，而在对
个人的教育中，自我教育则是起主导作用的方法之一。

教育人，就是要培养他们对自己有严格的要求。要做到这一点，就不能
总是牵着他们的手走路，要让他们独立行走，使他们对自己负责，形成自己
的生活态度。

怎样实际做到这一点呢？

要教育人们从小就认识自己并进行自我教育。伟大的思想家和艺术家

弗·姆·陀思妥耶夫斯基曾说过："要自我认识、自我约束、自我克制。"[14]
这是自我认识的金玉良言。陶冶情感，训练思想和意志，形成和稳定自己的
性格——这一切都应在认识自己和掌握自己的同时自己去做。

自我教育要有非常重要而强有力的促进因素——自尊心、自我尊重感、
上进心。只有当一个人的心灵对良言、忠告显示温存或者对责备的目光这种
极细致而纯人性的教育手段非常敏感时，他才能进行自我教育。如果一个人
对粗暴习以为常，只对"强有力"的语言、喊叫和强制才有所反应，那就根
本谈不上自我教育。实质上，自我教育的前提是人对人的信任，是使个人的
荣誉和尊严起作用。为指导学生进行自我教育，首先必须建立起深信对方具
有良好意愿的师生关系。

根据多年的经验，我可以向老师提出一条实际建议：学生的自我教育要
求你有一定的教育作风。在你的集体中应有安静的气氛，不要有大声喊叫和
爱动气的现象。如果老师不时对这个或那个学生大为恼恨，并让这种不良情
绪"发泄"出来，表现为大声呵斥和气愤之下随意惩罚学生，力图最厉害地
训斥他，那就不可能有学生的自我教育。对一个人训斥、责骂、惩罚越多，
他对好言好语就越是听不进去，而他那种被列夫·托尔斯泰称之为好好思考
的能力[15]就越是难以得到发展。

我坚信，绝对正常的教育是与惩罚无缘的。这一信念不是书面推理的结
果，而是多年实践的总结。教师同志们！我要声明一下：这里谈的是儿童，
是对孩子的惩罚问题。凡是一切依靠惩罚的地方，就不会有自我教育，而没
有自我教育，也就根本不可能有正常的教育。这是因为惩罚已使学生从良心
的责备中解脱出来，而良心则是自我教育的主要推动力。如果良心在沉睡，
就不可能有自我教育。受了惩罚的学生就会想：我对自己的行为已经没什么
可思考的了，我已经受到了应得的惩罚。

我们学校里曾发生过这么一件事。三年级学生，9岁的科斯佳用弹弓打
麻雀。他打伤了一只，把它捉住，折磨它。为了这事，教师惩罚了他：三次

没有让他和全班一起到森林里去玩。在孩子们朝思暮想的第二次有趣的野游之前，科斯佳在课堂上蹙着眉头，对教师的提问答非所问。全班同学都到森林里去了，而科斯佳却留在学校里。他在一个草棚的房檐下捉了几只还没有长出羽毛的可怜的小麻雀。把它们放进老师的桌子里。过了一天（到森林野游是在休息日的前一天），教师打开桌子，发现那些小麻雀几乎都死了。

怎样解释这种残忍行为呢？为什么在惩罚之后孩子往往变得心狠了呢？这是因为"强力"影响手段使他不去动脑筋思考问题；他感到难过的，不是自己干了不体面的事，而是他受到的惩罚。实际上，他正在忘记自己不好的行为，而教育的逻辑则要求孩子好好思考自己的行为。结果却是，孩子往坏处想了。他觉得自己受了委屈，心里逐渐积累起怨恨。而且惩罚要是稍有一丁点儿不公正，这种怨恨就势必像雪崩一样塌下来，其猛烈程度是老师意料不到的。

我认为正常的教育应是这样的：孩子没有严重的不良行为，犯了轻微的、无关紧要的"过错"，他就会深深地感到内疚，把它放在心上，受到良心的责备——这一点是最重要的。教育的艺术在于防止发生严重的过失。怎样防止呢？首先要同学生进行个别谈话。

83. 要掌握与学生个别谈话的艺术

你必须懂得：只有你任何时候都不请求或要求任何人
来管束和制服孩子，他才会对你真诚地敞开心灵。

要仔细观察儿童的生活，认真思考他们的表现和他们之间的关系，注意他们怎样对待父母和老师，这样你就会发现，孩子在本质上具有向你敞开心灵、倾吐自己的感情和思想的精神要求。

但是，你必须懂得：只有你任何时候都不请求或要求任何人来管束和制服孩子，他才会对你真诚地敞开心灵。例如，要是你希望学生的父母来迫使他表现得好，而且学生知道你有这种希望，或者你甚至故意让他明白你有这种希望，那么，就像俗话说的，全吹了：不仅谈不上自我教育，而且你班上连正常的秩序也都难以维持。找家长是需要的，同家长座谈也是需要的，但绝对不能使儿童产生这样的想法：教师正在把他最亲近、最喜爱的人变成一种吓人的东西，使他把一个人看成骇人的怪物，这在教育工作中是根本不许可的。应教育孩子热爱父母和教师，而不是惧怕他们。要使他的确有自己喜爱的人。儿童发自内心的喜爱能消除他的不安和惶惑，给他安慰和帮助他确立自信心的人，能保护他的感情——首先是自尊心，因为儿童的感情很容易受到伤害，对轻率粗暴的触犯非常敏感。

我觉得，一个教育工作者如果不受学生爱戴，怎么能指望学生对他信任、坦白和诚实——那是奇怪和不可思议的。

我还想提一条建议：不要不理睬学生的抱怨话。不要认为他们的所有抱怨话都是说人坏话，也不要像我认识的一位教师所喜欢说的那样，把所有说抱怨话的小朋友都看成"好哭的告密者"。因为事实并非如此。要善于倾听抱怨话。一般说来，善于听学生们说话，是一种了不起的教育艺术。没有这种艺术，就不可能有自我教育。

你要使学生乐意接近你，并向你说出自己的心里话。你要懂得，必须温柔而极谨慎地接触儿童的心灵；只有温柔与谨慎才能使你通过与孩子交谈启发他进行自我教育。请记住，如果学校里气氛好，大家相互信任，那么，学生一旦心情不好，无法搞清楚自己心里的问题，不懂得道理在哪里和应该做什么，他就会来找你的。请注意，从学生激动的诉说中，你可能听不出这类问题，但你必须善于听出言外之意。要保守别人信任你而向你透露的秘密，这是教育学的一条基本规则，它关系到教育和自我教育两个方面。要懂得，别人在向你敞开心扉时，可能说出最困难、最复杂的问题。你可能得知不体面的行为，听到关于学生之间看来立即需要成年人加以干预的相互关系问题。在这种情况下，你要有耐心，要善于用理智克制一时的情绪冲动，同时又要使自己的明智思想充满火热的感情。与一个对你说出心里话的学生谈话的结果，绝不应立即就实行惩罚——这一点要记牢。要懂得，在集体面前抖落青少年的隐私和心事，是一种最严重地刺伤青少年心灵的惩罚。

我再说一遍，一个学生如果遭到了不幸、痛苦、伤心事，受到了委屈、不公平，或者心里惶惑、不知所措，是很愿意向他所尊敬、爱戴和信赖的人倾吐自己的感情和思想的。凡是诚实而纯朴的人，在这种情况下都是很局促拘谨的。因此，要善于从学生的眼睛里看出其内心世界的细微活动，设法单独和他在一起，从无数的词汇中找到唯一合适的说法，做到细致、聪明、有分寸地诱导他向你吐露心声。

要是一个学生向你说了心里话，你的教育工作就有了很大的成绩。但是以后情况如何，在极大程度上取决于他怎样看待和感受你对他心灵所做的合乎人性的触动。

说句俗话，我敢拿脑袋担保：如果学生不愿意把自己的欢乐与痛苦告诉教师，不愿意与教师开诚相见，那么，谈论任何教育都总归是可笑的，任何教育都是不可能有的。受教育者向他爱戴的教育者敞开自己的心灵，是一个彼此促使思想和感情高尚起来的过程。当一个人用语言表露自己心灵的创伤时，他首先是在使自己的感情变得纯洁：原始的感情被更加细腻的、高尚的感情所代替。正如人们在这种情况下所说的，他在控制自己。这正是一种微妙的动力，促使他进行自我教育。因此，同老师信任地交谈，能使人感到轻松、心情好转。与人共享欢乐，则欢乐增加一倍；与人分担痛苦，则痛苦减少一半。一个人敞开了自己的心灵，抒发了自己的思想和感情，就会相信自己能够改变自己的情绪，能够教育自己。

每当想到我们许多学校里还有一些学生的痛苦，没得到别人的分担，我就感到难过。痛苦折磨人的心，使人的灵魂变得空虚。我看到愁眉苦脸、落落寡合的少年时，心里就打战。对学生来说，最可怕的痛苦是自卑感：别人功课好，而我什么也不行，我是一个不走运的人，我的命运就是这样……这种痛苦日积月累，沉重地压在心头，无情地束缚着灵魂。他想向别人诉说自己的痛苦，但又怕羞，难以开口。他在家里沉默寡言，在学校里也默不作声。年轻的朋友！你要仔细观察这样的学生；帮助他们摆脱这个承担不了的重负。为此，首先要使他们高兴：要让他们看得见自己的学习成绩，从而产生自豪感……

如果你与学生交了朋友，你们能够相互信任，你从来没有做过对他不好的事，没有给他带来痛苦或难过，那么，你在道义上就有权指导他进行自我教育，而你的教导就会被看作是生活经验所产生的智慧。

自我教育还有一个必不可少的条件。这个条件，形象地说，存在于教师的意志和受教育者的意志之间，好像把教育和自我教育连成了一个整体。这个条件就是要使受教育者意识到自己在成长，懂得并体验到：自己今天比昨天有长进，人类的美德正在进入他的心灵。这种进入，在极大程度上取决于他本人，取决于他自己的意志。自我尊重、体验到自尊心，是意识到自己成长过程的美好伴侣。只有在受教育者尊重自己的条件下，才可能有自我教育。学生对自己越是尊重，他对你在道德上的教诲与关于应如何进行自我教育的指导，就越听得进去，接受得快。如果学生缺乏自我尊重，他对你的教导和规劝就会充耳不闻。

自我尊重取决于什么？怎么培养？年轻的朋友！请记住，这是一种非常脆弱的东西。对待它要极为小心，要小心得像摘掉一朵玫瑰花时，不可抖掉那颤动欲坠闪耀着小太阳的透明露珠。要培养自尊心，只能用温柔细致的教育手段。自尊心是不容许采用粗鲁的、"强力的"、"凭意志的"手段的。我想把自尊心称为儿童的知识修养。这是心灵上的软弱性，它随着思想、动机和意图的纯洁性而增长。在这里，我们接触到了学校中最有意思、值得十分重视、但可惜又很少研究的一个问题，我指的是儿童的脑力劳动，更确切地说，是这种劳动在感情领域中的反映，也就是理智感。自尊心产生于明快的理智感，产生于认识所带来的快乐。儿童知识修养的源泉，就在于这种明快的理智感之中。如果学习是伴随着不愉快的情绪进行的，学生就会变得对自己漠不关心、毫不在乎，那就谈不上什么自我教育了。教师作为教育者的极重要任务，是保护青少年心中明快的理智感之火，不使它熄灭，因为，一旦熄灭后再要点燃是很困难的。

总之，学生能尊重自己，珍惜你对他的每一句评语，就是播种自我教育种子的土地已经翻耕好了。这时，你可以教他怎样进行自我教育，你的教导是不会落空的。

自我教育有道德、劳动、学习和体育等几个方面。这些方面是相互关联的，因为自我教育的全部过程是头脑和心灵的复杂活动的统一，是感情和信念的统一。

84. 怎样激发学生在道德方面进行自我教育

我坚信，用头脑和心灵认识道德问题，不仅应包括对美德的赞赏，而且应包括对丑恶的愤怒。

使学生意识到我们每个人都生活在人们中间，是诱导学生在道德上进行自我教育的极重要动力。周围的人们时时刻刻都在注视着我们。即使我们不在他们面前时，他们也能感觉到我们的存在。我们接触物质世界的每一件东西，都留下了我们的痕迹。但我们在我们所交往的人们中留下的痕迹，则是最明显的，有时甚至是不可磨灭的。一个真正的人对于别人对他的想法和评价是不会漠不关心的。然而，不管我们在什么地方干什么，都要记住，人们的眼睛总是注视着我们。人生最卑鄙龌龊的东西，是道德上的不纯洁。试想一想：一个漂亮姑娘花费很多时间梳理自己的头发，是要使自己漂亮，因为发型是大家都能看得见的；而同时她的脚很脏，没有洗，她却满不在乎，因为脚上穿着袜子。道德上的不纯洁正是如此：当着众人冠冕堂皇，独自一人龌龊肮脏——人民的道德观就是这样评价这种卑鄙的恶习的。

要教导学生在道德问题上严格要求自己，做到一丝不苟。要教导他们约束自己。我们从儿童来到学校的第一天起就这样教育他：在你独自一人做某事时，要明白此时此刻世界上最可爱的人——你的母亲对你是怎么想的。你若是做了什么不好的事，希望谁都没有看见，那就错了。你的不良行为会在母亲的心里造成痛苦。即使你不在母亲身旁，她也能看见你。她即使不在你身边，也是和你在一起。你回到家时，她能从你的眼睛里发现你做了坏事。因此，你最好把自己的不良行为立即说出来。当然，不干坏事更好。要记住，母亲永远在看着你。

说到这里，我要再次指出，儿童对这些教导是否敏感、听得进去，取决于他的全部精神生活体系。首先，要使热诚、体贴别人、对母亲无微不至地关怀，成为儿童精神世界的特点。要使儿童进行自我教育，使他的良心警惕地为他的行动站岗放哨，就必须使他有一颗精细的心灵。我们是从起码的道德修养开始进行道德的自我教育的。例如，你的学生胆怯地四下瞥了一眼，然后从玫瑰花丛中摘了一朵花。这已经是道德上的愚昧无知了。他走过一个啼哭的小孩跟前，不问一下：小朋友，要帮你什么忙吗？这就更糟糕：是道德上的冷酷无情。经过多年的努力，我们的教师集体制定了一个道德修养的自我教育提纲。这一提纲是学生在同其他人的道德关系中应遵守的许多要求，现列举如下：

（1）要记住，世界上有些东西宝贵得无可比拟。这首先是我们的苏维埃祖国，是给了你生命并抚育你成长的祖国大地。

（2）要记住，你生活在人们中间。你不是你自己所想的那样，而是别人认为的那样。如果你自以为很了不起，而别人却认为你微不足道，那你就是微不足道的。要善于勇敢地对自己承认这一点，克服自己身上浮浅的、微不足道的东西，学会做一个真正的人。

（3）独自一人时不做坏事、丑事，没有庸俗表现的人，才是真正的人。在你一人独处的任何时候，让良心成为你行为的严格要求的见证人。让这个见证人是公正的、严厉的和铁面无私的。

（4）为别人做好事，你就得到了最宝贵的财富。活着是为别人谋福利的人，是最富有、最幸福的人。不要忘记，世界上只有人才能衡量财富、美与伟大。使别人高尚的同时，亦会使自己高尚。要记住，人生下来总有一死，如果说他死后会有什么东西留在大地上的话，那就是他为人们所做的好事。

（5）人类之美的最高体现是妇女。姑娘不仅仅是你的朋友。她是未来的母亲。爱护她的美，珍惜她的健康，就是关怀整个人类的美和伟大。如果为帮助一个妇女甚至需要你死，那你就去死，但不要偏离人类忘我精神的正道。

（6）人身上可能沾染许多恶习，其中有 20 种是最为可怕的：面对善恶无动于衷、懒惰、口是心非、阿谀奉承、逢迎讨好、缺乏主见、默认不真实的说法；坚持错误、自高自大、爱说空话、好撒谎、独自一人时行为不端；背弃正受到大家反对的朋友、不相信人的善良本质、伪善、幸灾乐祸、对弱者和无力自卫者残忍、嘴馋与贪吃、吝啬。要记住，这每一种恶习，都是从很小一点点开始逐渐发展到极为严重地步的。首先，要对自己身上表现出来的人类恶习，采取毫不妥协的态度。要学习别人身上使你钦佩的优点，永远不犯别人身上使你憎恶、鄙视的缺点。要爱护自己的长处，憎恨自己的恶习。要明白，脓疮永远是脓疮，即使长在你身上。只有自私自利的人才喜欢自己的弱点。

（7）如果你在自己身上发现了恶习的苗头，就要善于对自己毫不留情。要拔掉恶习的根子：用劳动除掉懒惰，以设身处地的体贴态度和作为人应有的担忧，代替面对善与恶而无动于衷，以原则性取代口是心非，用正直坦率代替阿谀奉承；为了克服逢迎讨好，哪怕人们都反对你，也要敢于坚持真理；以独立思考克服缺乏主见；有默认不真实说法的毛病，就要敢于同不真实说法作坚决的斗争；有坚持错误的毛病，就要勇敢地承认自己的错误，接受那些坚持真理、同你的错误做斗争的人的意见；有自高自大的缺点，就应该谦虚，学会不必要时只字不提自己；如果傲慢，就应该朴实而自尊。这是马克思最珍视的人们身上的品质。[16]爱说空话，就要学会看重言语；好撒谎，就要不容忍谎言，对一切都老老实实，一丝不苟；独自一人时行为不端，就要能首先把自己的良心当作最无情的审判官而做到问心无愧；背弃正受到大家反对的朋友，就要准备在别人向朋友瞄准时挺身而出，用自己的胸膛挡住子弹；不相信人的善良本质，就要无限信任人类美德的伟大与力量；如果伪善，就应坦率与诚实；如果幸灾乐祸，就应该有怜悯心；对弱者和无力自卫者残忍，就要有人道主义精神；嘴馋和贪吃，就要有节制；如果吝啬，就要慷慨大方。

（8）如果你亲眼看到有人作恶，而思想深处却产生了一个想法：关我什么事？那么，你就要明白，这是兽性本能发出的声音，叫你只顾自己。不要放纵自己的本能，要驱除它们，要无情地对待这种只顾自己的兽性召唤。

要记住你是人。只要你有一次对丑恶视而不见，你就可能永远如此，你就会变成一个可怜虫。

（9）人类有许多高尚品格，但有一种高尚的品格是人性的顶峰，这就是个人的自尊心。

无论你在为真理而斗争中成为胜利者时，还是在不得不承认错误时，你都要昂首挺胸。

（10）世界上有些东西宝贵得无可比拟。这首先是我们的苏维埃祖国，是给了你生命、为你命名并给了你作为人的尊严的祖国大地。当你遇到困难而束手无策时，当你感到困惑不解时，当你不知道该怎么办时，你要想一想，祖国在这种情况下要求你怎样做。祖国怎样要求，你就怎样做。

道德的自我教育的实质是什么呢？

除了要有上进的愿望和高度敏感细致的心灵以外，还有一点也极其重要，我把它称为对人的认识。一个人在认识周围世界的同时，从小就应该认识人——认识人的思想、感情、其心灵的细微复杂活动、其志趣和激情。教育与自我教育的统一开始于：一个人在认识人时，也就是在认识自己，在学习从旁边观察自己。我们教育艺术中一项最复杂的本领，是教师讲人的故事。我向每一代小学生都讲一个英勇无畏的苏联军人的故事，卫国战争期间他在敌占区用自己的胸膛掩护了一个小姑娘，拯救了她的生命。我也讲我们的两位同乡的故事，他们是游击队青年英雄，在落入法西斯魔掌后，始终没有泄露游击队的秘密，没有出卖自己的朋友，受到残酷的折磨，最后，敌人把他们活埋了。我还向学生讲尼古拉·加斯捷洛、卓娅·科斯莫捷米扬斯卡娅、亚历山大·马特洛索夫的故事，讲那些在我们土地上劳动了50年、60年甚至70年的杰出劳动者的故事。

我坚信，用头脑和心灵认识道德问题，不仅应包括对美德的赞赏，而且应包括对丑恶的愤怒。我从世界文学的不朽名著中选择一些人物形象，在他们身上，天才的艺术家们具体刻画了人类的恶习。通过讲亚戈和伊乌杜什克·戈洛夫列夫、戈勃谢克和泼留希金的故事，我在青少年的心中唤起他们个人对丑恶毫不容忍、毫不妥协的感情。一天也不间断地经常认识人，能促使一个人从儿童时代就体会到人们日常生活中形成的情况和相互关系在道德上的意义。儿童在很好地思考人时，就很想有好行为；好行为能在道义方面给他很大的满足，使他内心充满快乐。这种感情反过来又会使孩子对善恶更加敏感，对一切贬低人的事物毫不容忍。使一个人从小就能在同丑恶现象的斗争中表现自己，显示自己的原则性，感觉到善良事物的胜利，理解并体验到自己参与了这一胜利的获取，因而自己也胜利了，并感到非常愉快——这对于教育和自我教育都是非常重要的。

朋友！请记住，要想启发学生进行自我教育，教师要用语言非常细致地触动学生最隐秘的心弦——荣誉、尊严和高尚气度。要善于了解和观察学生的心灵需要作这种触动的时机。这种时机的到来，一般是在幼小的人面前出现两条道路时：走第一条道路，就要默许丑恶存在，漠然置之；走第二条道路，就要对丑恶做斗争。选择第二条道路，往往要求学生思想上高度紧张，付出很大的精神力量，尽管从成人的观点看来实际情况并不太复杂。

85. 怎样启发学生在劳动和学习中进行自我教育

要记住：没有劳动，人就会退化，变成卑鄙可恶的生物。

为此，首先必须使学校和家庭都用劳动的气氛围绕着学生。不管是在课堂上还是在家里，如果闲散无事，那么关于通过劳动进行自我教育的极宝贵教导就会变成空谈。

有些一般性的教导，对各种年龄的人都是同样宝贵的。在我们的教师集体里这些教导表现在这样一些道理中：

（1）要记住：没有劳动，人就会退化，变成卑鄙可恶的生物。

（2）民间谚语说得好：看一个人培育的麦穗，就可以了解这个人。你的劳动表现了你自己。你亲手培育起来的一棵树，就象征着你这个人，代表着你对劳动的热爱和你的本领。你的工作笔记本，就代表你，代表你的劳动，代表你对父母应尽的义务。

（3）在学校上学期间，你向前辈借用了你生活所必需的物质财富。母亲和父亲供你吃饭穿衣，给你买书和直观教具，好让你学习，准备将来劳动。你的义务是尽早开始参加生产劳动，帮助家庭，挣钱给自己购买衣服、鞋子和教科书。

（4）要懂得，劳动不是一种轻松的事。劳动（труд）与困难（трудно）是同根词，这不是偶然的。劳动会使体力和精神力量紧张，会流汗、疲倦。

劳动，不可能像游戏、娱乐和消遣那样有趣。劳动的趣味在另一方面：一个人把自己的智慧和力量投入工作，能做出有用的、美好的东西——创造生活和美，并通过它们表现自己的才能。一个人的一生能活七八十岁，他亲身栽种的橡树则能活 700 年，甚至 1000 年。在劳动中留下你的成绩吧，这样，你就是幸福的。

（5）要学会在一开始劳动时就预见到它的结果。不要害怕单调，不可因为今天、明天甚至连续一个月都要做同样的工作而吓退了。劳动就像攀登一座高山，不经过崎岖难走、使人疲惫不堪的乱石小路，就无法到达光辉的顶峰。

（6）劳动使人变得成熟和英勇。最好从 6 岁起就开始做一件需要几年才能完成的工作。要这样安排自己的生活：到 10 岁时回顾一下过去，你可以看到亲手创造的成果，例如，你种的一棵果树结了果子，你把从来寸草不生的地方变成了良田沃土。只有当你用双手劳动，懂得什么是滴滴汗水，了解什么是劳动的疲倦和手上的老茧时，科学的智慧和知识的光辉才会真正展现在你面前。

（7）只有当你学会把双手的技巧同头脑的智慧结合在一起克服工作中的困难时，对你来说，学习才会成为劳动，而你才能够在掌握知识的过程中得心应手。只有在工作中善于动脑筋的人，才能理解思想活动的秘密。要知道，很少有人生下来就有牛顿或爱因斯坦那样的天赋。要做最不利的打算：你没有天赋。你要用劳动和创造来培育和发展你的能力。

（8）开始了的事情决不要半途而废，而要坚持到底。假如你有半途而废、挑肥拣瘦的习惯，你就会变成一个游手好闲的人，一个不学无术的人。

（9）要懂得，学无止境。同样一件工作可以反复做几十次，而一次要比一次做得更好。要把自己培养成为能手，学会不满足于已取得的成绩。专业有好几百种，你不可能全都掌握。要掌握其中的一种，但应掌握得使自己成为工作的主人。

这些教导只有在一定的条件下才能对学生的思想发生作用。要是学校里缺乏愉快的劳动气氛，这些教导就会成为空话，学生甚至会不理解，好像你在用他们听不懂的语言同他们讲话似的。学校里应当充满劳动的欢乐气氛。劳动的欢乐是什么？就是在劳动中的自我表现。就是那样一种复杂的精神状态：一个人既惊奇赞叹地看到了自己双手的创造物，并从中发现了自己的才能，也看到了自己付出的努力及单调、平凡无奇的劳动时间。要把劳动变成自我教育的一个领域（没有劳动中的自我教育，就根本不可能有自我教育），就必须使每个学生感到劳动的快乐，使劳动成为他们的一种创造活动。发现自己才能的过程，是在劳动中开始的，这一过程要持续若干年，直到选定立志献身的事业为止。

劳动的欢乐、劳动的创造和发现自己的才能，这一切只有在劳动中个性得以发挥时才能实现。劳动中的自我教育，并非单纯是收获土豆、拣废铜烂铁，而是深入地认识自己，使智力和双手的技巧相结合，自觉地提出目标和克服困难。我再次强调指出，没有紧张的思想活动，没有智力的创造活动，不阅读课外书，不超出基本教学大纲的范围（超出这一范围，学生的志向才能开始形成），则劳动中的自我教育是不可能的。如果课堂教学枯燥乏味，学生在教师课上的热烈话语中听不到鼓舞他们去广阔无垠的知识海洋中遨游的召唤，或者不响应这一召唤，那么，劳动中的自我教育是无从谈起的。如果教师没有爱好自己学科的学生，或者教师没有通过自己对科学的热爱使学生受到感染，劳动中的自我教育也是不可能的。

如果这一切条件都具备，就可以向学生交代这样一种劳动任务，它能够唤起他们爱好这项任务，使他们精神振奋，要求自己不断增长知识。例如，某个学生对土壤学实验有浓厚的兴趣；当你讲解土壤中发生复杂的生物化学过程时，你发现他的眼睛里燃起了好奇的火光。你们学校里有生物研究室和温室。你可以拨给这个学生一个角落，让他对实验发生兴趣：一块死气沉沉的泥土可以变成活生生的土壤。你同他一起把有益的微生物植入土壤；在你的指导下，学生为微生物的生命活动创造了有利的条件。这就开始了自我教育：这个少年与实验之角已经难舍难分了。他长时间地坐在盛着土壤的箱子旁，看试管和显微镜，读书，直到深夜。这时已经不再需要任何诱导，因为他的热情高涨起来了。现在，要防止学生的劲头冷下来。为此，教师必须细致而有分寸地触动学生的兴趣之火，使之保持下去。

86. 怎样在脑力劳动中培养自觉的纪律

要迫使自己每天阅读，不要今天拖到明天。今天丧失
的东西，明天是绝对无法弥补的。

我们对七年级以上的高年级学生提出了这方面的建议。这些建议关系到学生精神生活中非常重要的一个方面，如读书、思考、解决智力上的任务。这些建议的效果如何，取决于许多条件和前提，其中最主要的是：在学校里，首先是教师集体要有浓厚的文化知识兴趣；要使课堂教学以多方面的智力生活为基础；教师的知识要远远超过教学的需要；要使每个学生都有自己的智力爱好。如果做到这一切，学生就很容易接受有关脑力劳动自觉纪律的教导。在这些教导中，我们认为以下几点是最要紧的。

（1）如果你想有足够的时间，那你就要每天读书。每天至少要阅读两页你所喜爱的学科（即你的选修课）的学术著作。你的一切阅读，都是在为你的学习打基础。这个基础越厚实，学习就越容易。你每天读书越多，你储备的时间就越多。这是因为，你阅读的东西与你在课堂上所学的内容有成千上万个接触点。这些接触点就是我们所谓的记忆之锚。这些锚把必须了解的知识系在人类知识的海洋中。要迫使自己每天阅读，不要今天拖到明天。今天丧失的东西，明天是绝对无法弥补的。

（2）要善于听教师讲课。九、十年级的学生对于重要题材的讲课，不管

教科书里有无这些材料，都要做摘要笔记。做笔记能够训练你的思维和检查你的知识。要学会在课堂上就当场做思考摘要，每天至少花半小时的时间整理笔记。我建议把摘要笔记分为两栏（即两行）；第一栏记听课的摘要，第二栏记必须思考的问题，包括关键性的、主要的问题。这些问题好比是同一门功课的知识大厦相联系的构架。要每天对这种构架性问题进行思考，并把这种思考同每天阅读科学著作结合起来。如果你每门功课都按这一建议去做，你就不需要搞"突击"日了。在准备考试时，就不必反复阅读和背诵整个笔记。各门功课的构架就是一种提纲，在它的基础上可以回想起全部教材。

（3）要在早晨6点钟左右开始一天的学习。5点半起床，做早操，喝一杯牛奶，吃点面包，然后就开始学习。上课前从事脑力劳动的一个半到两个小时，是黄金时间。在早晨几个钟头要干最复杂的、创造性的脑力劳动，思考关键性的理论问题，阅读和钻研难懂的文章，草拟介绍性的学术报告。如果你将要搞带有研究成分的脑力劳动，应该只在早晨进行。你将可以不熬到半夜。作息制度要定在12点以前至少能睡两个小时。这是最有益于健康的睡眠。

（4）要善于安排自己的脑力劳动。我指的是要分清主次。在分配时间时，不要让次要的事情把主要的事情挤到后面去。主要的事情每天都要做。要选定对形成你的才能与素质有决定意义的若干重要科学问题。这些问题在你早晨的脑力劳动中要占第一位。要善于按照主要科学问题选择书籍和科学著作，并长时间地研读它们。

（5）要善于给自己创造内在的动力。脑力劳动中有许多工作并非那么有趣，使人乐意去干。唯一的动力往往仅是需要。你的脑力劳动正是应该从这种不那么有趣的工作开始。要悉心钻研这些问题的理论细节，使需要这样做逐渐变为我想这样做。要把最有趣的部分留在工作收尾时做。

（6）书籍之多，浩如烟海。要严格选择打算阅读的书籍和杂志。求知欲强和好学的人，什么都想读。然而，什么都读是不可能的。要善于限制阅读范围，剔除一切可能打乱学习制度的东西。但同时要记住，随时都可能需要读一本不在计划之内的新书。为此，就需要有剩余时间。剩余时间是靠在课堂上认真听讲、善于做笔记和不搞"突击"日赢得的。

（7）要善于约束自己。要干的事情很多。有业余文娱活动小组、体育活动小组、跳舞晚会。许多这类活动都是有诱惑力的，但这可能给你带来很大的害处，因此，要善于当机立断。娱乐和休息都是需要的，但不应忘记主要的东西：你是一个劳动者，国家为你花很多钱，首先应该把劳动放在第一位，而不是把跳舞和休息放在第一位。我建议高年级学生下象棋和阅读文艺书籍，以此作为休息。在十分安静的环境中聚精会神地下象棋，是振奋神经系统和训练思维的极好手段。

（8）不要把时间花在琐碎的事情上。不要闲扯，不要游手好闲地虚度时光。常有这样的情形：几个小伙子聚在一起，就像乌克兰常说的在"闲扯"。一个钟头过去了，什么也没干，什么聪明思想也没有从这样的闲扯中产生，而时间却一去不复返。要善于把和同学交谈也变成在精神上丰富自己的源泉。

（9）要学会减轻自己将来的脑力劳动，也就是为将来储备时间。为此，要习惯做笔记。我现在就有大约40个笔记本。每一本都用来记录鲜明的、似乎是一掠而过的思想（这样的思想"习惯于"在头脑中出现一次后就不复返了）。我把阅读过的最有趣的东西，也记在这些笔记本里。这一切在将来都会有用，会减轻你的脑力劳动。要建立一套笔记，爱惜你从书本中吸取的一切知识。

（10）做任何一件事，都要寻找脑力劳动最合理的方法。要避免老一套和刻板公式。要不惜花费时间深入地理解所接触的事实、现象和规律的实质。思考得越深，记忆就越牢。在没有理解之前，不要死记，因为这会白费时间。已熟知的东西不必重读，只要浏览一下即可。对于还没理解的东西，切忌肤浅地浏览过去。任何不求甚解的态度，都会使你将来不得不多次重新研究某些事实、现象和规律。

（11）在受到打扰的情况下进行脑力劳动是不会有效果的。在集中精力从事脑力劳动的时间，每个人都应完全独立地工作。最好在阅览室、读书室里学习，因为在那里大家都遵守制度。

（12）脑力劳动要求抽象思维和形象思维交替进行。要穿插阅读科学书籍和小说。

（13）要克服不良习惯（如必须先坐 15 分钟才能开始学习，毫无必要地翻阅你并不打算读的书籍；睡醒后还躺在床上不起来，等等）。

（14）明天对勤劳是最危险的敌人。任何时候都不要把今天应完成的工作留一部分拖到明天做。要养成今天完成明天应做工作的一部分的习惯。这会成为你有效的内在动力，并将决定你的整个未来。

（15）任何时候都不要停止脑力劳动。夏天也不要丢掉书本。每天都要增加一些宝贵的文化知识——这是你将来脑力劳动所需时间的一个来源。要记住，你知道的东西越多，你就越容易掌握新的知识。

87. 怎样在体育方面引导学生进行自我教育

> 体格方面的教育和自我教育是统一的。假如不让学生
> 从小就开始帮助大人干一些活，我们甚至无法设想他们能
> 够成为身心健全的人。

研究体育、智育、情感教育、美育和劳动教育时，应看到它们的统一性和相互依赖性。体育是使人的精神生活充实和文化知识丰富的起码条件。同时，体育也使人的其他一切方面变得高尚。

我们教师集体的工作中贯穿着一个思想：体格方面的教育和自我教育是统一的。假如不让学生从小就开始帮助大人干一些活，我们甚至无法设想他们能够成为身心健全的人。

我们坚信，体格方面的教育与自我教育的统一是从幼年就开始的，这种统一与下述国民教育思想有联系：当孩子刚刚学会用手拿起汤匙从盘子里取食物送到口中时，就要让他劳动。我们努力使儿童边干边想、边想边干。只有这样，他们才能懂得体育的意义，感觉到自己的全部力量，认识到健全的精神取决于健康的体格，学会有意识地增强自己的体力。如果我们的学生不是从小劳动，他们就会听不进在体育方面进行自我教育的任何教导。但我们的学生是劳动者，所以他们就非常敏感地、兴致勃勃地接受我们的教导，遵照我们的建议去做。下面是我们就体育方面的自我教育提出的几条建议。

（1）健康意味着精神生活充实，情绪愉快和头脑清楚。你的健康取决于你自己。

（2）健康的极重要源泉是我们周围的自然界——空气、阳光、水、夏天的炎热和冬天的严寒、阴凉的小树林和鲜花盛开的三叶草原野。要到大自然中去生活和劳动。要在日出之前就起床。夏天太阳出来得很早，而你要比太阳起得更早。走到原野里去，呼吸新鲜空气，用露水洗洗手、洗洗脸，这种露水真正是童话中所说的活水。空气中充满着正在开花或正在成熟的庄稼香味，这对健康是有益的。谁夏天呼吸这样的空气，谁就永远不会害肺病。

（3）要给自己立一条规矩：每天早晨一起来就做早操。夏天最好睡在院子里，睡在干草上或者新鲜的谷草上（刚刚脱粒的谷草上）。干草和新鲜谷草分泌出来的植物杀菌素，能预防流行性感冒。

（4）坚持每天早晨用冷水擦身。尽量坚持在池塘里洗澡，直到秋天出现冰冻为止。冬天用雪擦脚和腿（至膝部），擦得从脚跟到膝部感到发热为止。要勇敢地赤着脚到雪地里去走几分钟，这对脚部和全身都是很好的锻炼。

（5）一天也不要间断体力劳动。劳动使人身强力壮、心地正直。每天坚持劳动，能使人延年益寿。从幼年到老年不脱离劳动的人，直到他生命的最后几天，仍然是一个完好的人：能保持自己的体力，有清楚的头脑与丰富的知觉和感情。

（6）每天行走3千米（年幼者）到10千米。要养成在树林、草地和田野上散步的习惯。如果你上学要走两三千米的路，并且经过草地，这是你的福气。夏季，每天要在正在开花或正在成熟的庄稼和野草的田地里（特别是在小麦、大麦、燕麦田和长着三叶草的地方）行走几千米，使之成为习惯。

（7）要使朴素、适可而止和节制成为你的座右铭。在儿童时期不要吃过多的甜食。最好完全不吃纯碳水化合物。不要贪吃，不要吃得过饱。你离开餐桌时，最好感到还有点没吃饱。

88. 在哪些条件下集体才能有效地发挥教育个人的作用

> 如果每个人都不善于用自己的理智与心灵在人海中辨明方向，那就不可能有集体，不可能有对集体中每个成员的尊重，也不可能有自我尊重。

这条基于一定理论概括的建议，对于实际工作是非常有用的。首先，了解各种教育措施的基本原则及其复杂的相互依赖关系是很重要的。这一点，对于建立集体和个人之间的和谐一致尤其重要。

那么，集体的教育力量来自哪里呢？在什么条件下集体才能良好地、有效地发挥教育个人的作用呢？我们总结一下前面许多建议所说的内容，就可以得出结论，其中最重要的是以下几点。

（1）每个人都应懂得和体会到这样一个真理：人是在一起生活和劳动的（我想把这一条件称为对人的体会），他有欢乐与忧愁，应以人道主义的态度对待他，理解并体会他的精神世界和他此时此刻的情绪状态。如果每个人都不善于用自己的理智与心灵在人海中辨明方向，那就不可能有集体，不可能有对集体中每个成员的尊重，也不可能有自我尊重。

（2）每个人都要节制自己的欲望，善于把自己的欲望同别人的欲望加以对比、衡量，放弃自己的某些欲望。这一重要品德，是通过前面讲过的体贴关怀课、人道主义课来培养的，这些课的实质是：教育每个人用自己的心灵认识别人的精神世界，帮助别人，把自己的力量贡献给别人，在别人的心里留下好的印象。善于为别人的利益而限制自己的欲望，具体表现为通常说的谦让精神。假如人们不能做到这一点，生活就会变得一团糟。倘若每人都为所欲为，生活就会变得一团糟。

（3）要经常不断地发展人的道德、感情、智力、美感和创造精神。集体，只有当它在精神上不断成长时，才是真正的集体，并由此才能产生巨大的教育力量。而这一点，只有在每个人一天比一天变得更聪明、更开朗、心胸更宽广时，才可能做到。这里所谈的是集体在精神上经常不断地自我丰富的过程，也就是说，集体要像一个正在塑造新人的雕刻家，始终不懈地雕琢着自身的形象，在这个形象上刻出越来越多的精细线条。

（4）要有高度发展的自尊心、个人的自我尊重感。我们发展、保护、珍惜每个人的自我尊重感，培养心灵对善良语言和美好事物的敏感，就是在提高集体的教育作用。五六岁至八九岁在人的精神生活上是一个完整的阶段，我把它称为参加集体生活的准备阶段。在这几年里，成人特别不可有粗暴、漠不关心和冷酷无情的表现，因为这是打击娇嫩的儿童心灵，儿童心灵受到这种打击之后会变得像水牛皮一样坚硬和失去感觉。在这一时期，教师要警惕地保护儿童的敏感心灵。要懂得，如果你在一个学生幼小的时候使他的心变得麻木不仁了，那么他到了少年时期，就会讥笑你那种"严厉斥责""触及痛处"的教育花招。一个人在幼年时受到的惩罚越少，他对善良语言的反应就越敏锐，他良心的守卫者——心灵——就越忠诚，一个由这样的个人组成的集体就越坚强。

（5）要使儿童、学生有上进心，使他们渴望别人对自己产生好印象。这是集体的教育力量最起作用的源泉之一。这个源泉里充满了丰富的道德关系和促进集体活动的思想。当一个人发现别人的长处，对美德有惊奇赞叹的感受时，他本身也会产生上进的愿望。只有在受到崇高思想鼓舞的集体劳动中，才开始形成一个人的自我尊重感，而这种自我尊重感就决定了他本人的整个精神面貌和他对别人的态度。教育的智慧与艺术，是启发学生认识人，并用崇高的劳动目标鼓舞整个集体。

（6）不可在集体面前抖搂儿童个人的种种弱点，不可"揭人心事"。一个人不应害怕集体，而应因集体看到他的长处，对他有好评而感到高兴。集体对个人的权威，应以非常细致的人与人的关系为基础。只有当集体看到每个人的长处大大多于短处时，它的权威才会发生效力。

（7）集体成员的兴趣、爱好与活动要多样化。如果学生没有个性，那就不会有集体。只有当每个人都有独特的面孔，都在设法使同学之间的相互关系日益丰富时，集体才具有教育力量。

（8）集体要有社会积极性。集体的教育力量及其对个人的权威性，决定于这个集体表现社会思想的鲜明程度如何。学校集体要经常参加社会活动，参加建立和巩固共产主义物质技术基础的工作，参加能使人们变得高尚的活动。

（9）集体内要有经济关系。如果一个人不是凭亲身经验认识到自己对集体财富所负有的责任，那么，关于义务、责任、自觉服从、个人利益与公共利益相结合的一些美好的道理，就只能是善良的愿望而已。多年的经验使我深信，在道义上体会到集体内的领导与服从这种组织关系，正是从对于集体财富的责任感开始的。

（10）在集体中不可划分积极分子和消极分子，以致有的人觉得自己注定是消极和无所作为的，他的命运只是服从别人。一个集体成员的积极性如何，不仅决定于这个成员是否善于提出要求和领导别人，积极性应是多方面的。要让集体的每个成员在能够最充分显示其天资、才能与爱好的活动领域里发挥自己的积极性。没有个人的全面发展，现代学校中个人的社会积极性是不可思议的。集体中不应有任何一个消极的、无个性的、在任何方面都无所作为的学生。不需要积极性只在于领导别人的人。领导别人的权力，应来自在创造性的劳动与活动中由于有天赋、能力、才干和做出榜样而产生的积极性。在学校集体中当领导，首先意味着要在劳动中做出榜样。

（11）要有各种各样的集体。只有当一个人积极参加几个有不同任务的组织时，集体的教育力量才能发挥出来。要有相互交错的兴趣、爱好和各种活动，要使学生能够发现自己的本领，并自觉地发展自己的天资、能力和才干，只有这样，才会有集体精神和个性的和谐一致。没有各种各样的集体，就不能使所有学生都有积极性。如果学生的生活仅局限于一个基层集体的框框里，这个集体就会"枯萎"，就必然会出现消极者。

（12）要使儿童和青少年关心别人，特别是关心幼儿。只有当每个人都为别人操心、关怀别人时，集体才能成为有效的教育力量。在观点、信念与生活理想正在形成的阶段，这种关怀具有特别大的教育作用。

（13）集体的培育者——教师，要聪明能干。毫无疑问，集体是教师创造的，它不可能凭空产生，也不可能自发地存在。没有聪明能干的教师，就没有集体。因此，不能认为那些关于不要班主任、集体完全自主的"革新"建议是严肃的。这就像让病人替自己治病一样不可能。教师的聪明才智，是使学生不感到教师在事无巨细地管束着他们和形式主义地监督他们，使学生把教师的意图当作自己的意图提出来并加以实行。一个真正的教育能手，永远也不会使学生感到自己是一个发号施令的人。但是，学生的年龄越大，他们对教师的要求就越高。少年已明白，教师应是他们集体的榜样、模范与良心。因此，青少年的教育者，要特别深刻地认识生活和认识人。集体的培育者就是集体的精神发展——即道德、智力、情感与审美的发展——赖以持续进行的力量。为使这种发展成为现实，教师必须每天都触动学生的理智与心灵，必须经常在他们面前揭示出日新月异的现实生活和人的精神世界。

89. 在学校集体中什么可以讨论和什么不可以讨论

　　　　读者可能会提出一个问题：那么，什么事情该由集体
处理，什么事情不该让集体处理呢？我的回答是：没有任
何事情。

　　多年的教育工作使我深信，并非与学生行为举动有关的一切，都可以提到学校集体中来讨论。以下各点不可在集体内讨论。

　　（1）因家庭中明显的或隐蔽的不正常现象，如家长的反社会行为、父母的口角、吵闹与不和所引起的儿童或青少年的不良行为，不能讨论。在这种情况下，小伙子和姑娘们的不良行为尤其不能讨论。他们非常清楚自己的行为与家庭生活的相互联系，暴露这种生活的阴暗面会使他们感到压抑。

　　（2）如果儿童的父亲或母亲不是生父或生母，因而给他造成了精神创伤，使他干了不良行为或某些不好的举动，对此也不能讨论。不管学生多么严重地破坏纪律，如果他没有父亲或母亲，就不应在集体中分析他的行为。

　　（3）如果孩子的行为或某些举动在客观上是对父母或包括教师在内的某个成人的粗暴与专横的抗议，这种行为与举动不应讨论。这一点之所以重要，与其说是为了维护成年人的威信，不如说是为了学生本身的利益。既然学生是通过不良行为在表示抗议，那么，他就会感到处理他的这一行为是不公平的。

（4）由于教师的错误而引起的少年儿童的不良行为不能讨论。在分析学生的错误行为时，教师绝对不可说："我们谈的是你，而不是教师；教师的事，与你无关。"在讨论学生的错误时，也同样不可讨论教师的错误。

（5）由于教师没有客观地评定学生的知识而引起的不良行为不应讨论。正像在其他许多情况下一样，我们这里碰到的是儿童的委屈心理。这种心理就像非常娇气、不好对付的小伤口：你越是关照它，越是触动它，它就越痛得厉害。这种委屈心理的创伤，最好是不管它。一般说来，集体中的某些问题不值得谈论，并不是因为学生没有能力辨别好坏（有时他们的这种分辨能力不比成人差），而是因为没有必要再次触动伤口。在许多情况下，设法避免出现新的委屈心理创伤更为有益。

（6）某个学生智力发展异常，或虽然很用功，但某一教材对他来讲是力所不及的，因而学习成绩落后，这种情况不应讨论。教师永远应把懒惰、懈怠与对所学的东西不理解和不会学习区别开来。做不到这一点的教师，不能算是教育者。在集体面前把完全是另一码事的东西当作懒惰与懈怠，只能带来害处，使人苦恼与委屈。

（7）如果学生解释自己不好的、错误的行为时，必须涉及他与同龄伙伴或者年长或年幼朋友之间深具私人友谊性质的关系，这种行为也不应在集体中讨论。在这种情况下要求学生坦率，会使他感到要他背叛、出卖朋友……学生的相互关系并不像乍看起来那样简单。学生对荣辱有自己的理解和信念，对此应加以尊重。

（8）由于家庭中存在特殊关系（这种关系让儿童知道还为时尚早，而且也不能向他们解释）而引起的不良行为，也不应讨论。应该妥善地、不声张地平息这类事端。

还有许许多多不能公之于众、公开讨论、大肆声张的不良行为。这些行为很难归纳，很难找到可以统一衡量的共同尺子和包罗万象的标准。

有一天，正当我写这些条条时，六年级出了这样一件事：

一个叫尤尔科的学生"无缘无故"地骂他的同桌同学弗拉基米尔"没良心"。我们的少年学生非常懂得这个词的意思。假如尤尔科没有任何根据就提出责备，弗拉基米尔一定会感到自己受了委屈。可是，恰恰相反，他感到良心的责备，觉得自己有错。到底发生了什么事呢？情况原来如此：尤尔科是近视眼，而他的那副眼镜很糟糕，戴眼镜看东西时，物体就像离开了原来的地方。上绘画课时，弗拉基米尔对尤尔科开了一个玩笑：他把颜料放在尤尔科面前，尤尔科刚一低头画画，他就把颜料盒移开了几厘米，使尤尔科用错了颜色。尤尔科发现了这一居心不良的玩笑之后，非常生气，在回家的路上哭起来了。全班同学都听到了"没良心"这个词，但对于弗拉基米尔所干的勾当谁也不知道。事情过去两天后，我才知道真相，还不是从尤尔科那里得知的，而是弗拉基米尔承认错误时告诉我的。过了三天，尤尔科来找我，请求不要把弗拉基米尔的行为告诉任何人……

多年的工作经验使我深信不疑，在我们这项困难的、有时令人伤脑筋的事业中，必须遵守一个十分重要的规则：如果学生能够自己理解并处理他们之间的复杂关系，就不必安排集体处理。

读者可能会提出一个问题：那么，什么事情该由集体处理，什么事情不该让集体处理呢？我的回答是：没有任何事情。

让我来解释一下：如果是过错，那就根本不应进行分析、讨论。第一，真正的共产主义教育是要使不正常的、该受指责的行为不发生，或尽可能少发生；第二，集体作为教育力量发挥作用和影响个人，并非借助于处理各种各样的过错；第三，集体处理的各种冲突越少，其教育效力就越大。

共产主义教育还有一条极为重要的规则：对于冲突，要善于防微杜渐，息事宁人，不要煽风点火，不要使火星燃成熊熊大火，而要在它刚刚露出苗头时就把它扑灭。

人们可能会说：你主张"无冲突教育"？是的，我主张对孩子们（正是孩子们）实施没有严厉申斥、大发雷霆及强力影响手段的教育，因为这些办法不会带来任何好处。不能把"成人"社会学的概念和规律搬到儿童世界里来。在儿童教育中，震惊、冲突与发怒，并不是客观必要的。因此，最好不要采用令人震惊的手段。

90. 集体的自主活动重在什么

　　不是丰富的精神生活取决于自主活动，而是相反，集体的自主活动是充实而丰富的精神生活的结果。

　　不是丰富的精神生活取决于自主活动，而是相反，集体的自主活动是充实而丰富的精神生活的结果。在一个集体内，心目中有别人的这种情感发展得越强烈，每个人给他的同志带来的精神财富越多，每个人在别人面前所表现的内心美越鲜明，这种内心美在造福于大家共同的劳动中被认识得越充分，那么，这个集体就越是能真正关心其每个成员的命运，影响人与人的相互关系，力求使这种关系成为人道主义的关系，并对"我想干什么就干什么"的放肆横行态度表现出高度的共产主义原则性、要求严格、毫不妥协。

　　青年朋友！要尽力使集体对个人的每项要求同时又是集体对个人的关怀与爱护这种相互关系的准则成为集体自主活动的基础。我想扼要地谈谈学校中集体主义相互关系的准则，其中表现出对人的严格要求与对人的关怀是协调一致的。

　　（1）班集体（从四年级开始）每一学季选举一名学生，负责登记考勤和完成家庭作业的情况。每个学生一到课堂，就向教师的这位助手报告是否完成了作业；如没完成，要说明原因。这位助手把检查家庭作业的情况加以总结，然后向教师汇报（比如，有三个同学没理解题目的要求，一个同学不会做算术四则运算题）。教师在每个班内都有一个他所教课程的辅导员（也可以有几个）。这个辅导员是学习最好的学生，他通常走在教学大纲的前面，其知识面比优秀成绩还广得多。教师听完助手汇报家庭作业的完成情况后，就立即委托辅导员：请帮助某些同学的学习，向他们讲解某些问题，完成某件实际工作。必要时，教师也亲自补课。给学生补课和辅导只能在上课前进行，课后不做任何补课。要让所有的学生放学后立刻回家，不要留下任何学生补课。谁愿意补课就在上课之前来补。由于学校的全部工作贯穿着相互信任的精神，由于把学习建立在尊重人的基础上，所以每个人能做到首先对自己严格要求。需要帮助的学生，总是一大早就来补课或听辅导。

（2）由集体选出一名学生，负责登记公益劳动的情况。我们学校各班轮流在学校的教学试验田或集体农庄里劳动。每天都有一个或两个班参加劳动（视需要而定，但整年不间断）。

组织这种公益劳动的学生，负责记录每个人的劳动情况。如果某个同学因正当理由今天不能来干活，他可以请求公益劳动的组织者把他安排到明天或后天跟别的班一起干。如果生病，就在病愈之后再干。没有、也不可能有任何正当理由可以使谁免除劳动。

（3）从二年级开始，每个班都有一个学生负责管理本班的财物（图书、直观教具、作业本、画册、颜料、打扫教室的笤帚和抹布、在体育馆里上体育课用的软底便鞋、粉笔），并负责安排教室的值日。每天有两名值日生。他们佩戴着有字的臂章。值日生的职责很广。他们要在上课前15分钟来到教室，用湿抹布擦净黑板和课桌；在教室门口铺上潮湿的小地毯，不使一点灰尘带进教室来，因为呼吸有尘土的空气是有害的。放学以后，还要用湿抹布擦一遍黑板和课桌。

（4）每个班集体每年选举一名学生，负责同学们的健康状况。他负责登记在家里做早操的情况。每星期六，健康负责人要查问，谁没有做早操，哪怕仅一天没做也得讲清楚。班主任随后要同没有做操的学生进行有关自我教育的谈话。健康负责人还要把感到身体不舒服的学生记下来，向教师汇报。然后，教师让生病的学生去找医生看病。

（5）从三年级开始，每个班集体选出一名学生，负责注意记日志的情况。教师记入成绩册里的分数，要由学生本人记入自己的日志本里。在日志上签名的不是老师，而是负责检查日志的学生。我们非常重视学生集体的这种自主活动，它表现出集体中充满了信任精神。在这里我要说明一下：如果一个学生还不能完成某项学习，我们什么分数都不打。分数只能表示学习的肯定结果；没有分数，就是还没有学好。这样做，可以避免负责日志的学生与班集体在相互关系方面出现不正常现象：一个学生什么时候都不能给另一个学生把不及格的分数记在日志里；如果一个学生的日志里关于一门功课——比如说法语课，没有任何分数，这对学生的父母来说就已是一个令人不安的信号了。他们会懂得：儿子（或者女儿）学得不怎么好。

（6）从四年级开始，由班集体在每学季和每学年结束之前决定，哪个学生的操行分数应降低。这个对学生非常重要的问题，要在教师（班主任）和学生有同样表决权的会议上做出决定。学校里还有一条规则：如果班集体在评定操行分数的问题上意见不一致，就把问题交给校务会议作最后决定。但我们学校还从来未发生过必须把问题提到校务会议解决的情况。操行分数不需要校务会议通过。

（7）共青团委员会和少年先锋队大队委员会，掌管学校从教学试验田、果园和养蜂场收入的钱财。这种收入每年不少于2000卢布。共青团员和少先队员有权决定怎样支配这些收入。可以用这些钱对有困难的同学进行物质上的帮助；学生家里如有什么不幸事故，他可以向同学们提出，他们会给予帮助。这些钱还可以用来组织参观游览、购买乐器，为来自其他共和国的客人筹备礼物。

以上就是在集体内部从组织方面和物质生活方面进行自主活动的基本内容。这是在集体自主活动的基础上建立社会政治关系和精神道德关系的必要条件。我们力求使自主活动在精神生活，特别是社会政治生活方面有鲜明的表现。这对于青少年在社会和道德上的成熟具有决定性意义。我在前面谈到了有关各学科小组，为居民举办的自然科学知识晚会，不同年龄的学生组成的集体等，都是生动活泼、富有创造精神的自主活动。

91. 什么是课堂上的思想教育

"既然学生在获得知识，课堂上的思想教育就是自发进行的了。"这些错误的论调，实际上使人产生一种无忧无虑和自我安慰的心理。

在教学和教育工作的实践中，有这样一种广泛流行的观点：学生在掌握知识的同时就在道德上受到了教育；掌握知识本身就是道德发展的过程。很多教师的头脑中这种道德教育观根深蒂固，以致要他们摒弃这种僵化的信念是相当困难的。他们认为，既然学生在获得知识，课堂上的思想教育就是自发进行的了。"通过教学的教育""通过知识的道德教育"——这些以上述错误的道德教育观为基础的论调，实际上使人产生一种无忧无虑和自我安慰的心理。

生活使人们相信，掌握知识，懂得自然科学规则和社会学规律，能很好地回答问题以及获得很好的分数——这一切还不等于道德教育。在知识转变并发展为信念时，才是教育的开始。只有在真理的知识触及一个人的灵魂，激动他的心，促使他以自己的活动从实际上证明，并通过行动在实际上捍卫他认为神圣和宝贵的真理时，才谈得上信念。要掌握知识，珍重信念。缺乏这种或那种具体知识，并不说明一个人在道德上没有教养。而缺乏信念，即使有知识，也说明一个人在道德上面目不清。

我建议青年教师：要想成为真正的教育者，首先要善于看到知识与信念之间的区别。要善于为信念奠定基础，促使道德的热血——即坚定的信念——赖以沸腾的那根神经生机勃勃地工作。

要懂得，关于自然界和社会的实际知识，是形成科学思想、社会思想、政治思想和道德思想的基础。思想是实际知识与信念之间的桥梁。知识通过思想变成信念。思想已不仅仅是知识。思想中已含有"一小块灵魂"——一个人对他知道的事物所持有的个人态度。可以详尽地知道尤利乌斯·伏契克的悲剧性英雄的一生和斗争，连细节也不放过，然而，知道事实只是知识，还不是思想。当读者在内心里成为这位英雄的热烈钦佩者时，才会产生思想。如果你的学生准备与英雄并肩前进，愿意为这位共产党员英雄为之献身的事业贡献出自己的生命，那么，在这种情况下，你作为教育者所接触的就是思想。思想的特点是，在理解具体事实的基础上做出的结论与归纳。由于一个人对事件、现象和事实采取了他自己的态度，因而具有鲜明的感情色彩。

实际知识转变为思想时，就产生了信念。教师的任务是要让这种转变能鲜明地表现出来，使学生不会成为冷漠无情的"知识需求者"，而成为对真理与正义的胜利有切身利害关系的人。

任何科学知识都是进行思想教育的材料吗？不，并非任何知识都是。有的知识在思想上是中性的（当然，这并不是说在讲授这种知识的课堂上没有教育）。在学习简便乘法公式时，科学真理与道德的关系，在资本主义社会的学校里和在社会主义社会的学校里是相同的。然而，即使是自然科学的一些学科，也有很大一部分知识本身包含着激烈的思想斗争与冲突。许多科学真理是付出了很高的代价才获得的——很多杰出的思想家为之献出了生命。朋友！我建议你要特别细心对待这种真理的研究。在讲述太阳系时，要使自己的语言对那些反对因循守旧、愚昧无知、反对在精神上奴役人民的思想家充满深深的崇敬感情。要使为真理而斗争的思想家的形象给学生留下鲜明的印象，使青少年的头脑中产生一个想法：凡是真理，都是革命的。

你在物理、化学、生物、数学等科目的课上讲授教材时，不要只是毫无感情地说明真理，而要引导青少年沿着科学的艰险道路作一次富有探索精神的、充满为真理而斗争的崇高动机的旅行。讲述自然科学课程（物理、化学、生物、数学、天文学）时，要使对学科知识的认识、理解与领会，变成青少年的理智和心灵，反对烦琐哲学、不学无术和那种使人盲目相信教条、禁止人们敢想敢干的宗教毒素的内在斗争。人们的求知精神、追求真理与知识的火热激情是无法抑制、不可熄灭的。要让这一思想贯穿着你的全部课堂教学。

肯动脑筋的教师，特别注意研究自然科学教学大纲中可能有新发现的部分，以及科学尚未考察或尚未充分解释的部分。他在讲授空间与时间的相互关系，物质与能量的实质，光、粒子和反粒子的本性，重力作用等概念时，善于说明这些概念是智慧的胜利。当你在课堂上向学生展示宇宙的宏伟图画和世界在空间与时间上的无限性时，不可使学生听后感到自己异常渺小。

在讲授人文学科的课堂上，没有、也不可能有思想上的中性材料。朋友！如果你是教历史的，你的教育任务首先是要看到，在你课堂上听讲的不是什么抽象的学生（这样的学生是不存在的）。你应该看到，你面前是具体的、活生生的、独特的人们——柯利亚和尼娜，瓦利亚和谢尔盖，等等。这些人都有自己的思想和感情、抱负和干劲。这一点极为重要，因为只有当人们有了活生生的个性时，思想的热血才能沸腾起来。思想只能存在于人的具体的精神世界里，存在于人的思维活动、行为与斗争中。不管你向学生讲述什么——斯巴达克领导的奴隶起义、反对俄皇保罗的宫廷阴谋、策划第二次世界大战的秘密勾当或英雄的斯大林格勒大会战，总是直接面对着具体的青少年精神世界。一刻也不要忘记，你面前的是柯利亚和尼娜，瓦利亚和谢尔盖。思想只存在于他们的心灵和头脑里。我的朋友！你要记住这一点。因此，你作为人文学科的教师，必须设法使柯利亚和尼娜，瓦利亚和谢尔盖不是麻木不仁的知识需求者，而应感到自己好像是事件的真实参加者。人类社会的历史，始终是斗争的历史。在有剥削阶级的社会里，是进步与反动的斗争；在无阶级的社会主义社会里，是人们为了驾驭自然界，为了建成共产主义而进行的斗争。教历史的教育艺术奥秘，是要赋予正在掌握知识的人以战士的灵魂。

怎样才能使青少年听了你的讲课就成为战士呢？这取决于两个条件。而这两个条件又取决于你这个教师、教育者，取决于教师集体，取决于整个学校的精神生活，取决于学校参加社会生活的积极性如何。

第一个条件是，在学校和集体生活中，在教学和公益劳动中充满时代精神。只有人们理解和感觉到我们时代的意义，才有可能决定自己的立场，并在掌握知识的过程中始终站在进步的一边。只有青少年的头脑与心灵理解并感觉到我们的时代是英雄的时代，我们眼前正在实现伟大的事业，课堂教育才可能具有思想性。只有通过时代的透镜，才能正确地看到和理解任何历史事件的意义。使青少年理解时代精神，是学校最困难的任务之一。

第二个条件是，教师的思想与个性和谐一致。赋予事实以思想意义，使实际知识转变为信念，离开教师的个性是不可想象的。思想存在于书籍的字里行间，有的书籍像火红的铁块那样灼热，像阳光那样灿烂。学校中是否洋溢着共产主义思想的精神，取决于你是否经常接触这些火热的书籍，接触时怀着什么思想与意图，这种接触激发你采取什么行动，从事什么活动。对于教师来说，要向青少年灌输思想，仅仅掌握深刻的知识是不够的。必须对知识加以思考。要思考你从人类财富的宝库中汲取的一切，以及向你的学生所灌输的一切。我深信，不是每个熟知自己学科的教师都具有思考知识的宝贵才能。思考知识，就是要了解、预见和估计每一条道理会触动人的心灵的什么部位，将引起什么思想、问题与疑团。思考知识，就要设身处地替青少年着想，善于采纳他们的观点。如果教师善于思考知识，他们的学生就会有一种少见的宝贵品质：在领会教材时，他们好像能超脱于教材，从思考教材进而思考自己，思考自己的未来。

教学的思想性，是激发求知欲的极重要因素之一。学生越是鲜明地确立自己的思想立场，越是相信人类追求真理的愿望不可摧毁，他就越想知道得更多。凡是课堂上思想性强的学校，书本就会成为青少年形影不离的伙伴。读书，独立地思考书中的内容，是思想性滔滔不绝的源泉。思想与信念的本性是，人总是相信和看重通过自己的劳动、自己的深思熟虑所获得的东西。如果想使学生的知识转变为强烈的共产主义信念，就要像防火一样避免死记硬背、死啃书本，避免不假思索地"生吞"现成的大道理。请仔细想一想谢·拉佐说得非常好的一段话："信念要通过磨难才能获得，要检验信念的生命力，要与别人的信念切磋……一个人应做到，与其背弃自己的信念，不如牺牲自己的生命。"[17] 对知识的深入思考，正应与别人的信念进行"切磋"。不能把关于自然界和社会的知识当作不容反驳的道理提供给学生，而要作为不同意见斗争和冲突的结果传授给他们，并让这种斗争和冲突在课后阅读过程中能继续进行。要为学生选择适当的书籍，其中所讲的道理不是现成的、永不熄灭的火焰，而是由那些为真理而斗争并取得胜利的人们用心灵之火点燃的闪烁的火炬。

92. 怎样把时代精神送到青少年的心坎里

> 每天、每个星期，在我们英雄时代的活生生历史上都会揭开新的，就像上述两个英雄事迹一样光辉的一页。朋友！要善于为青少年打开这本书。应当打开得使这本感人肺腑的书没有一页不被读到。

世界上正在进行着尖锐的、不可调和的思想斗争和政治斗争。资本家豢养成千上万资产阶级思想家对我国进行诬蔑，几百家电台每时每刻都在散布无数谎言，其目的是要从精神上腐蚀我们的青年一代，企图使他们相信没有任何思想是值得为之奋斗的。资产阶级"自由"生活方式的鼓吹者与卫道士，暗暗指望使我国青年相信有思想的生活是一种幻想，相信无论在资本主义社会里，还是在社会主义社会里，人的最高目的都是物质享受，而不是什么"昙花一现"的思想。使苏联青年离开共产主义思想，正是资产阶级宣传的主要目标。

我们要以崇高的共产主义思想来对抗这些居心叵测的企图。我国男女青年应懂得和感觉到，在我国，在他们身边，父母、兄弟姐妹和他们自己正在用双手实现世界上最伟大的正义事业：建设新的、世界上最公正的、最民主的社会——共产主义社会。体会到共产主义的公正、伟大与美好，是时代思想的枢轴，青年人的思想、希望与抱负，应该围绕这个枢轴转动。不积极参加我们前面已经论述过的共产主义劳动，就不可能使青少年有这种体会。但这只是教育工作的一个方面。要把时代精神送到青少年的心坎里，在他们心里确立共产主义信念，就必须使劳动与思想相结合，使他们经受思想斗争，自觉地认识这一斗争并确定自己的立场。

我们在高年级（九、十年级）举行政治报告时，鲜明地、生动地讲述思想斗争。所有高年级学生每周集合起来，听一次政治报告，由校长简明扼要地讲述国内外形势。资产阶级思想家关于我们的言论，以及他们的谎言怎样被我国的社会主义现实所揭穿，在政治报告中占不少篇幅。资产阶级思想家的一些论调引起青年人哄堂大笑：这种论调太笨拙了。随着一次又一次地听报告，小伙子和姑娘们就越来越深信真理在共产主义思想一边。

我们的时代，是人类精神伟大而美好的时代。在我们这里，思想活跃在人们的活动、毕生经历和行为之中。高年级的学生每周集合一次，我向他们讲述一些普普通通的、乍看起来丝毫不足为奇的事件。如果深入思考这些事件的含义，就会发现这些事件能够震撼人心，激发我们的自豪感，因为我们是那些以自己的生活为青年人指明道路的人们的同胞和同代人，虽然他们的生活在我们的社会中是平平常常的。

我的报告之一，是讲一个俄罗斯妇女的故事，她名叫皮斯季尼娅·费多罗芙娜·斯捷潘诺娃。她养大了9个儿子，9个儿子全都在争取我们伟大祖国的自由与独立的斗争中牺牲了。这位母亲曾说："战士们都回到了自己母亲的身边。我逢人便问，我的儿子们在哪儿……我日日盼他们，夜夜想他们。"没有一个学生在听到她的这些话时心情是平静的。我重复这位母亲的这些话，让学生们看她的照片：她体现了整个人类的美、人类的伟大与智慧。我努力把这一事实以令人震惊的悲痛声音传达到每个青年人的心灵，使母亲这个词成为那些没有从战争中回来的人们的安魂曲，使我的每个学生能对自己提出一个问题：是谁应对母亲的神圣眼泪负责？我这样做，是为了使每个人在生活的初期就受到崇高的公民感的激励，使每个人对祖国的敌人更加仇恨。

我还讲述了两个英勇无畏的拖拉机手的故事，他们用自己的生命使国营农场的几千公顷小麦免遭一场火灾。我讲这个故事时想到的教育目的是，使每个青少年学生在英雄被烧死的熊熊大火的火光下，看到自己心灵最隐秘的角落。我说："青少年朋友们！你们知道，在我们社会里人是最宝贵的。但是，如果一个人遵照自己心灵的吩咐愿意为某种事物献出生命，那就是说，有某种事物是我们每个人的生命所不能比拟、不能相提并论的，是神圣不可侵犯的，这就是我们的祖国。"

每天、每个星期，在我们英雄时代的活生生历史上都会揭开新的，就像上述两个英雄事迹一样光辉的一页。朋友！要善于为青少年打开这本书。应当打开得使这本感人肺腑的书没有一页不被读到。

93. 要善于使美德具有吸引力

原则愈高尚，揭示这一原则的活动就应愈光彩照人，愈有表现力。如果我们只是没完没了地重复说，要正直、诚实，以毫不容忍、毫不调和的态度对待虚伪，那么，这些话就会变成使学生讨厌的说教，学生对之就会像对于很有益于健康，但又令人作呕的鱼肝油一样。

既然 17 岁的学生向往光明的事物，那么，就要使我们的伦理和道德的最崇高原则变得光彩夺目。有的教师认为，我们的道德原则本身就是美好的，因此，不需要什么特殊的传授形式，不需要什么"装饰"。事实上并非如此。原则愈高尚，揭示这一原则的活动就应愈光彩照人，愈有表现力。如果我们只是没完没了地重复说，要正直、诚实，以毫不容忍、毫不调和的态度对待虚伪，那么，这些话就会变成使学生讨厌的说教，学生对之就会像对于很有益于健康，但又令人作呕的鱼肝油一样。正直、诚实和对欺骗言行毫不容忍，应成为一种激动人心的、吸引人的、有诱惑力的行动（我们在此指出，行动与美德的结合一致是实践教育学的主要问题之一）。我们做到了这样一点：小伙子和姑娘们在做需要独立完成的作业时不抄课本，不偷看课本，否则，他们自己会感到丢脸。假如我们无休止地重复说，靠自己的力量做功课，是好样的；抄书、剽窃别人的劳动，是不好的，那么，这些良好的教导就会变成令人讨厌的说教。我们启发学生以行动来显示美德是美好的，吸引人的。我们的学生从幼年起，每个暑假都在蓝天下的学校里住几天。我们把供学生在炎热的夏天野营用的草棚，或用树枝搭成的窝棚，叫作蓝天下的学校。在这里，不仅要自己为自己料理一切，而且要自备所有必需的食品。在去蓝天下的学校之前，孩子们把食品送到秘密储藏室（要使一切具有浪漫主义色彩），装进纸袋和金属罐里。这里没有任何登记，每个人到秘密储藏室送食品时，没有任何人在场。从未发生过有人干欺骗勾当，这种现象是不可想象的。学生们在这里感到，他们是在用劳动和心血为集体创造欢乐。要是有人产生了欺骗集体的念头，大家就会认为，这是企图偷窃集体的欢乐。

学生在童年和少年时期有自己的物质财富——集体的图书。班集体升级时，就把图书转交给低年级的同学。在个别情况下，也可以把图书赠送给低年级的一个同学。这种事会使小伙子和姑娘们心情激动，终生难忘。

我们的年轻人，尽力为那些丧失劳动能力的人和鳏寡孤独者带来愉快。每年春天，高年级学生都要为孤寡老人开辟几个花园。这种劳动具有助人美德的浪漫主义色彩。青年在这时心里的想法是：我们大家都会变老，比我们更年青的一代将来也会关心我们。使学生在青少年时代就有这种想法是很必要的。这种想法使小伙子变得高尚，使他成为真正的男子汉大丈夫。这种想法使姑娘准备履行做母亲的伟大使命。这种对老年人表示关心的、浪漫主义的、具有吸引力的劳动，是最需要的、最高尚的活动。朋友！你要抓住每个机会去触动儿童心灵深处所埋藏着的对老年的思虑不安。关心老人，是最令人感动的对人之爱。对老人冷漠无情，会使社会遭到严重损害：人们的心地会变得冷酷无情。

94. 教师的权威是什么，应该表现在哪里

　　在教师所拥有的教育手段中，对学生的权威是最要紧、最普通、包罗一切，同时又是最锐利和不安全的手段。这是一把手术刀，使用它可以进行最细致的、难以觉察的手术，但它也可能把伤口刺痛。

　　这是教育领域中最细致，而又最缺乏研究的一个问题，是人对人的权威问题，是年长者对年轻者的权威问题。在教师所拥有的教育手段中，对学生的权威是最要紧、最普通、包罗一切，同时又是最锐利和不安全的手段。这是一把手术刀，使用它可以进行最细致的、难以觉察的手术，但它也可能把伤口刺痛。这是一把不安全的，但同时又是不可缺少的刀子。这是考验教师的意志与克制精神、确立勇气与智慧的工具，但同时它也可能伤害学生的心灵。总之，一切取决于如何使用这一工具，以及怀着怎样的内心动机对待人。随着岁月的推移，我越来越相信，对学生的权威是对老师的一个最困难的考验，是他教育工作水平的标准和标志。

　　我的朋友！当你跨进学校的大门，决心把自己的一生献给塑造人的崇高事业时，要记住，你可能有陷入难以控制、时常发生的矛盾情绪之中的危险。要成为火热的感情与冷静的理智融为一体的大河，不可匆忙地、贸然地做出决定。这是教育艺术永不干涸的源泉之一。假如这一源泉枯竭了，教育学的

一切书本知识都将化为乌有。

当一个人无限信任别人时，他就在某种程度上变得无力自卫。我在从事教育工作的生涯中，始终思考这个道理。而孩子对一位好老师的信任恰恰是无限的。当一个孩子跨进学校的大门成为你的学生时，他无限信任你，你的每句话对他来说都是神圣的真理，在他看来，你就是智慧、理智与道德的典范。要珍惜这种信任，也就是说，要重视孩子的无力自卫状态。我希望这一条教育经验成为你自我修养的一条标准。如果教师由于自己的局限性，力图把儿童的无力自卫变成关住小鸟的笼子，并任意捉弄这只小鸟，那么，这就是教育工作上的愚昧无知。不理解儿童的无力自卫，是那些对儿童最终丧失权威的教师处境不佳的主要原因之一。要知道，把一个人像小鸟一样关在笼子里是不可能的。

只有在你理解和体会到儿童对你的无限信任，以及由此而必然产生的无力自卫状态，并在这种信任与无力自卫状态的基础上建立起自己对孩子的权威时，你才有资格做一名导师与教育者。要深入思考、用心细听和理解这种无限信任究竟是怎么回事。也许，孩子盲目信任你这位老师，有意识地放弃了个人的一切；也许，他只是在尽力要放弃个人的自由与快乐。

不，完全不是这样。儿童的信任，不管它是多么的无限，仍然是这样一个人的信任，他追求精神财富和个人生活多样性，追求丰富的印象、思想和美的享受，以及与别人丰富多彩的交往。儿童希望有一个年长的、有智慧的、有生活经验的人关心他的利益。要像爱护珍宝一样爱护儿童的这种愿望。只要他有这种愿望，通往他心灵的道路就向你敞开着。儿童上进心的源泉也可以说就在这里，因此，要珍惜儿童希望你成为他的朋友和导师的愿望。

由于无限信任自己的老师，儿童心里以为他这位年长的朋友在任何困难的情况下都是会有办法的。

珍视儿童对你的无限信任是很必要的。要想使教师与儿童之间永远保持和谐的、富于人情的、相互关怀照顾的关系，教师就必须做一个有智慧的、热爱儿童、保护儿童的人。教师对学生的权威必须是明智的——一刻也不能忘记，学生也是像你一样的人。要爱护学生对你的信任，因为这种信任正是学生对教师的热爱，而这一点则是教师对学生所拥有的明智的权威的核心。正是这种信任，支持着孩子想要从老师那里寻找并得到保护的愿望。要像爱护无价之宝那样爱护儿童的这种愿望。只要孩子对你怀着希望并且相信你，你就是一个真正的教育者、指导者，你就是生活的导师，你就是权威，是生活智慧的生动化身，是朋友和同志。要记住，这一切是很脆弱的，是容易打碎的。一旦把这一切打碎了，你作为一个教育者也就呜呼哀哉了。那时，你只能是一个监护人，而不是一位教育者。

95. 怎样爱惜儿童的信任

　　　　破坏了儿童对你的信赖，你就是在使他开始固执任性、故意不听话、想方设法违背你的要求。记住，只要儿童对你的信任发生了裂痕，这种现象就会出现。

　　在这个极为细致的教育工作领域里，最主要的是要深刻理解，更确切地说，是要用心灵去体会儿童世界，体察童年生活。

　　童年生活、儿童世界，是一个特殊的世界。儿童对善与恶、好与坏有自己的概念，他们有自己的审美标准，他们甚至对时间也有自己的衡量方法：在童年时代，一天好像一年，而一年简直是永久似的。为了能够进入这座名叫"童年"的神奇宫殿，你必须变成另一个人，即在某种程度上变为一个孩子。只有这样，你才有资格对学生拥有明智的权威。

　　朋友！你不要以为我把儿童时代理想化了。我非常明白，童年是由我们成人留在儿童身上的影响而形成的。然而，正因为儿童是将会长成高大树木的娇嫩幼苗，所以童年就需要受到特别尊重。教师的权威要使用得恰当，首先就要有能理解一切的无限能力。这种能力不应有任何限制。要知道，儿童是不会故意做坏事的。如果一个教育者硬是认为儿童有这种意图，是蓄意干不良行为的，这就是教育上的无知。这样的教师在竭力"砍掉劣根"的同时，把所有的根子都砍掉了，结果，使童年时代生机勃勃的幼芽枯萎了。责备儿童蓄意干坏事、懒惰、马马虎虎，而实际上没有这种现象，孩子就会感到非常委屈，进而同教师疏远，失去对教师的信赖。破坏了儿童对你的信赖，你就是在使他开始固执任性、故意不听话、想方设法违背你的要求。记住，只要儿童对你的信任发生了裂痕，这种现象就会出现。

对于儿童不是有意干的坏事，而是一时糊涂、无知或者误解而做出的各种各样不当举动，要采取特别明智的教育态度。在这种情况下不要当众责备儿童的行为。仅你一人知道这行为就算了。你有理解一切、了解一切的巨大而明智的权威。你应明白，为什么一个一年级学生从同学的漂亮盒子里拿出彩色铅笔，摆弄一阵之后悄悄塞进自己的口袋里。不必大惊小怪——这不是偷窃。你要懂得：为什么上课铃响了，小家伙们不向教室奔去，而想在绿草地上再玩"一会儿，一分钟"；为什么费佳不认真听教师说明题目的条件，而屏住呼吸瞧那只飞进教室的蜜蜂；为什么奥克桑卡不同大家一起读书，而在吸墨纸上画了一朵花；为什么三个爱吵闹的学生米科尔卡、皮利普柯和彼特里克在树林里游玩时故意脱离班集体，偷偷躲进树丛中……

总之，这样的"为什么"是举不胜举的。矛盾冲突也是如此。教师与学生之间发生冲突，是一种极端不懂教育的表现。这种现象的出现，是由于教师缺乏宽宏大量的、父母般的明智态度和巨大的教育权威，不懂得他是在同儿童的行为、思想和看法打交道。绝对不能把儿童同成人一样看待，既能衡量成人，又能衡量儿童的统一尺度是没有的。

我记得有一个名叫德米特里克的小家伙。事情发生在三年级……你可以设想一下，正在上语法课。你在黑板前讲解语法规则，大家都在听讲，记录着例句。德米特里克似乎也在做记录，但你却为这孩子担心。他的眼睛滴溜溜地转动，正在注意课桌后面的什么东西，有点顾不上听你讲语法。你悄悄走近这个孩子身旁一看，原来他面前摆着一个半开着的火柴盒，里面有个东西在蠕动。德米特里克全神贯注地盯着盒子，他的视线和思想都集中在盒子里。你仔细一瞧，盒子里装的是一只小甲虫，小得几乎看不见，还长着一只锯形的角，这小东西正在锯着火柴盒，却无法锯开自己这所监狱的门。

当然，你可以怒气冲天，可以把这个孩子弄哭，要他认错，而自己气得发抖，可是，这又有什么用呢？你能够得到的唯一结果是白白浪费时间，小甲虫会成为全班取乐的对象，同学们会羡慕德米特里克，嘲笑你发脾气。

在这样的时刻，你最好想一想：孩子呀！你心里到底是怎么回事？为什么你就不能把小甲虫放到一边半个小时，先理解语法规则？想到这儿，你拿起火柴盒，把它扣上，放到自己的口袋里，用手抚摸一下德米特里克的头，向他再讲解一遍语法规则。此时，这个学生做着记录，看来，他听懂了。确实常有这样的学生：虽然他一只眼瞅着一只角的小甲虫，另一只眼瞧着黑板，但脑子里还是听进去了一些东西。

下课以后，德米特里克走到你的桌子跟前，低着头，默默不语。长长的睫毛下，一对黑眼珠还在闪闪发光。你一下就能发现，他眼睛里还闪动着狡黠的神情。你把小甲虫还给德米特里克，要他告诉你，是在哪儿找到这奇异的小东西的，是怎样迫使小甲虫"锯"那所牢房的门的，以及还打算拿这个小动物做什么？德米特里克很高兴地向你讲述着，扯着你的衣袖来到灌木丛中，据他说，小甲虫在这里每隔三年才爬出来一次，会飞。

在这类故事中，通常听得出教育者的如下暗示：在这种情况下对儿童和善，是从教育智慧的高峰降下来，俯就儿童的兴趣。学生们是不能忍受这种宽容态度的。真正的教育，不是从高处降至地上，而是登上童年微妙的真相之巅。是登上，而不是降下来。不要过分迁就儿童，不要适应儿童兴趣的"局限性"（如果我们自己不去限制儿童的兴趣，就不会有这种局限性），而是要做一个聪明的导师。

一个人对另一个人拥有明智的权威，尤其是成人对儿童的这种权威，是一种巨大的创造性活动，是对儿童的思想感情世界进行深入而真诚的理解，懂得儿童的语言，使自己保持一点儿童气质，但同时又不把自己和儿童等同起来。有的教师，身为成人并当了父亲，竟把五年级的男学生带到教员休息室里来审问："你说说，你为什么老是在课堂上发出笑声？你到什么时候才能改掉这个毛病？难道一个少先队员有权力做出这种表现吗？"当我看到这种情形时，我就感到这位教师一下子加入了儿童的游戏，而他还不懂得这是一种游戏。那个男孩子沉默不语，他也说不出什么来。假如这个五年级学生突然也以教师向他提问的那种态度来回答教师，那倒是很令人吃惊的。学生往往不知道自己为什么笑，教师则不应该不知道。他没有权力不知道学生为什么做出这一或那一举动。结果却是互不了解：教师不了解学生，学生不了解教师。有时，瞧着这样的教师与学生，不禁使人问道：难道他们是用不同的语言在说话？

要知道，儿童，尤其是少年喜欢"显示自己"，表现自己的意志、智慧、机灵和有办法。这样的儿童，在你的帮助下认识着世界，逐渐长大成人。在这一困难的成长过程中，教师使用自己的权威要特别谨慎，因为长者的意志容易变成恣意妄为，有时甚至变成对别人的迫害。对儿童内心的精神力量，不要压制和摧毁，而要扶植和支持；不要使他失去个性，而要确立他的自尊心。只能这样来使用自己对学生的权威，也只有这样，你的权威才可能是明智的。在学生犯了过失时，不可采取"强力的""强制意志的"手段对他施加影响。不要让拳头敲击桌子的声音和责骂声冲进你那复杂的人道主义实验室里来。假如一个活泼好动、爱笑爱闹的小淘气变得垂头丧气、惶惶不安、双目忧伤无神、弯腰驼背、可怜巴巴，这是很不好的。希望你不要喜欢这种可能的情景。要把人的自豪感与儿童不可侵犯的个人荣誉当作最高珍品加以保护。应该懂得，有头脑、对任何事情都有自己看法的小淘气，对作为教育者的你来说是一种幸运；而那种像影子一样无意志的、头脑中的独立思想被你的"强力"手段打掉了的、对你总是俯首帖耳、唯命是从的学生，则是你的不幸。要知道，管不住的淘气鬼和爱吵闹的学生，在紧要时刻可能表现为一个善良的、好心的人，而那种无意志的、唯唯诺诺的学生，则往往是麻木不仁、冷酷无情的（他自己不知道这一点），甚至会为了自己的幸福而不顾亲人的痛苦。摧毁学生意志的那些"强力的"和"强制意志的"教育手段，会把学生变成一个冷酷无情的人。

96. 要用书籍、智慧与信念控制学生的心灵

再没有比左右学生的思想更为有力的手段来左右学生的意志了。然而，只有当你在书的世界里享有丰富而充实的生活时，你才能影响学生的思想。

我有过一个聪明而又任性的学生，名叫尤拉。尤拉对真理与谬误、诚实与虚伪就像细嫩的芦苇对一丝微风那样敏感。

有一天，我给思想室送来了几本描写遥远的异国和自然风光的小书。尤拉看到一本描写海洋深处的漂亮书，高兴极了。他请求读这本书。当我把书给了他时，他激动地问道："我读完这本，您还给我别的书吗？"

"当然给。就是每天读一本也行。"我这样回答他。

可是，我不谨慎地说了大话，因为那时我所有的描写远方国家、海洋深处、热带森林、沉寂的北极区和描写各种奇遇的书籍，是不够他每天读一本的。尤拉刚好过了一天就来还书了，而且请求再借一本新的。这样，不知不觉过了几个星期，书架上使尤拉感兴趣的书不多了。再过一个星期怎么办呢？——终于有一天我不安地想着。这一想法使我失去了平静。因为这个五年级的男学生尤拉根本不可能想到我的书一下子会被他读完的。要是他明白我欺骗了他，那该怎么办呢？问题不仅在于我们的友谊会完蛋，我在这个小小的思想室里将不再看到这孩子充满信任的眼神，不再听到他问我："您还有

很多书吗?"（隔壁是我的图书室，当时很小，我没有让尤拉看，担心他会一下子对我失望起来。）问题还在于我对这个任性学生的心灵会失去影响力，而我相信他具有独特的性格，肯接近那些即使在细枝末节上也能言行一致的人们。

于是，我从我所在的遥远村落出发，前往哈尔科夫、波尔塔瓦和基辅三个城市。我花费了自己两个月的工资，但回来时是非常愉快的。我吃力地带回来了几大包书，心里嘀咕着，可别碰上尤拉。

过了三年，尤拉念完七年级，毕业了（那时的学校是七年制）。在那三年里，我一直在想，我将把一本什么有趣的书送给他读。我感到，这个学生思考的不仅是他所读书籍的内容，他似乎在通过书籍对读这些书的人作出判断。他爱思索问题，对人要求严格，在那几年里是我的裁判者。他所读过的书的含义越深刻，我们的交谈越有趣，他就对我越接近，交谈的时刻给我带来的快乐也越多。

对我来说，这三年是一个真正的考验。从那时起，我每年都有几个像尤拉这样聪明好学而又心灵敏感的学生。如果没有书籍，我是无力影响他们的意志的。由于读书，青少年的兴趣像火一样被点燃起来了。我觉得自己一直处在学生的严格监督之下。要是我把自己在书的世界里的积极活动停止一天，我就会失去对学生心灵的影响作用，就会成为他们所不需要的人，因为再也不能给他们提供什么。而一个再也不能给学生提供什么的教师，就会成为学生的倒霉的监护人，学生对于这样的人只是尽可能忍受着，但不尊敬。

亲爱的朋友！我想建议你：要影响学生的头脑。再没有比左右学生的思想更为有力的手段来左右学生的意志了。然而，只有当你在书的世界里享有丰富而充实的生活时，你才能影响学生的思想。只要办法得当，最敏感的、个性最独特的、固执任性的、"好造反的"和桀骜不驯的学生，也能变成读书迷。用书籍和智慧去驯服他们吧！

97. 怎样做教育工作计划

计划首先决定于实际生活。教育工作计划包括学生各种各样的活动，也包括对家长的工作。

在这个问题上不可能有任何刻板公式和现成方法。一切使教师的注意力脱离教育工作本身的东西，任何为了装潢门面的官样文章，都是完全不必要的。但是，做教育工作计划不属于这种情况，因为这是教育工作的组成部分。没有计划，在我看来，就无法想象会有完全合格的教育工作，特别是无法想象教育工作的那些我认为难以捉摸的组成部分。

要做教育工作计划，首先要明确教育的目标。教育者对于送到他工作室来加工的"大理石料"，应做成什么样的东西，必须心中有数。这一点明确得如何，关系到教师对教育工作的实质和作计划的必要性的理解。

你刚刚开始做一年级的工作（有时你们的教育工作是从学前儿童开始的）。你的任务是教三年级以下的学生，但你必须考虑教育工作的全过程，直到学生中学毕业，迈出独立劳动的最初步伐，完全长大成人并做母亲或父亲。要对今后10～15年期间必须进行的工作（不仅在学校里，而且毕业以后）订出计划，以使你的学生成为头脑清楚、智力发达、求知欲强、心地善良，同时又有一双巧手的人。你首先要草拟一个书单，列入属于世界文化宝库的书籍，要让学生在校学习的10年间读完这些书。我们还要草拟一个"后备的"

书单，列入学生毕业后独立劳动期间应阅读的书籍。怎样才能使学生在毕业后仍是我们的学生，并阅读那些应阅读的书籍呢？关于这一点，写一整本书也是不够的，因为这是一个很大的问题。

然后，你对下面这个问题要进行思考并写成文字：为了成为真正的人，懂得什么是劳动、荣誉、尊严、友谊和对人的关怀，学生从入学的第一天起到进入成年期，应为自己的父母和其他人做些什么。接着，你要制订学生应参加哪些公益劳动的计划，作为公民教育的第一课。同时，我建议你还要写一个书单，列入关于杰出人物的书籍，让青少年以他们作为学习的榜样。没有公益劳动，仅阅读这些书籍也不会带来任何好处。

随后，在大体弄清学校培养的人要达到什么目标时，应制订自己做学生工作的整个期间更加具体而详细的计划。例如，小学各年级的教师应制订三年计划，九、十年级的班主任应制订本班整个时期的工作计划。在此，我建议要特别关心儿童和少年。九、十岁的儿童和十三四岁的少年在回顾过去时，应看得到自己亲手创造出来的成果。他应知道什么是劳动的茧子、劳动的报酬，什么是疲倦和休息，什么是困难。

学生受学校教育期间的一般性计划和一个教师做学生工作阶段的较具体计划——这两个计划在某种程度上就是教师要为之奋斗的目标。在这一目标的基础上，应订出为期较短的具体教育工作计划。这种计划究竟应包括多长时间，可根据各人的情况而定，可以订一周的，也可以订一个月的。有人制订整个学季的计划，也很好。但要永远记住，教育工作是生动活泼、不断变化和发展的工作，学生也是处在时刻不停的成长过程中。做短期教育工作计划，可经常不断地检查和比较为了实现既定目标每天所做的工作。

计划首先决定于实际生活。当学生刚迈进学校大门时，你并不知道他的个性将怎样发展。个性是在活动、劳动和日常的相互关系中开始形成的。生活本身时时刻刻向你提示怎样做计划，例如要给学生读什么书，吸引学生参加什么劳动，怎样通过谈话促使万尼亚和柯利亚阅读应读的书。

教育工作计划包括学生各种各样的活动，也包括对家长的工作。如果作计划时对各项活动的道德意义和目的性都有深入的思考，这种计划就一定会给教师带来裨益。因此，继承和发扬已取得的成绩，是作计划和进行实际工作都必须具备的特点。可以说，教育的秘诀之一在于经常做同一件事，但又不使学生觉察到他们是在做同一件事。例如，为培养人道主义、敏感、同情心和热忱，必须要求学生经常为别人做好事，但这种活动不应是单调乏味的。读者可能会想：要是作者指出怎样具体地制订一周或一个月的计划，那就好了。我是有意回避这样做的。因为，传播经验就是传播一种思想，借鉴经验，就是个人根据某种思想进行创造。

98. 怎样同集体进行有教育作用的谈话

要使你的教育性谈话起到鼓舞和激励作用，首先要深
信你所说的和用整个心灵的力量所捍卫的一切是正确的。

每一次作有教育作用的谈话，都是有目的的。有时，目的是普遍性的，关系到所有的学生。有时，进行谈话是为了影响整个集体，同时也对个别学生施加特殊的影响。

在思考集体的精神生活和分析每个学生的思想、感情和行为时，在拟定教育性谈话的内容时，你时刻也不能忘记，你施加影响的主要手段是语言，你是通过语言打动学生的理智与心灵的。然而，语言可以是强有力的、锐利的、火热的，也可以是软弱无力的。这要看你的谈话是否有一个极为重要的特点——是否有崇高的精神，是否能鼓舞学生。在培养儿童和青少年的坚强信念和激发他们进行自我教育时善于鼓舞学生，是教育中最宝贵的经验。请记住，你通过语言不仅向学生传达你所讲内容的意义，而且，形象地说，也把自己的一部分心思交给他们。

要使你的教育性谈话起到鼓舞和激励作用，首先要深信你所说的和用整个心灵的力量所捍卫的一切是正确的。只有当你在捍卫某种东西和为了某种东西在进行斗争时，才会产生鼓舞力量。

例如，你在学生集体中发现了某些冷漠无情的表现，根纳季病了，在家

里躺了两天，然而，谁也没去探望他。每个人都以为别人去探望他了。维克托的祖母住医院了，他在两个星期里只看望了祖母一次，虽然医院近在咫尺。这些事实使你感到不安。于是，你准备进行一次教育性谈话。但你并不打算谈这些事实。教育和自我教育有一条极其重要的规律：道义审判（对自己的行为在道义上予以评价，实质上是一种道义审判）的力量决定于谁是法官——是教师，还是有过失的学生本人？如果有过失的学生本人只是听候宣判，教师的话所起的教育作用就会大大减小。一个人应该自己审判自己。我认为同学生谈话的教育艺术，是使犯有过失的学生，不需要我提醒而能自己思考和反省自己的行为。

为此，在进行教育性谈话时，还必须遵守一条非常重要的规则：必须在现实生活中，在人与人的相互关系中，选择鲜明的事实说明你所讲述的思想。你的教育性谈话的力量是使思想能找到通往维克托的心灵之道，通往那些住得距根纳季不远的同学的心灵之道。你选择的事实是否鲜明，实际上就决定着你的谈话是否具有鼓舞和激励人心的力量，因为，只有你的话语来源于美好而崇高的思想时，你才能传达一部分心思给别人。要选择使你感到惊讶和赞叹的事实进行教育性谈话。下面，我举一个例子。在我们州的一个村子里，有一个年轻的拖拉机手在战争结束不久受了重伤。他打了四年仗，安然无恙，可是，回到家乡后刚开始驾驶拖拉机，却被地雷炸伤了。这个年轻的拖拉机手灰心丧气了。要不是他的妻子是个忠实的伴侣、勇敢的妇女和慈爱的母亲，他恐怕很难再站立起来了。这个失去了双腿和左臂的人，终于又站立起来了：他学会了用假腿走路，并且又能开拖拉机了。你一听到这个动人的故事，就会被这一可怕的灾难中所表现出来的英勇、刚毅、坚强和忠诚的精神所感动。你就是要把自己的这种感受传达给学生。

教育，就是迫使人去思考自己。你在讲述使你感到惊叹的故事时，直接面对着维克托和尼古拉、亚历山大和尤里，面对着那些不知为什么心中已播下了对别人冷漠无情的种子并发了芽的学生。在你面前的，不是某个抽象的学生——这种学生在自然界是不存在的；你面前是具体的维克托和尼古拉、亚历山大和尤里。你了解他们此时此刻在想些什么。你的话首先是说给他们听的。你竭力使他们也像你自己一样，受到充满忠诚精神的事实的震惊，使少年们能超脱于事实而思索其中的思想。只有当学生思索故事的思想时，他才会开始联想到自己。

谈话时不能对学生说：你们要联想自己的生活，想一想你们自己……号召，应包含在思维逻辑本身之中。只有当青少年联想到自己时，才能在他们心中唤起灵感，也就是把你的灵感传达给他们。灵感，是指一个人在进行思维和创造性活动过程中力量和才能的高度发挥。用理智与心灵认识人，这才是真正的创造性活动。高度发挥力量和才能时的特点是，头脑清楚，思想、形象与志向不断涌现。进行教育性谈话，最终是要唤起学生个人对周围世界，并首先对自己产生源源不断的想法。学生可能会把你讲述的事实忘掉，但只要这种谈话确实有教育作用，它所引起的情感影响是永远不会被忘记的。你越是用崇高的思想——人对人的忠诚、富于同情心与热忱——感染学生，你就越是能启发他们进行自我教育与自我检查。你的目光在一瞬间与维克托的目光相遇（你不要用眼睛去寻求目光相遇，而要使你们的目光像是偶然相遇似的）。你在自己极为熟悉的这位少年的眼睛里发现了两种神情：渴求了解自己与惶惑不安。这表明你的谈话说到他的心里去了。一种复杂的内心活动、复杂的理智与情感活动开始了。让这位少年怀着惶惑不安的心情离开你，正需要是这样。让他连续几天一直处在你讲述的一切所产生的印象之中，让人们在你点燃起来的明亮火光中看见自己心灵深处别人看不见的角落里隐藏着的是什么。

谈话，只是一个约定俗成的说法。这实际上并不是谈话，而是学生在听老师讲话。不要、千万不要对学生说：来吧，你们来谈谈对这个为自己的亲人奋斗了10年的妇女有什么想法！遗憾的是，个别教师有时是这样做的。如果这样来结束自己的谈话，就会把已经取得的一切效果破坏掉。教育，并不是要把教师所念的和所说的内容重讲一遍。教育的艺术，首先是让学生产生上进心，而要如此，就必须使他们认识与了解自己。

有时会发生这样的情况：一个男孩子（或者一个男青年）闯了乱子，教师就以此作为谈话的内容，从这个学生谈起，在谈话中对他表现出厌弃情绪。有一位我认识的教师说，这是"充分发挥事实的作用"。乍看起来，这种办法好像很有吸引力，因为这样可以痛快地"训斥"学生，使他"震惊"。我们可以打个什么比方来说明这种办法呢？假设你的上衣沾满了尘土，为了把这件衣服弄干净，有人拿起棍子来敲打你的脊背。这样做当然会有用处，上衣的尘土会被打掉。然而，未必有谁会同意这样的"除尘法"。最好还是把上衣脱下来，认真地把尘土掸掉……教育不应是惩罚，不应变为惩罚。要尽可能讲究教育艺术。

假如你认为同集体进行教育性谈话的意义仅在于谴责不良行为，那就根本谈不上任何教育。这是因为你是在同一个集体谈话，而不良行为、缺点、毛病并不是整个集体所固有的。那些不懂得处理人的缺点、毛病必须非常谨慎和恰如其分的教师，往往在这个问题上犯错误。何况我们是在跟少年儿童打交道，是在跟青春初期的人打交道，而这一切又是那么脆弱、纤细……不要企图一蹴而就地清除缺点，不要期望用一句性急的、愤怒的话就能去掉毛病。要知道，集体对待有缺点的人，像对待处于贫困中的人一样，如果你以为只要号召集体对还未能克服缺点的学生表示愤怒、群起而攻之就会达到预期的目的，那就错了。这样做的结果，将不是集体表示愤怒，而是集体对那个处于困境中的人表示同情。这完全是合乎规律的。因此，你不要企图在一瞬间就把脓疮连根挖掉，那样会形成一个流血的伤口。教育就像一门十分精细的医术，它要医治并完全治愈脓疮，但不承认挖除是个好办法。决不要使人带着流血的伤口离开你进行教育性谈话的地方。这种做法会使集体感到震惊，但这种震惊绝不是你所期望看到的。

同集体进行教育性谈话时，恰恰是要指望集体对待道德上的缺点像对待痛苦与不幸一样（确切地说，要这样考虑问题）。不仅如此，还要加深对处于困境中的人的同情。要发展集体的这种感情，使大家都希望看到同学成为有美好道德的、摒弃了缺点的人。

99. 怎样和懒惰做斗争

> 懒惰的人往往小时候在年长者的关怀下有求必应，自己作为孩子只是提要求和任性胡闹。在一切都可以唾手而得，不知道什么是困难的地方，就会产生懒汉。

我在本书临近结尾时才提出这一问题，不是偶然的。因为要想不出现懒学生，就得按照前面98条建议所谈到的一切好办法做。治好懒惰，不是一件轻而易举的事。预防懒惰并不容易，然而，把预防懒惰变为热爱劳动，要比治好懒惰后所产生的热爱劳动宝贵一千倍。因此，年轻的朋友！让我们先研究一下如何预防懒惰的问题。为此，必须知道懒惰的根源。

懒惰是游手好闲、虚度光阴的产物。懒惰的人往往小时候在年长者的关怀下有求必应，自己作为孩子只是提要求和任性胡闹。在一切都可以唾手而得，不知道什么是困难的地方，就会产生懒汉。无忧无虑、一帆风顺的童年环境，使孩子产生童年会永远继续下去的想法。这种环境就是使一个好端端的孩子变成懒汉的最合适的土壤。在这种情况下，父母通常会有一天恍然大悟：这是怎么搞的，我们不知不觉，孩子已经长大成人了！昨天他还害怕天黑后出去，今天已经在追求姑娘，在外边游逛到半夜……懒惰，是无忧无虑的波浪泛起的泡沫。这是一种严重的精神现象，其根源就是无所用心。对什么事物都漠不关心的人，就会逐渐懒惰起来。

懒惰常常伴随着缺乏自尊心，不管别人对他怎么看，他都不在乎。

游手好闲的人，一般说来，总是在浪费别人创造的财富。然而，一个人享受的东西多，形象地说，有条件当寄生虫，并不表明他有丰富的精神生活。懒汉在精神上是贫乏的、穷困的。懒惰的主要根子之一是精神生活空虚、兴趣贫乏。懒汉首先使人感到他可怜，而根治懒惰的办法之一，是使那些不幸变成懒汉的人能正视自己，看到自己的不幸，并从内心感到这是不幸。不要忘记，我们在这里所谈的是儿童的懒惰。

消除游手好闲和虚度时光的现象，是预防懒惰的极重要条件。在一个人的精神生活中，不应有一事无成的阶段。有的成人专门为孩子制造游手好闲、无事可做的条件，并把这种游手好闲称为"儿童的夏季休息"，这是很荒唐的。休息只应是积极的休息，也就是变更活动的性质。城里闷热时，可以把孩子们送到乡下去，让他们在那里，在田间和草地上从事一些力所能及的活动，锻炼自己的力量。

节制欲望，是预防懒惰的有力手段。要让人们从小就通过亲身的体会懂得"不行""应当"及"可以"这些概念的实质。要同家长一道努力使孩子从小就能在生活上自理。

要使人从幼年起就经受一些困难，花费一定的体力和精神力量克服困难。体力与意志力结合在一起发挥，有助于培养热爱劳动、积极能干和意志坚强的人。

如果家长把孩子看成未来的成年人，把他想象为成年人，并考虑到，假如孩子把懒惰、懈怠、害怕困难这些毛病带到青年和成年时期，他将怎么生活，那么，懒惰就无法渗透到孩子的心灵里去。使孩子有成年人一样的操心事，也是预防懒惰的有力手段。如果一个人在进入青春早期之前，还未亲身体会到依靠自己的双手劳动来供给自己吃穿是人生最重要的因素，那就不可能真正培养出热爱劳动的品质。

懒惰，不仅是手脚懒，也是思想懒。当你让别人提供现成的思想，而且不经过任何努力就接受这些思想时，思想上的懒惰就会占据人的心灵。正如不假思索地消费别人用劳动所创造的物质财富，会使人手脚懒惰一样，生吞活剥地接受现成的思想，也会使人产生思想上的懒惰。促使人努力求得知识，就是预防思想上的懒惰。

丰富精神上的需要，是预防懒惰的途径。一个人在童年时代，特别是在青少年时代，就要养成乐于劳动，读书，和别人交往，从事创造性活动的精神需要。只有这样他才能获得预防懒惰的免疫力。积极地培养这些需要，把这些需要当作个人极其宝贵的精神财富，是教育学的理论与实践的一个非常有意义的问题。

你可能会问：如果一个人已经变成懒汉了，又该怎么办呢？例如，五年级学生斯捷帕的妈妈来到学校，无可奈何地把手一摊说："我对这孩子真是没法子。他回到家里就把书本一丢，吃完了饭就玩，一玩就玩到晚上。"

在这种情况下怎么办呢？

要挽救这个孩子。我们向他的妈妈建议说："既然您培养了一个小懒汉，那就请您下决心把他改造过来吧！要强迫他坐下来做两个小时的功课。他会习惯起来的，完成作业会使他感到快乐。不要叱喝，也用不着惩罚，因为您是出于好意，而不是出于恶意。在孩子完成作业之后，可以让他干一两个小时的体力活儿。早晨5点钟就叫他起床，对他说：妈妈给全家做饭，妈妈在劳动；你去准备功课，也是劳动。在这样做时，不要喊叫，一点儿也不要说你的儿子是懒汉。从他开始在早晨5点钟起床，并一直学习到7点钟的第一天起，他就不再是懒汉了，就应该表扬他热爱劳动了。"

用这种简单的办法改造不了人的例子是没有的。改造懒汉学生的唯一障碍，可能是家长的懒惰。

我谈起在家庭中对懒学生进行改造的问题，不是无缘无故的。因为懒惰首先是在家庭中产生和得到根除的。如果家庭中缺乏热爱劳动的气氛，只靠学校的努力是不可能取得良好效果的。我们在家长教育学校的各分部研究这样一个问题：懒惰的起源在哪里？我们用教育心理学的方法对老少两代人的行为、劳动、学习和相互关系进行分析。预防懒惰，是需要学校和家庭共同努力解决的极重要课题之一。

100. 最后一条建议——保密……

我坚信，把自己的教育意图隐蔽起来，是教育艺术十分重要的因素之一。

我在本书中所提出的一切建议，仅供教师知道，不必让学生知道。学生了解教育，懂得教育，一般说来，是有害而无益的。这是因为在自然而然的气氛中对学生施加教育影响，是使这种影响产生高度效果的条件之一。换句话说，学生不必在每个具体情况下知道教师是在教育他。教育意图要隐蔽在友好和无拘束的相互关系气氛中。

为什么学生不应知道或感觉到别人正在对他进行教育呢？因为真正的教育是自我教育。教师和学生之间应建立这样一种交往关系：教师针对青少年的理智与心灵所说的每一句话，都能激起他们内在的精神力量，促使他们的头脑和心灵产生内在的活动，从而进行自我认识与自我完善。假如一个人处处感到和知道别人是在教育他，他的自我认识与自我完善的能力就会迟钝起来，他就会产生这样一种想法：我应成为怎样的人，应做些什么事，成年人是会替我考虑的，我只需要等待建议和指示就行了。

卓越的苏联教育家马卡连柯曾不止一次地谈到，不向学生表明他们在经受某种专门的教育程序，[18]这对于教师是非常重要的。这一条道理，我向这位导师学习了一辈子。我坚信，把自己的教育意图隐蔽起来，是教育艺术十分重要的因素之一。

　　年轻的朋友！必须使教育儿童、热爱和尊重儿童、严格要求他们、同他们交朋友——这一切成为你精神生活的实质。

注　释

本著作用俄语写成于 1965—1967 年。完整篇幅的俄文稿至今（即至编辑、出版五卷本选集的 1979 年——译者注）尚未发表过。其中的某些片断曾在《国民教育》杂志上连载过（1969 年第 5、6、9、12 期），也在《苏维埃教育》报上连载过（1971 年第 75、76、78、79、83、86、90、94、99、103 期，1972 年第 4、8、10、15、19、23、39 期）。

本次根据俄文手稿略加删节后出版。

在本著作中，对教育教学工作的组织、内容、形式、方法、方式等各种问题，对学生的自我教育，他们共产主义理想的形成、公民职责和社会主义人道主义品质的培养等问题，给教师们一一作了建议。广泛阐述了帕夫雷什中学在这方面的经验。

[1] 引自德·伊·皮萨列夫：《已经死亡和正在死亡者》。（《德·伊·皮萨列夫教育文选》，莫斯科，俄罗斯联邦教育科学院出版社，1951 年版，第 338 页。）

——第 4 页。

[2] 阿拜·库南巴耶夫：《训言》。（《阿拜·库南巴耶夫文集》，莫斯科，国家文艺书籍出版社，1954 年版，第 387 页。）

——第 5 页。

[3] 瓦·阿·苏霍姆林斯基的这个论点，与卢梭关于尽量使爱弥尔的眼

睛盯在手指头上的论断相同。（见卢梭：《爱弥尔，或论教育》（俄译本），莫斯科，1896 年版，第 157 页。）

——第 80 页。

[4] 康·德·乌申斯基在《祖国语言》这本针对学生的书中写道，"但小孩子，如果可以这么说的话，一般是用形式、声音、色彩和感觉来思维的，谁想迫使他们按另外的方式思维，那是白费劲的，并且是有害地强制儿童的天性。"（见《康·德·乌申斯基全集》第 6 卷，莫斯科，俄罗斯联邦教育科学院出版社，1949 年版，第 266 页。）

——第 107 页。

[5] 伊·彼·巴甫洛夫在谈到人的思维的其他类型时写道："……需要确证，由于存在两个信号系统，也由于自古长期存在不同的生活方式，人群被划分为艺术型的，思维型的和中间型的。"（《伊·彼·巴甫洛夫全集》（再版）第 3 卷第 2 分册，莫斯科—列宁格勒，苏联教育科学院出版社，1951 年版，第 346 页。）

——第 116 页。

[6] 瓦·阿·苏霍姆林斯基在这里大概引用了格·斯·斯科沃罗达关于"无人负责的"、永恒的、包罗万象的原因根植于人自身的那句话"……一切都在于和始于无人负责的过错，而这种过错本身又源自人本身，不管现在和未来都始终与自身有关"。（参见《格·斯·斯科沃罗达创作集》两卷集），第 1 卷，基辅，乌克兰苏维埃社会主义共和国科学院出版社，1961 年版，第 259 页。）

——第 147 页。

[7] 引文有所略。全文是："要让妇女们懂得自己在人类生活这座花园中的崇高使命。让妇女们懂得，她们照料摇篮中的孩子，创造他童年时代的游戏，教他牙牙学语，因而成了社会的主要建筑师。基石是她们双手奠定的。"（《恩·伊·皮罗戈夫教育文选》，莫斯科，俄罗斯联邦教育科学院出版社，

1952 年版，第 83 页。）

——第 149 页。

[8] 马克思在《1844 年的经济学哲学手稿》里指出："我们看到，富有的人和富有的人的需要代替了国民经济学上的富有和贫困。富有的人同时就是需要有总体的人的生命表现的人，在这样的人的身上，他自己的实现作为内在的必然性、作为需要而存在。不仅人的富有，而且人的贫困，——在社会主义的前提下——同样具有人的因而是社会的意义。贫困是被动的纽带，它使人感觉到需要最大的财富即别人。"（《马克思：《1844 年的经济学哲学手稿》，人民出版社，2000 年版，第 90 页。）

——第 164 页。

[9] 引自康·德·乌申斯基写的《学校的三个因素》论文。（《康·德·乌申斯基选集》第 1 集，莫斯科，俄罗斯联邦教育科学院出版社，1948 年版，第 63~64 页。）

——第 180 页。

[10] 参见阿·瓦·卢那察尔斯基的《什么是教育》一文。（载《阿·瓦·卢那察尔斯基论国民教育》一书，莫斯科，俄罗斯联邦教育科学院出版社，1958 年版，第 61 页。）

——第 180 页。

[11] 马克思在《资本论》第 1 卷中写到了关于劳动过程中的体力和智力的活动，那里有这么几行话："除了从事劳动的那些器官紧张外，在整个劳动时间内还需要有作为注意力表现出来的有目的的意志，而且，劳动的内容及其方式和方法越是不能吸引劳动者，劳动者越是不能把劳动当作他自己体力和智力的活动来享受，就越需这种意志。"（《马克思恩格斯选集》第 2 卷，人民出版社，1995 年版，第 178 页。）

——第 189 页。

[12] 参见《马克思恩格斯全集》第 23 卷，人民出版社，1972 年版，第

67 页。

——第 206 页。

［13］参见维·格·别林斯基：《对 1847 年俄罗斯文学的看法》一文。（载《文选》一书，莫斯科，儿童文学出版社，1973 年版，第 207 页。）

——第 208 页。

［14］瓦·阿·苏霍姆林斯基简略地复述了弗·姆·陀思妥耶夫斯基小说《卡拉马佐夫兄弟》中的一段话："这种考验，这种注定迫使自己甘愿接受如此可怕的生活的学校磨炼的考验，旨在希望经长期考验后能自我约束、自我克制（着重号为瓦·斯马尔即作注者所加），直至在听从了终生考验之后能最终达到完全的自由，就是使自己摆脱那样一类人的命运的自由，他们活了一辈子却未能学会自我意识（着重号为瓦·斯马尔所加）。"（弗·姆·陀思妥耶夫斯基：《卡拉马佐夫兄弟》，莫斯科—列宁格勒，国家文艺书籍出版社，1970 年版，第 32 页。）

——第 236 页。

［15］指列夫·托尔斯泰在《阅读范围》（1904—1908，第 1 卷）文集中发表的看法，该文集由列夫·托尔斯泰挑选、搜集并按日编排众多作家论真理、人生、行为的卓越思想。列夫·托尔斯泰看法的全文为："好好思考吧！思想将会成熟起来并变为善良的行为。"（载于《列夫·托尔斯泰全集》第 41 卷，莫斯科，国家文艺书籍出版社，1957 年版，第 559 页。）

——第 236 页。

［16］作者指的是马克思的《自白》，即对 1865 年 4 月 1 日的问卷调查所提问题的回答，调查中问及在人们身上他最珍视的品质特征是什么。（参见《马克思恩格斯全集》第 31 卷，人民出版社，1972 年版，第 588～589 页。）

——第 244 页。

［17］引自斯·格·拉佐于 1915 年写给其兄弟的一封信，信中说："……当一个人出现自觉的信念时，书籍在这里占据显著的位置，但不是书籍就能

确立信念。信念是一种比知识更重要、更有意义的东西，且不说它是一种更难得的东西。信念，只有信念，才使我们的个性变得别具一格而完整。信念，是作为读书和与周围生活相互作用的一种复杂的成果出现的。信念要通过磨难才能获得，要检验信念的生命力，要与别人的信念切磋……一个人应做到，与其背弃自己的信念，不如牺牲自己的生命。"（《斯·格·拉佐日记与书信集》，符拉迪沃斯托克，滨海书籍出版社，1959 年版，第 94～95 页。）

——第 273 页。

[18] 这指的是马卡连柯在《组织教育过程的方法》一文中所持的观点，该文中说："教育者应当总是清楚地懂得这样一点：尽管所有的受教育者都明白，在儿童教育机构里人们在对他们进行教育和教学，但他们不太喜欢经受专门的教育程序，尤其不喜欢没完没了地跟他们谈教育的好处，每句话都含道德说教。

"因此，教育者的施教立场的实质应当在受教育者面前隐蔽起来，不要显得处于首位。用明明是专门想好的教育谈话没完没了地烦扰受教育者的那种教育者，会使受教育者腻烦，并几乎总是引起某种反作用。"（《马卡连柯全集》第 5 卷，莫斯科，俄罗斯联邦教育科学院出版社，1951 年版，第 93 页。）

——第 300 页。

译后话——
像苏霍姆林斯基那样创新！

（北师大　王义高）

本论题的背景及逻辑是：

建设创新型国家

↓

培养创新型人才

↓

实施创新型教育

↓

像苏霍姆林斯基那样创新

↓

解读苏霍姆林斯基的"创新教育学"

↓

根据我三十多年来对苏霍姆林斯基教育遗产的持续翻译，推介，研习，深感常学常新。如今，我有充分理据把这位教育家的所思、所做，概括为"创新教育学"。这部创新教育学的根本宗旨，就是通过不断创新的教育体系，来培养创新型人才。这部"创新教育学"融人本、和谐、合作、科学等基本要素于一体。其创新特值体现在以下几个方面：

第一，在教育方针上创新，这表现在：用"人本"因素统领"功利"因素。科学地提出人本主义的教育方针应当是：造就全面和谐发展的、勇于创造和精神充实的合格公民与幸福个人〔参见中译版五卷本《苏霍姆林斯基选集》第 1 集（《全面发展的人的培养问题》）第 3～13 页〕。

第二，在教育目的上创新，这表现在：把"天赋开发"当作"全面发展"的突破口。原来，苏霍姆林斯基为纠正苏联传统教育中实际上用曲解了的"全面发展"否定"天赋开发"这个偏向，同时为了解决他在世时"全面发展"教育所遇到的新难题，而大胆地做出了这一创举。

第三，在教育观念上创新，其中三点最闪亮：

（1）强调"课内学习"与"精神生活"的和谐。认为学校里不能只有课堂教学而无课外多方面的精神生活。断言课内课外无主次之分：课堂教学只不过是广义概念的教育这一整朵花上的一片花瓣而已；课堂教学必须在丰富多彩的精神生活背景下进行，才能带来成效。认为只有这种模式的教育才称得上是"和谐教育"。而"没有和谐的教育，就没有和谐的发展"。进而大胆地提出：让每个人都能在其天赋所在的领域全面而充分地表现自己，这个问题值得教育工作者深思，并朝这个方向改革教育工作。

（2）强调"情感因素"与"智力因素"的和谐。苏霍姆林斯基的可佩之处正在于，竟敢在人们普遍崇拜认知、思维、智力的年代里，坚持教育规律，强调"情感因素"的无比重要，极有说服力地把智力情感（注意：这里是指智力情感，而非智力本身）比作是"知识的种子洒落其上并从中长出智慧来的土壤"[①]；强调"思维的情绪－意志源"，认定"思维始于问题和惊异感"[②]；

---

① 《苏霍姆林斯基论智育》，北京师范大学出版社，1985 年版，第 3 页。

② 同上，第 23 页。

指出，若没有"情感－意志上的刺激力"，则"活生生的思维幼芽就会枯萎"①。

（3）强调多把"量尺"的评价标准。苏霍姆林斯基揭露他在世时的苏联学校状况说，现在学校里的许多弊病，其根源都在于人的表现的片面性、畸形性、单方面性，即人的表现的唯一领域就是知识的评分，就是他能否达到学校规定的那个最高分数。这种病态心理摧残着学生，以致一个10岁的小女孩竟然眼泪汪汪地打开登满2分的成绩册恳求其妈妈说："妈，咱们搬到没有学校的地方去住吧！"……针对此种惨状，苏霍姆林斯基大声疾呼：不要让上课、评分成为人的精神生活之唯一的、吞没一切的活动领域！学习、功课、作业、分数，无论如何不可成为用以衡量和评价一个人的唯一的、排斥其他一切的尺子。相反，要使学生通过亲身经验深信，人们是用许多把尺子衡量他的，是从各个不同的方面看待他的。要使每个学生在他的精神能够得以发展的领域里获得提高，显示自己，表明自己是好样的，从人的尊严这个源泉中吸取力量，感到自己不是低人一等，而是精神丰富的人。一句话，"要让孩子抬起头来走路！"

第四，在教育理念与教育举措的结合上创新，这最抢眼地表现在：

（1）为创新型人才的成长提供活动时空和内容上的保障，此即：首先把每天的下半段（5～7个小时）辟为学生的自由支配时间，认为若离开这一点去谈论创新，讨论全面发展，谈论素质、爱好和天赋才能的发展，只不过是空话而已。其次，为学生建立众多的课外活动小组，使其成为学生智力生活的基地，道德、审美、创造活动的基地，一句话，成为学生全面发展、天赋开发、创新能力成长的基地。再次，在以上时间和空间内，引导学生突出三项爱好：最喜爱的学科钻研对象，最喜爱的劳动创造项目，最喜爱的课外阅读书籍。

---

① 《苏霍姆林斯基论智育》，北京师范大学出版社，1985年版，第284、286页。

（2）充分利用大自然这一教育资源。苏霍姆林斯基独树一帜：在春秋两季，把低年级（小学阶段）学生几乎三分之一的课都移到大自然去上，在大自然中办"蓝天下的学校"，办"快乐学校"；一至八年级（小学和初中阶段）学生都在大自然中上"思维课"。为什么这样做？因为苏霍姆林斯基尝到了大自然的甜头。在他看来，大自然是陶冶情感、开发艺术思维、进行审美教育的源泉；从赞赏家乡自然风光到热爱祖国山川原野，这是德育的起步内容和有效途径；花草树木、阳光空气、风霜雨露、酷暑严寒，都是养心健身之宝；变化万千的自然现象，则是综合训练观察、思维、语言表达能力的极佳手段。到大自然去"旅行"，到大自然去读"大自然之书"，到大自然去上"思维课"，这都帮助苏霍姆林斯基取得了教育上的奇效。

（3）科学地实施教育与生产劳动相结合的经典方针。借此真正做到了"一育促多育"，即通过劳动教育促进德、智、体、美全面发展，促进创造潜力和天赋才能的开发。最发人深思的是，每当苏霍姆林斯基遇到教育难题时，例如面临"后进难教的"、"智力迟钝的"的学生、"消极冷淡的"学生、"缺乏个性的"学生时，他的排难妙方之一，就是以某项创造性劳动为突破口，借此激发情绪、调动思维、开启智力、取得成功、确立自尊、自信、自豪感，从而排除障碍，打开局面，推动孩子学有所成和全面发展。"儿童的智慧出在他的手指头上"，此乃苏霍姆林斯基得出的教育真谛之一（参见本精装版《给教师的建议》第34条）。

（4）用"书香校园"和"书海生活"取代课堂灌输和题海战术。苏霍姆林斯基把课外博览群书的书海生活视为课堂教学的智力背景，视为教学计划的第二套大纲，视为精神生活的有机部分，视为全面和谐发展的重要源泉。他表示："无限相信书籍的教育力量，是我的教育信念的真谛之一。学校，首先就意味着书籍。"[①] 他耐人寻味地指出："一所学校可能什么都齐全，但如

[①] 苏霍姆林斯基：《我的教育信条》，载俄文杂志《青春》，1968年第9期。

果没有为了人的全面发展和丰富的精神生活而必备的书，或者如果大家不喜欢书籍，对书籍冷淡，这不能称其为学校；一所学校也可能缺少很多东西，可能在许多方面都很简陋贫乏，但只要有书，有能为我们经常敞开世界之窗的书，那么，这就足以称得上是学校了。"①他还认为，即使一所学校远离城市文化中心，但只要能设法弄到书，并形成浓厚的读书气氛，那么，这所学校的水平和质量就不会亚于城市文化中心的学校。

（5）实施名副其实的教育系统工程。苏霍姆林斯基形象地指出，在"塑造"人这一系统工程中，有多位"雕塑家"参与进来：一是父母和家庭，二是教师个人，三是学生集体，四是亲朋好友，五是街头伙伴，六是书籍世界，七是受教育者个人（指学生的自我教育）。——这么多的"雕塑家"都从各自的角度来"雕塑"受教育的人这个共同产品。这支"交响乐队"的总指挥乃学校校长和教师（参见本精装版《给教师的建议》第51条），同时，"母育学校"及"睿智的父母教育学"的奠基功能特别重要（这在本精装版的两部原著中都有精辟论述）。此外，强调德、智、体、美、劳"五育"间的和谐，是苏霍姆林斯基的又一层次的系统工程思想。他特别重视各育的相互依赖及相互制约、"你中有我，我中有你"这一彼此渗透关系。与此相联系，苏霍姆林斯基批评说，教育科学没有去研究数十种和数百种影响人的那些相互依赖与相互制约的关系，在这方面它是落后的。教育科学只有当它去研究和解释那些最细致、最复杂的教育现象的相互依赖和相互制约的关系的时候，才会成为精确的科学、真正的科学。

（6）强调教师务必遵循如下行规：一是热爱、相信、了解、研究孩子。二是以人为本、正确处置人与物、主体与客体之关系，坚持以儿童为中心，而不能以教材为中心。三是成为实践型研究家与研究型实践家兼为一身者，要既充当教育科学与教育实践二者间的中介人，又充当教育科学规律的直接

---

① 苏霍姆林斯基：《帕夫雷什中学》，北京，教育科学出版社，1983年，第50～51页。

探索者。最后，对校长而言，做到对学校的领导，首先是教育思想上的领导，其次才是行政上的领导；对教师而言，做到敢于创新、敢于突破、善于实施"和谐教育"，从而培养全面和谐发展的创新型人才。

以上就是笔者对苏霍姆林斯基的"创新教育学"的概括。

启发性结论

苏霍姆林斯基根据他本人当时拥有的主客观条件，做了先行一步的创新；

我国同行如何根据各自当前的主客观条进行创新？

——这就要由我国千百万同行来回答了！